Isabella Ackerl

Die bedeutendsten Österreicher

W0192502

Isabella Ackerl

Die bedeutendsten Österreicher

des 19. und 20. Jahrhunderts

marixverlag

Editorische Notiz
Die Reihung der Biographien erfolgte
chronologisch nach dem Geburtsjahrgang.

Bibliografische Information der Deutschen Nationalbibliothek
Die Deutsche Nationalbibliothek verzeichnet diese
Publikation in der Deutschen Nationalbibliografie;
detaillierte bibliografische Daten sind im Internet über
http://dnb.d-nb.de abrufbar.

Copyright © by marixverlag GmbH, Wiesbaden 2011
Projektbetreuung: Verlagsagentur Mag. Michael Hlatky,
A – 8071 Vasoldsberg
Covergestaltung: Nicole Ehlers, marixverlag GmbH nach
der Gestaltung von Thomas Jarzina, Köln
Bildnachweis: akg-Images GmbH, Berlin / Erich Lessing
Lektorat: Stefanie Evita Schaefer, marixverlag GmbH
und Dr. Bruno Kern, Mainz
Satz und Bearbeitung: Medienservice Feiß, Burgwitz
Der Titel wurde in der Palatino gesetzt.
Gesamtherstellung: GGP Media GmbH, Pößneck

Printed in Germany

ISBN: 978-3-86539-958-8

www.marixverlag.de

Inhalt

Ludwig van Beethoven

*17. Dezember 1770 (getauft) Bonn
(Kurköln), †26. März 1827 Wien

Klaviervirtuose und Komponist

Der „titanische" Musiker unter den drei Heroen der
Wiener Klassik wurde zwar in der Kleinstadt Bonn am
Rhein geboren, doch seine musikalische Heimat fand der
Rheinländer in Wien und seiner Umgebung. Das Donautal
bei Wien und die Landschaft der Voralpen wurden ihm für
sein musikalisches Schaffen Inspirationsquelle. In Wien
fand er die nötige Anerkennung und Unterstützung, die
es ihm ermöglichte, mit seinen Kompositionen seinen
Lebensunterhalt zu bestreiten.

Beethovens Vorfahren waren flämischer Abkunft, die
sich seit 1733 in Bonn niedergelassen hatten. Beethovens
Großvater war Hofkapellmeister, sein Vater Tenor im
kurfürstlichen Chor. Schon als Kind zum Wunderkind
am Klavier gedrillt, bekleidete er bereits mit 14 Jahren die
Stelle eines Hoforganisten. Beethovens Vater, selbst nur
mittelmäßig begabt, erzog seine Kinder in unerbittlicher
Strenge, die Mutter – kaum verwunderlich an der Seite
des trunksüchtigen Vaters – neigte zur Schwermut. Diese
familiäre Situation zwang den Heranwachsenden zu einem unbeugsamen Pflichtbewusstsein. Er erlernte neben
dem Klavier noch Violine und Bratsche, mit elf Jahren
begann er die Orgel zu spielen. Ein Jahr später entstanden
seine ersten Klaviersonaten. Mit 14 Jahren spielte er brillant Bachs „Wohltemperiertes Klavier" und schrieb selbst
meisterliche Klavierquartette.

Kaum 17-jährig kam Beethoven für fünf Wochen das
erste Mal nach Wien, wo er mit seinem brillanten Klavierspiel Mozart so begeisterte, dass dieser ausrief: „Auf

den gebt Acht, der wird einmal in der Welt von sich reden machen!"

Der Tod der Mutter an Schwindsucht und die Entlassung des stets betrunkenen Vaters aus dem Chor zwangen Beethoven zur eiligen Rückkehr nach Bonn. Er musste nun allein den Vater und seine beiden Brüder mit seinen Einkünften über Wasser halten.

Die familiäre Geborgenheit und Harmonie, die ihm daheim fehlte, fand Beethoven bei der Familie Breuning, die ihn unauffällig jenen gesellschaftlichen Schliff lehrte, der für eine künftige Karriere erforderlich war. Schon damals gab es romantische Jugendlieben, die aber kaum über ein gesellschaftlich gestattetes Schwärmen hinausgingen. Bei den Breunings lernte er, wie er am besten in seiner Profession zu einem anständigen Unterhalt kommen könnte.

1792 war er ein bereits anerkannter Klaviervirtuose, hatte eine Reihe von Werken komponiert und wusste inzwischen auch seine beiden Brüder versorgt. Daher entschloss er sich, Bonn zu verlassen, um nach Wien zu gehen und dort bei großen Meistern, wie Joseph Haydn, zu studieren. Er lernte bei dem damals sehr erfolgreichen Singspielkomponisten Johann Schenk, beim Meister des Kontrapunkts Johann Georg Albrechtsberger und beim Opernkomponisten und Liebling der Wiener Antonio Salieri. Sein virtuoses Klavierspiel öffnete ihm die Salons der vornehmen Häuser, seine Improvisationskunst wurde bestaunt. Ein zeitgenössischer Klaviervirtuose meinte zu ihm: „Ach, das ist kein Mensch, das ist ein Teufel: Der spielt mich und uns alle todt!"

Finanziell ging es ihm besser als manch anderem Kollegen; sein unglaublicher Fleiß füllte seinen Tag völlig mit Stundengeben, Proben, Komponieren, eifrigem Korrespondieren mit Musikverlegern und dem Bei-Laune-Halten seiner Gönner.

Beethoven fand schnell eine Reihe adeliger Gönner, u.a. Erzherzog Rudolf, den jüngsten Sohn von Kaiser Leopold II. und Kardinal-Erzbischof von Olmütz, sowie Karl Fürst Lichnowsky, Franz Joseph Max Fürst Lobkowitz und Ferdinand Fürst Kinsky. Gemeinsam konnten diese 1808 verhindern, dass Beethoven ein Angebot des Königs Jerome von Westfalen annahm; damit blieb er Wien erhalten. Sie garantierten dem Komponisten eine Pension, die ihm die finanzielle Unabhängigkeit sicherte. Er war damit der erste „freischaffende" Komponist.

Im Laufe der Jahre wurde der Komponist ein „echter Wiener", sagte selten etwas Freundliches über die Stadt, äußerte sich eher spitz und kritisch, „grantelte" und war selten zufrieden, wofür auch seine zahlreichen Übersiedlungen Zeugnis ablegen. Trotz seiner zahlreichen Grobheiten über die Wiener Aristokraten schätzte man ihn wegen seines musikalischen Genies.

Am Beginn seiner Wiener Zeit wurde er hauptsächlich als Klaviervirtuose gefeiert. Als etwa um 1800 sein Gehör immer schlechter wurde, gab er kaum mehr Solokonzerte. Auch seine Dirigate eigener Werke gerieten mit zunehmender Taubheit zu seltsamen und nicht koordinierten wilden Bewegungsstürmen seiner Arme und Hände.

Sein schlechtes Hörvermögen veranlasste ihn 1802 im Alter von 32 Jahren (!) zur Abfassung des „Heiligenstädter Testaments" – möglicherweise war es an seine beiden Brüder gerichtet, wurde aber niemals abgeschickt –, in dem er Selbstmordgedanken niederschrieb. Es war die Musik, die ihn daran hinderte, sein Vorhaben in die Tat umzusetzen. Er schrieb: „Ach, es dünkte mir unmöglich, die Welt eher zu verlassen, bis ich alles das hervorgebracht, wozu ich mich aufgelegt fühlte, und so fristete ich dieses elende Leben, wahrhaft elend, ..." Um 1814 konnte Beethoven nicht mehr unterscheiden, ob er laut oder leise spielte;

damit ging seine Pianistenlaufbahn zu Ende. Auch das Dirigieren bereitete ihm zunehmend Schwierigkeiten. Ab etwa 1818 mussten sich seine Freunde mit ihm schriftlich verständigen. Wenn er gelegentlich einen Einfall oder eine Tonfolge zu singen versuchte, artete dies oft in Gebrüll aus; angeblich hatte er damit sogar ein Ochsengespann scheuen lassen, das daraufhin wie in Panik eine Straße hinabjagte.

Als sich 1814/1815 die Mächtigen Europas beim Friedenskongress zur Neuordnung des Kontinents trafen, gehörte Beethoven zu jenen Berühmtheiten, deren Begegnung gesucht wurde. Im November 1814 dirigierte er eine Akademie im Redoutensaal, bei der die 7. Symphonie, die Schlachtenmusik „Wellingtons Sieg" und die Kantate „Der glorreiche Augenblick" zur Aufführung gelangten. Zu diesem Zeitpunkt war Beethoven, ein zutiefst überzeugter Demokrat, ja längst in das Lager der restaurativen Kräfte gewechselt. Noch um 1800 hatte er Napoleon Bonaparte bewundert und ihm seine 3. Symphonie „Eroica" gewidmet; nach der Kaiserkrönung des Korsen löschte er eigenhändig die Widmung auf der Titelseite der originalen Notenhandschrift.

Bereits im Mai 1814 hatte Beethovens Oper „Fidelio" die dritte und nunmehr erfolgreiche Aufführung im Kärntnertortheater erlebt. Sie wurde von den Zeitgenossen als „Manifest der Hoffnung auf Liebe und Freiheit" interpretiert. Weitere Opernpläne konnte der Komponist nicht realisieren.

Im Mai 1824 erlebte Beethovens 9. Symphonie ihre Uraufführung. Vorerst lehnten die Zeitgenossen das Finale, in dem er Schillers Ode an die Freude vertonte, als „geschmacklos" und „monströs" ab. Inzwischen gehört dieser letzte Satz zu den weltweit bekanntesten Musikstücken mit hochgradigen emotionalen Konnotationen.

Schon früher war Beethovens Klangsprache von den Zeitgenossen nicht immer verstanden worden, was den Komponisten aber überhaupt nicht kümmerte. Er machte Musik „für eine spätere Zeit":

Je älter und schwerhöriger er wurde, desto mehr zog er sich aus der Öffentlichkeit zurück, er wurde unordentlich, ja verwahrloste. Seine jeweiligen Wohnungen glichen einem Chaos. Misstrauisch und gewalttätig strapazierte er die Geduld seiner Freunde bis aufs Äußerste. Seine Brüder und deren Ehefrauen drangsalierte er und zog sie in jahrelange Rechtstreitereien. Seinen Neffen Karl, einen netten, aber trägen Jungen, trieb er fast in den Selbstmord.

Rätselhaft bleiben seine Beziehungen zu den Frauen. Viele verehrte er schwärmerisch, manche wollte er heiraten, wurde aber stets zurückgewiesen. Seine „unsterbliche Geliebte" konnte die Beethoven-Forschung bis heute nicht mit absoluter Sicherheit entschlüsseln.

Seine letzten beiden Lebensjahre wohnte Beethoven im Schwarzspanierhof im 9. Bezirk, der 1903 abgerissen wurde. Seine letzten Stunden verbrachte er im Kreise seiner engsten Freunde. An seiner Beisetzung nahm die gesamte kulturelle Prominenz Wiens teil, mehr als 15.000 Menschen gaben ihm das letzte Geleit auf den Währinger Ortsfriedhof. Der Schauspieler Heinrich Anschütz hielt eine von Franz Grillparzer verfasste Trauerrede. Wenige Tage später erklang zum Gedenken an den großen Tondichter Mozarts Requiem in der Augustinerkirche.

Schon bald wurde Beethoven zum Sinnbild romantischer Künstlerverehrung, zum Prototyp des einsamen Genies, dessen Leben von Leid geprägt und von dessen Überwindung überhöht wurde. Höhepunkt dieser Mythisierung ist Max Klingers Beethovenstatue, die Gustav Klimts Beethovenfries zu einem Gesamtkunstwerk umrahmen sollte.

Beethovens gewaltiges Oeuvre leitete die Wende von der Wiener Klassik zur Romantik ein. In seinen neun Symphonien führte er den klassischen Aufbau dieses Genres zu einer ersten Vollendung. Er setzte Poesie in Töne um; mit ihm, dem Bewunderer von Gottes Walten in der Natur, begann die Tondichtung.

Werke:

108 Werke mit Opuszahlen, weitere 205 ohne Opuszahlen; darunter 9 Symphonien, Solokonzerte, Kammermusik, Klaviersonaten, eine Oper, zwei Messen und ein Oratorium.

MICHAEL THONET

* 2. Juli 1796 Boppard am Rhein, † 3. März 1871 Wien

Möbeldesigner

Michael Thonet wurde als Sohn eines Gerbers im Rheinland geboren; bereits 1819 machte er sich als Kunsttischler selbstständig. Um 1830 stellte er erste Versuche an, Möbelteile aus miteinander verleimten Furnieren herzustellen. Dabei wurde das Holz in siedendem Wasser gekocht, mit Biegeformen zur gewünschten Gestalt gebogen und anschließend getrocknet. Später verwendete er zu Bündeln verleimte Stäbe, die sich in sich verwinden ließen, wodurch er dreidimensionale Schweifungen erzielte.

Im Jahre 1841 stellte der bislang unbekannte Tischlermeister dem österreichischen Staatskanzler Clemens Fürst Metternich auf dessen Stammschloss Johannisberg bei Koblenz seine Erzeugnisse aus gebogenem Holz vor. Es handelte sich in erster Linie um Stühle und Bänke, die aus verleimten und danach durch Feuchtigkeit und Hitzeeinwirkung gebogenem Schichtholz hergestellt waren. Der als durchaus konservativ bekannte Staatskanzler erkannte den zukunftsweisenden Wert dieser Technik und lud den nicht mehr so jungen Michael Thonet ein, sich in Wien niederzulassen.

Eine Übersiedlung nach Wien wollte sich Thonet reiflich überlegen, aber er nahm Metternichs Angebot, den „Cabinettscourier" zur Gratisreise von Frankfurt nach Wien zu nutzen, gerne an. In Wien liefen allerdings die Genehmigungsverfahren für eine Niederlassung gewohnt langsam. Fast hätte ihn dieses Abenteuer schon zu Beginn seiner Karriere in den Ruin getrieben, denn seine Gläubiger ließen die in Frankfurt zwischengelagerten Möbel, die als Schaustücke für den Wiener Hof bestimmt waren, vorsorglich beschlagnahmen. Am 16. Juli 1842 erhielt Thonet schließlich ein Privilegium der k. k. Hofkammer in Wien für die industrielle Fertigung von Bugholzmöbeln. Eine Genehmigung für einen Handwerksbetrieb strebte Thonet bewusst nicht an, da er sich den für Ausländer besonders engen Zunftregeln nicht unterwerfen wollte. Seitens der Regierung wiederum bestand damals großes Interesse, ausländische Unternehmer nach Österreich zu holen, einerseits, um zusätzliche Arbeitsplätze zu schaffen, andererseits, um der Nachfrage der Bevölkerung nach billigeren Industrieprodukten zu entsprechen. So ließ Thonet seine ganze Familie nach Wien nachkommen – er hatte immerhin fünf Söhne –, konnte aber zunächst noch keine eigene Werkstatt eröffnen, sondern verdingte sich in der sehr renommierten Werkstatt von Carl Leistler, wo er von 1843 bis 1846 an der Erneuerung der Innenausstattung des Stadtpalais Liechtenstein in der Bankgasse mitarbeitete. Dieser Auftrag, der von dem englischen Architekten Peter Hubert Devigny geleitet wurde, stellte Thonets künstlerische Meisterschaft im Umgang mit Holz unter Beweis. Er zeichnete bei diesem Projekt für die erlesenen

Parkettböden in Einlegearbeit und für fünf Stuhlmodelle verantwortlich.

1849 eröffnete Thonet eine eigene Werkstatt in der Mollardgasse in der Wiener Vorstadt Gumpendorf. Der erste große Auftrag kam vom beliebten Café Daum am Kohlmarkt, Ecke Wallnerstraße. Für Daum entwarf Thonet den Sessel Nr. 4. Schon damals zeigten sich seine unternehmerischen Qualitäten. Jeder Entwurf, der in Produktion ging, wurde archiviert, mit einer Nummer versehen und auch entsprechend beworben. Einen triumphalen Erfolg erntete Thonet auf der Londoner Weltausstellung von 1851, wo er Luxusmöbel aus Palisanderholz präsentierte.

Zwei Jahre später übergab Thonet die von ihm aufgebaute Firma an seine Söhne; „Gebrüder Thonet" wurde als Industriebetrieb protokolliert, das Grundkapital betrug 10.000 Gulden. Sein Sohn Franz übernahm den Außenhandel, Michael leitete später die mährischen Fabriken, August – dem Vater an Erfindungsreichtum am ähnlichsten – übernahm den Bereich Konstruktion und Technik, Josef leitete den Verkauf in Wien, der jüngste Sohn Jakob übernahm schließlich in späteren Jahren die gesamte Unternehmensleitung. Natürlich stellte Michael Thonet sein Wissen und seine Fähigkeiten weiter in den Dienst des Unternehmens.

1855 kamen erste Aufträge aus Südamerika, 1856 eröffnete Thonet die erste Fabrik. Bewusst wählte man eine Region, in der das hauptsächlich verwendete Holz, nämlich die Rotbuche, vorhanden war. In Koritschan in Mähren gab es nicht nur Holz in Unmengen, sondern auch handwerklich geschickte Arbeitskräfte.

Thonet und seine Söhne entwickelten nicht nur immer feinere und subtilere Formen des Holzbiegens, sondern sie konstruierten auch die entsprechenden Maschinen für die industrielle Fertigung von Massenartikeln. Im Zeitalter der Dampfmaschine bedienten sie sich dieses Hilfsmittels, um schneller und mehr produzieren zu können. Ein Kritiker meinte dazu: „He made it dirt-cheap, he made it by the million." Im Jahr 1859 wurde der berühmte Sessel Nr. 14 kreiert – von ihm wurden bis zum Jahr 1930 etwa 50 Millionen Stück produziert. Dieser Sessel bestand aus sechs Holzteilen, zehn Schrauben und zwei Schraubenmuttern. Für den Transport konnten 36 Stück Sessel in eine Holzkiste von einem Kubikmeter verpackt werden.

Worin lag das Besondere von Thonets Entwürfen? Es war nicht nur die künstlerische Meisterschaft, das Auge für Formen und Proportionen, sondern dazu kamen zusätzlich viele praktische Erwägungen. Thonets Sessel waren leicht und wurden aus wenigen Einzelteilen verschraubt. Der Transport erfolgte in zerlegtem Zustand in eigens dafür konstruierten Behältern. Da die Sessel industriell gefertigt waren, blieben sie auch für bescheidenere Geldbörsen erschwinglich. Trotzdem waren Thonets Sessel sehr widerstandsfähig. Generationen von Kaffeehausbesuchern konnten sie nicht ruinieren. Sie waren billige Konsumware und doch von hervorragender Qualität. Ihr spezifisches Design machte sie spontan wiedererkennbar.

1861 wurde eine weitere Fabrik in Bistritz/Mähren eröffnet, vier Jahre später ein Betrieb in Groß-Ugrócz in Ungarn. Im Laufe der Jahre erwarb die Familie auch die Wälder, aus denen sie das Buchenholz bezog, und die Sägewerke zur Verarbeitung des Holzes. Die wirtschaftliche Kraft der Betriebe verlieh den Eignern auch politisches Gewicht: August Thonet war Bürgermeister von Bistritz, wenige Jahre später löste ihn sein jüngerer Bruder Jakob ab. Als Großunternehmer der Region wirkten sie auch beispielgebend mit sozialen Einrichtungen für die Arbeiterschaft. Sie errichteten Wohnhäuser und Fabrikschulen,

gründeten Spar- und Konsumvereine und riefen Kranken-
kassen für ihre Beschäftigten ins Leben.

In den späten 1860er Jahren lief das seinerzeit gewährte
Patent für das Biegen von Holz ab, die Konkurrenz dräng-
te auf den Markt. Um Absatzmärkte vor Zollschranken
zu schützen, errichteten die Thonets in der Folge Produk-
tionsstätten in Deutschland und Russland. Der Firmen-
gründer Michael Thonet starb am 3. März 1871 in Wien.

Der Einfallsreichtum der Gebrüder Thonet blieb noch
immer unerreicht. 1898 registrierte ein Katalog den Sessel Nr. 221! Es war vor allem die Form der Vermarktung,
die die Gebrüder Thonet zu den erklärten Marktführern
machte. Sie eröffneten nicht nur weltweit Niederlassun-
gen, sondern sie publizierten auch Firmenkataloge, die in
einer Reihe von Fremdsprachen über die lieferbare Kollek-
tion informierten. Um die Jahrhundertwende beschäftigte
das Haus Thonet 6000 Mitarbeiter, die täglich 4000 Mö-
belstücke produzierten; davon gingen zwei Drittel in den
Export. „Gebrüder Thonet" war damit von einer kleinen
Werkstatt zu einer Weltfirma aufgestiegen.

Die Firma Thonet ging mit den künstlerischen Tendenzen der Zeit mit. Sie bot nicht nur „Selbstentworfenes",
sondern beauftragte große Designer wie Otto Wagner oder
Adolf Loos mit Entwürfen. Prestigebauten wie der Hof-
pavillon Otto Wagners und das Café Museum von Adolf
Loos wären ohne von Thonet produzierte Möbel nicht
denkbar, Thonet'sche Sitzmöbel zierten das Sanatorium
Purkersdorf von Josef Hoffmann und die Postsparkasse
von Otto Wagner.

Die Jahre des Ersten Weltkrieges brachten den Verlust
der Auslandsmärkte. 1921 wurde die Firma zwecks Kapi-
talaufstockung in eine Aktiengesellschaft umgewandelt.
Mit der Konzernbildung von 1923 entstand ein Bugholz-
imperium mit zwanzig Fabriken und 10.000 Arbeitern.

Bauhausarchitekten, der Schweizer Le Corbusier und die Designer des Werkbundes entwarfen für das Unternehmen, und 1929 begann man mit der Stahlrohrmöbelproduktion. Erwähnt sei der dynamische Entwurf eines Sessels von Marcel Breuer.

Bugholzmöbel aus der Produktion der Firma Thonet sind heute weltweit gesuchte Antiquitäten. Der Hollywood-Regisseur Billy Wilder (→ siehe dort) soll sich mit sieben Jahren in einen Schaukelstuhl verliebt haben; er brachte es zu einer Sammlung von mehr als 120 echten „Thonets". Kaum ein Industrieprodukt des 19. Jahrhunderts hat eine derartig weite Verbreitung gefunden wie die in Millionen Stücken hergestellten Sessel des Michael Thonet.

FRANZ SCHUBERT

* 31. Januar 1797 Wien, † 19. November 1828 Wien

Komponist

Schubert wurde im Haus „Zum roten Krebsen" als zwölftes Kind eines aus Mähren stammenden Schulgehilfen und späteren Schulleiters geboren. Nur fünf seiner Geschwister überlebten das Kleinkindalter. Seine Kindheit war, wie üblich im Hause eines Schulmeisters, von Musik geprägt. Mit acht Jahren begann er Geige zu spielen und konnte bald kleine Duette ausführen. Der ältere Bruder Ignaz (* 1785), der bereits den Lehrerberuf ausübte, unterwies den kleinen Franz im Klavierspiel. Michael Holzer, der Chordirigent der *Lichtentaler Pfarrkirche*, erteilte ihm Unterricht in Gesang, Orgelspiel und Generalbass. Sonntags sang er bei der Messe die Solosopranpartien. Außerdem wurden im Hause Schubert regelmäßig Streichquartette aufgeführt. Der Vater von Franz Schubert spielte bei diesen Aufführungen Cello, sein Sohn Franz Bratsche und die beiden Brüder Ferdinand und Ignaz die erste und zweite Geige.

1808 schickte der Vater den kleinen Franz zum Probesingen in die *k. k. Hofkapelle*, wo zwei Sängerknabenstellen ausgeschrieben waren. Infolge seiner schönen und gut ausgebildeten Stimme erhielt er einen Stiftungsplatz im *k. k. Stadtkonvikt*, das sich in einem Gebäude der alten Universität neben der Jesuitenkirche befand. Für Schubert war es eine harte und entbehrungsreiche Zeit, bei der viele Unterrichtsstunden und karge Mahlzeiten an der Tagesordnung waren. Mit seinen Konviktskameraden und späteren Freunden Josef Spaun, Albert Stadler und Anton Holzapfel besuchte er das nahe Akademische Gymnasium. Den Musikunterricht im Konvikt leitete Antonio Salieri, der auch für die Aufführungen in der Hofkapelle zuständig war. Dabei lernte Schubert vor allem die Messen von Haydn, Mozart und Albrechtsberger kennen. Außerdem spielte er im Konviktsorchester Geige. Da sein herausragendes Talent schnell erkannt wurde, erhielt er ab 1811 von Salieri auch Kompositionsunterricht. Dieser Unterricht dauerte bis 1816. In späteren Jahren schrieb er zuweilen auf seine Kompositionen *Schüler Salieris*.

In der Konviktszeit entstanden bereits viele kleinere Kompositionen, die anfänglich noch von seinem Lehrer geprägt waren, während Schubert später seine eine eigene musikalische Sprache entwickelte. Es waren vor allem Klavier- und Kammermusikwerke und nur vereinzelte Lieder. Auch mit der Komposition einer ersten Symphonie begann er im Konvikt. Manche dieser Werke sind leider verlorenen gegangen. Schuberts Komponierleidenschaft wirkte sich negativ auf seine Schulnoten aus, was zu Konflikten mit dem Vater führte, der ihm das Komponieren verbieten wollte. Schubert setzte seine kompositorische

Tätigkeit jedoch heimlich fort und wurde dabei von seinem Freund Spaun mit Notenpapier ausgestattet. Sein Freundeskreis, der sich in den Jahren im Konvikt noch um Johann Nestroy und Joseph Rauscher, den späteren Kardinal von Wien, erweiterte, wurde für ihn lebenswichtig, denn er bot ihm die für ihn notwendige emotionale, aber auch materielle Unterstützung. So wohnte Schubert beispielsweise eine Zeitlang bei Franz Schober, dem späteren Weimarer Legationsrat und Reisebegleiter von Franz Liszt. Eine besonders enge Freundschaft verband den Komponisten mit dem romantischen Maler Moritz von Schwind. Ihm und dem Maler Leopold Kupelwieser verdanken wir großartige Bildzeugnisse aus Schuberts Leben. So manche Beziehung aus diesem Kreis ermöglichte dem Musiker Zugang in wohlhabende Häuser, wo zu seinen Ehren musikalische Zusammenkünfte, so genannte „Schubertiaden", abgehalten wurden. Hinzu kamen Landpartien in die Umgebung Wiens, für die Schubert eigens fröhliche Tänze und Lieder für den Männerchor schrieb.

Nur in den Sommerferien war es ihm möglich, die Hofoper zu besuchen und dort Werke von Mozart, Gluck oder Cherubini kennenzulernen.

1813 verließ Schubert das Konvikt und kehrte in sein Elternhaus zurück. Nach dem Tod der Mutter hatte der Vater noch einmal geheiratet, seine Stiefmutter, die selbst noch fünf Kinder gebar, wurde den älteren Kindern eine gute Mutter. Schubert absolvierte rasch die Lehrerbildungsanstalt für Schulgehilfen und übernahm eine Klasse in der Schule des Vaters. Daneben komponierte er fleißig; seine *F-Dur-Messe* wurde 1814 zum 100-jährigen Jubiläum der Pfarrei *Lichtental* uraufgeführt. In rascher Folge schuf er die 2. und 3. *Symphonie* und die Zauberoper *Des Teufels Lustschloß*. Daneben entstanden weitere Opern wie *Die*

Zauberharfe, Alfonso und Estrella und *Der häusliche Krieg.*
Leider blieb Schuberts Opern der Erfolg versagt, was teils
an den ungelenken Libretti, teils an der zu lyrischen Musik des Komponisten lag. Im Repertoire hat sich lediglich
Rosamunde behaupten können. Eine zeitgenössische Kritik
beschrieb *Die Zauberharfe* sogar als unsinnig und langwei-
lig, obwohl dem jungen Komponisten Talent bescheinigt
wurde.

Insgesamt schrieb Schubert sieben Symphonien, eine
achte, äußerst dramatische, blieb unvollendet. Diese Par-
titur lag mehr als 40 Jahre im Schreibtisch seines Freundes
Hüttenbrenner und wurde erst 1865 von den Wiener Philharmonikern uraufgeführt. Beispiellos und höchst virtuos
in ihrer gestalterischen Kraft sind Schuberts Lieder, die
für die nachkommenden Generationen zukunftsweisend
wurden. Insgesamt 600 Lieder entstammen seiner Feder,
vor allem die bedeutenden Zyklen *Die schöne Müllerin* und
Die Winterreise nach Texten von Wilhelm Müller. Schuberts
Gesamtwerk umfasst etwa 1000 Opuszahlen. Mit seinen
Liedern war der Komponist auch bei seinen Zeitgenossen
sehr erfolgreich, wie eine Besprechung der *Schönen Müllerin* in der *Wiener Zeitschrift für Kunst, Literatur, Theater und
Mode* aus dem Jahr 1828 belegt: „Mit vieler Freude nehmen
wir die Anzeige dieses schönen, interessanten Werkes vor,
in dem das Genie des Tonsetzers mit wirklicher Weihe die
herrlichen Lieder des edelsten Dichters zur Verklärung
bringt."

Nach drei Jahren Schuldienst hatte Schubert die Lehrtätigkeit aufgegeben. Unterstützt von seinem Freund
Schober konnte er sich nun ausschließlich seinen Kompositionen widmen. Eine Position als Musiklehrer in Laibach
wurde ihm verwehrt, zwei Sommer lang (1818 und 1824)
unterrichtete er die beiden Töchter des Grafen Esterházy,
wobei er am Sommersitz Zelesz mit ungarischer Musik

in Kontakt kam. Eine regelmäßig dotierte Stelle konnte er jedoch nicht finden.

Vermutlich bereits ab 1823 ist bei ihm eine damals unheilbare venerische Krankheit ausgebrochen, von der er sich nur kurz auf einer Erholungs- und Konzertreise nach Oberösterreich, die er gemeinsam mit dem Liedersänger Johann Michael Vogl antrat, erholen konnte. Noch im März 1827 nahm er an Beethovens (→ siehe dort) Beisetzung am *Währinger Ortsfriedhof* teil. Im November 1828 erkrankte er an Typhus, dem sein geschwächter Körper nicht mehr standhalten konnte. Sein Freund Schwind schrieb: „[…] Schubert ist tot und mit ihm das heiterste und schönste, das wir hatten." Er wurde auf dem *Währinger Ortsfriedhof* beigesetzt, sein Grabstein lag unweit der letzten Ruhestätte von Beethoven. Die Grabinschrift verfasste Franz Grillparzer: „Die Tonkunst begrub hier einen reichen Besitz, aber noch viel schönere Hoffnungen." Erst im letzten Viertel des 19. Jahrhunderts erhielt er ein Ehrengrab auf dem *Wiener Zentralfriedhof.*

Werke u.a.:

Ca. 600 Lieder, darunter Die schöne Müllerin und Winterreise; 12 Symphonien (davon fünf unvollendet); sechs lateinische Messen; die Deutsche Messe; Kammermusik (z. B. das Forellenquintett); Klaviermusik; Bühnenwerke.

CHRISTIAN DOPPLER

*29. November 1803 Salzburg, †17. März 1853 Venedig

Physiker

Der aus einer Salzburger Steinmetzfamilie stammende Christian Andreas Doppler war von zarter Statur und daher für die Arbeit im väterlichen Betrieb nicht geeignet. Sein Mathematiklehrer am Salzburger Lyzeum, Simon Stampfer, der Entdecker des Lebensrades, das als Erstes bewegte Bilder darstellen konnte, riet Dopplers Eltern für den begabten jungen Mann zu einem Physikstudium in Wien. Doppler belegte also Vorlesungen in Mathematik, Physik und Mechanik und holte daneben die Matura an einem Salzburger Gymnasium als Privatier nach.

Nach bestandener Matura ging Doppler 1829 wieder nach Wien und arbeitete vier Jahre als Assistent für höhere Mathematik am Wiener Polytechnikum. Er veröffentlichte wissenschaftliche Arbeiten, doch eine fixe Anstellung zu erhalten erwies sich als mühsam. Erst 1835 wurde er an einer Realschule in Prag angestellt. Zwei Jahre später erhielt er endlich eine Professur für Mathematik und Physik am Technischen Institut der Prager Karlsuniversität.

In dieser Zeit widmete er sich intensiv der Beobachtung der Sterne. Vor allem faszinierten ihn die unterschiedlichen Farbnuancen der Doppelsterne. Damals waren bereits mehr als 2700 Doppelsterne bekannt. Doppler entdeckte, dass fast gesetzmäßig ein Stern dem unteren Teil des Farbspektrums angehörte, während der zweite Stern dem oberen Abschnitt des Farbspektrums zuzuordnen war. 1842 erschien seine Abhandlung „Über das farbige Licht der Doppelsterne und einiger anderer Gestirne des Himmels", die er als außerordentliches Mitglied der königlich-böhmischen Gesellschaft der Wissenschaften in den Schriften dieser Gesellschaft publizierte.

Später stellte sich heraus, dass seine Beobachtung auf einer Sinnestäuschung beruhte, wofür er auch von den Astronomen heftig getadelt wurde. Doch Doppler vermutete richtig, dass seine Beobachtung auch mit Schallwellen funktionieren würde. So ist der von ihm beschriebene „Doppler-Effekt" eine bei allen Wellenvorgängen feststellbare Erscheinung, die die Frequenz beeinflusst, wenn Ausgangspunkt der Welle und Beobachter sich aufeinander zubewegen oder sich voneinander entfernen. So ist etwa zu beobachten, dass der Pfeifton einer Lokomotive beim Herannahen höher ist als bei einer sich entfernenden Lokomotive.

Dieses als Doppler-Effekt bekannte Phänomen findet vielfach in der medizinischen Technik Anwendung, vor allem beim Einsatz von Ultraschalluntersuchungen der Blutgefäße (zur Darstellung der Blutstromgeschwindigkeit). In der Astronomie wird der Doppler-Effekt zur Bewegungsmessung von Sternen eingesetzt, auch in der Luftfahrt-Navigation und bei der Geschwindigkeitsmessung bewegter Ziele wird Dopplers Entdeckung genutzt.

Nach Ausbruch der Märzrevolution 1848 zog Doppler mit seiner Familie nach Wien; 1850 erhielt er eine Berufung an das Physikalische Institut der Wiener Universität. Er war der erste Ordinarius, der Experimentalphysik lehrte. 1853 starb Doppler an einem infektiösen Lungenleiden in Venedig, wo er auf dem Friedhof San Michele beigesetzt wurde.

Dopplers Wirken wurde nach seinem Tod vielfach gewürdigt. An seinem Geburtshaus in Salzburg wurde eine Tafel angebracht, ebenso an seinem Prager Wohnhaus. In der Folge wurden zahlreiche physikalische Einrichtungen nach Doppler benannt. Weltweit gibt es eine ganze

Reihe von medizinischen Instituten, die seinen Namen tragen. Im Salzburger Haus der Natur präsentiert man eine ständige Gedenkschau an den berühmten Sohn der Stadt, ja sogar ein Krater auf der Rückseite des Mondes wurde nach Doppler benannt.

DIE STRAUSS-DYNASTIE

JOHANN BAPTIST STRAUSS VATER

* 14. März 1804 Wien, † 25. September 1849 Wien

JOHANN BAPTIST STRAUSS SOHN

* 25. Oktober 1825 Wien, † 3. Juni 1899 Wien

JOSEF STRAUSS

* 20. August 1827 Wien, † 22. Juli 1870 Wien

EDUARD STRAUSS

* 15. März 1835 Wien, † 28. Dezember 1916 Wien

Dirigenten und Komponisten

Der 1804 geborene ältere Johann Strauss wuchs als Sohn eines Bierwirtes auf, der an der Schlagbrücke am Donaukanal das Gasthaus *Zum guten Hirten* betrieb. Er erlernte zunächst das Buchbinderhandwerk, nahm aber auch Violinunterricht und studierte Musiktheorie. Er spielte zusammen mit dem späteren Komponisten und Geiger Joseph Lanner in der Kapelle der Brüder Scholl, die sie zunächst gemeinsam übernahmen. Ab 1827 gingen beide jedoch in jeweils eigenen Kapellen getrennte Wege. Bereits im Alter von 22 Jahren war Strauss mit eigenen

Kompositionen an die Öffentlichkeit getreten und zehn Jahre später erhielt er den eigens für ihn geschaffenen Titel „Hofball-Musikdirektor".

Johann Strauss' Ehefrau Maria Anna Streim entstammte ebenfalls einer Gastwirtsfamilie. Ihre Mutter war gebürtige Spanierin, eine Abkunft, auf die die Familie sehr stolz war und mit der man den südlichen Typus der zwei Musiker-Generationen zu erklären pflegte. 1834 mietete Johann Strauss Vater in der Leopoldstadt im „Hirschenhaus" vier Wohnungen für die Familie.

Johann Strauss Vater schuf mit seinen Walzern eine völlig neue Musik, die die Menschen faszinierte. Der 19-jährige Richard Wagner charakterisierte Johann Strauss als einen „[…] zauberische[n] Vorgeiger, […] einen Dämon des Wiener musikalischen Volksgeistes beim Beginn eines neuen Walzers". Johann Strauss Vaters Naturell könnte man als „unbürgerlich" bezeichnen, denn er war sehr romantisch veranlagt und liebte es, zu reisen, so dass ihn seine Konzertreisen bis nach Frankreich und England führten. Sein Ruf soll sogar bis nach St. Petersburg vorgedrungen sein, wenngleich Johann Strauss die Reise nach Russland mangels Zeit nicht antreten konnte und der Zarin Alexandra Fjodorowna deshalb den *Alexandra-Walzer* widmete.

Vergöttert von seinem Wiener Publikum, stand der Komponist in stetem Wettbewerb mit seinem großen Konkurrenten Joseph Lanner.

Sein Familienleben war alles andere als geordnet, lebte er doch in einer Zweitfamilie mit der Modistin Emilie Trampusch. Aus dieser Beziehung stammten acht Kinder. Die Belastungen und der große Erfolgsdruck, die das unstete Musikerleben mit sich brachten, wollte Johann Strauss seinem Sohn unbedingt ersparen: „Es brauchen nur zwei Werke zu missfallen, zwei Walzer zu missglücken – gleich heißt's: dem Strauß fällt auch nichts mehr ein!" Man könnte Johann Strauss Vater als den Begründer der gehobenen Unterhaltungsmusik bezeichnen.

Trotz Widerstand des Vaters konnte das väterliche Beispiel für seinen gleichnamigen Sohn aus der Ehe mit Maria Anna Streim nicht ohne Folgen bleiben und so überrascht es nicht, dass der talentierte Johann bereits im zarten Alter von sechs Jahren zu komponieren begann. Er schuf einen kleinen, ein wenig unbeholfen anmutenden Walzer, den er er mit *Erste Gedanken* betitelte. Doch sein Vater wollte, dass die Beherrschung des Klaviers und der Geige für seinen Sohn lediglich den Stellenwert des harmlosen Amüsements einnahm und Johann stattdessen „etwas Vernünftiges" studierte. Aus diesem Grund wurde er im Alter von elf Jahren zum Besuch des Schottengymnasiums genötigt, das ihm eine solide Beamtenkarriere ermöglichen sollte.

Mit 16 Jahren wurde er zum Besuch des Polytechnikums gezwungen, wo er durch sein Gesangstalent auffiel, jedoch nicht durch Lerneifer. Mit der Unterstützung von seiner Mutter, die, nachdem ihr Mann sie verlassen hatte die alleinige Entscheidungsbefugnis hatte, durfte Johann sich in der Folge dem Musikstudium widmen. Seine Mutter hegte dabei die Hoffnung, dass anstelle ihres untreuen Mannes nun ihr Sohn die Familie ernähren würde. So studierte Johann der Jüngere Violine beim Ballettkorrepetitor des Kärntnertortheaters Kehlmann und Theorie bei Josef Drechsler, Kapellmeister am Leopoldstädter Theater. Mit 19 Jahren bewarb er sich um die Lizenz zur Leitung eines Wirtshausorchesters. Nach der Anwerbung einiger Musiker und der Komposition zahlreicher Werke, wie Walzer, Quadrillen und Polkas, debütierte Johann Strauss Sohn am 15. Oktober 1844 in Dommayers Kasino in Hietzing. Für Wien war das musikalische Duell zwischen dem erfolgreichen Vater und dem hochbegabten Sohn ein höchst abwechslungsreicher Gesprächsstoff, gewährte doch die Enge der vormärzlichen Zensur nur wenig geistigen Austausch. Der Sohn erwies sich als noch temperamentvoller als der Vater und Dommayers Lokal wurde von Musikbegeisterten geradezu gestürmt. Das junge Talent wurde frenetisch gefeiert und musste seine Walzer mehrfach wiederholen, angeblich sollen es mitunter bis zu neunzehn Zugaben gewesen sein. Ein Zeitungsbericht zu Strauss Debüt lässt die Begeisterung jener Tage wiederaufleben: „Das Talent […] kann sich vererben, […]; der Junge ist ein ganz tüchtiges Direktionstalent; […], dieselbe pikante, effektvolle Instrumentation wie beim Vater […], trotzdem kein sklavischer Nachahmer.."

Der erfolgreiche Sohn verweigerte dem Vater den Eintritt in dessen Orchester, denn er wollte auf eigenen Beinen stehen. Er spielte in anderen beliebten Konzertsälen wie dem *Kasino Zögernitz*. 1848 unternahm er seine erste Konzertreise nach Rumänien.

Zurück in Wien, wurde er zum Vertreter der Jugend, zum Sprachrohr einer neuen liberaleren Epoche hochstilisiert. Die Titel seiner Werke aus diesen Umbruchsjahren 1848/49 lauten *Freiheitslieder*, *Studentenmarsch* und *Revolutionsmarsch*. Der Vater verherrlichte hingegen mit der Komposition des *Radetzkymarsches*, der dem bedeutenden österreichischen Heerführer Josef Wenzel Radetzky anlässlich seines Sieges über die revolutionären Truppen in Italien gewidmet war, die restaurativen Kräfte. Im selben Jahr infizierte sich Strauss Vater bei einem seiner illegitimen Kinder aus der Beziehung mit Emilie Trampusch mit Scharlach und starb nach wenigen Tagen in seinem Haus in der Kumpfgasse. Sein Begräbnis wurde eine pompöse Leichenfeier, wie sie die Wiener lieben.

Johann Strauss Sohn erlangte in der Folgezeit eine immer größere Berühmtheit. Täglich gastierte er in mehreren

Tanzsälen und erwies sich dabei als genialer Komponist, der zwischen zwei Auftritten auf die Tanz- oder gar Speisekarte eine neue Walzermelodie kritzelte. Aus den Titeln seiner musikalischen Eingebungen spricht jedoch ganz der verträumt-romantische Schöngeist, denn sie vermitteln spontane Stimmungen und wurden aus der Euphorie oder Melancholie des Augenblicks geboren: *Nachtfalter, Idyllen, Lavaströme, Liebeslieder.* Melodisch, verzaubernd und dabei dem Dämonischen trotzdem Raum gebend: diese Musik liebten die Wiener. Poetischer, kontrastreicher und ausladender führte der Sohn auf diese Weise die Vorgaben des Vaters weiter. Seine Musik strotzte von Lebensfreude, war dynamisch und witzig. Nicht ohne Grund nannte Richard Wagner ihn den „musikalischesten Schädel Europas".

Johann Strauss Sohn war nicht nur höchst kreativ, er war auch außergewöhnlich fleißig, denn zwischen den Jahren 1844 und 1864 komponierte er mehr als 300 Tanzwerke. Das Wien dieser Epoche mit seinen unglaublichen Veränderungen lieferte ihm zahllose Themen. Ob anlässlich der Schleifung der Stadtmauern die *Demoliererpolka* erklang, ob Strauss *Bürgerweisen* komponierte oder für den Eröffnungsball der Gesellschaft der Musikfreunde die Polka *Freut Euch des Lebens!* schuf: seine Musik gab den Stimmungen seiner Zeit einen Ausdruck.

Den heute weltweit bekannten und als heimliche Hymne von Österreich geltenden *Donauwalzer* komponierte Johann Strauss für den Männergesangsverein, wo er am 15. Februar 1867 uraufgeführt wurde, allerdings mit einem anderen als dem uns heute bekannten Text, der von einem Männerchor gesungen wurde und hinsichtlich seines Aussagegehalts äußerst banal anmutete. Noch im selben Jahr dirigierte Strauss den Donauwalzer bei der Pariser Weltausstellung mit sensationellem Erfolg. Die Walzer von Johann Strauss Sohn wurden so gleichsam zu einem Sprachrohr von Wien, denn sie transportierten die landschaftliche Umgebung seiner geliebten österreichischen Hauptstadt, wie sie etwa im Titel der *Frühlingsstimmen* oder der *Geschichten aus dem Wienerwald* anklingt.

Im Sommer 1855 wurde Johann Strauss von einem Agenten der österreichischen Eisenbahngesellschaft, die eine Trasse in die russische Stadt Pawlowsk nahe St. Petersburg erbaut hatte, ein Engagement in der damals beliebten Sommerresidenz russischer Zaren angetragen. Im Zuge dieser Sommerengagements reiste Strauss mit dem gesamten Orchester nach Russland und komponierte eine beträchtliche Anzahl von Tanzmelodien speziell für das russische Publikum. Von Mai bis Oktober musste Strauss in Pawlowsk täglich Konzerte geben, wobei diese derart erfolgreich waren, dass sich das Honorar für ihn und sein Orchester im Laufe der Jahre nahezu verdoppelte. Den *Weißen Nächten* von Pawlowsk setzte Strauss in der Operette *Die Fledermaus* im zweiten Akt ein bleibendes Denkmal.

In seinen Konzerten, die im Casino Dommayer, im Volksgarten, in den Redoutensälen oder in den Sophiensälen stattfanden, präsentierte Strauss seinem Publikum auch die neueste Musik von anderen Komponisten. So erklangen *Potpourrien* – heute würden wir sie *Medleys* nennen – von Richard Wagners Opern, lange, bevor diese an der Hofoper aufgeführt wurden. 1864 wurde Johann Strauss Sohn zum Hofball-Musikdirektor ernannt, eine Ernennung, die verhältnismäßig spät erfolgte, jedoch dem Umstand zugeschrieben werden kann, dass man bei Hof seine Begeisterung für die 1848er Revolution nicht vergessen hatte und ihm diese lange nachtrug.

In Wien und an allen Orten seiner Gastspiele wurde der begnadete Wiener Komponist von den Frauen umschwärmt und verlor immer wieder sein Herz an attraktive Damen. Selten wurde eine dieser Beziehungen jedoch ernsthafter, mit Ausnahme der Beziehung zu Olga Smirnitskaja in Pawlowsk. Eine Heirat wusste seine Mutter indes zu verhindern. 1862 war Strauss seine erste Ehe mit der um acht Jahre älteren, ehemaligen Sängerin Henriette Treffz eingegangen. Zuvor war sie die langjährige Partnerin des jüdischen Industriellen und Bankiers Moritz Todesco gewesen, mit dem sie zwei offiziell anerkannte Kinder hatte. Für Strauss hatte die Liebesbeziehung zu Henriette den Charakter einer Amour fou, denn seinetwegen verließ die Sopranistin den wohl begüterten und einflussreichen Bankier. Ihr verdankte Strauss die Einführung in die erlauchten Kreise der gehobenen Wiener Gesellschaft und nicht zuletzt auch so manche hierfür notwendige Benimmregel. Außerdem war sie ihm eine perfekte Managerin seiner zahlreichen Tourneen.

Als Henriette Treffz 1878 in ihrem Haus in Hietzing an einem Schlaganfall starb, heiratete Strauss die Schauspielerin Angelika Dittrich, mit der er eine unglückliche Ehe führte und die ihn 1882 verließ. Diese Ehe wurde von Tisch und Bett getrennt. Die neue Liebe des „Walzerkönigs", die Beständigkeit in sein Leben brachte, war die verwitwete Adele Strauss, die er jedoch erst nach der Annahme der sächsischen Staatsbürgerschaft heiraten konnte. Die im Jahr 1930 verstorbene Adele Strauss überlebte ihren Mann um Jahrzehnte und verwaltete seinen Nachlass äußerst loyal.

Mitte der 1860er Jahre kam Strauss mit Jacques Offenbach in Kontakt, der ihn zur Komposition von Operetten anregte. Wie alle Komponisten litt Strauss unter der schlechten Qualität der Libretti, doch sein erstes Werk *Indigo und die 40 Räuber*, das am *Theater an der Wien* uraufgeführt wurde, trug ihm bereits große Anerkennung ein. Einen noch größeren Erfolg feierte die Operette *Die Fledermaus*, die ebenfalls im *Theater an der Wien* uraufgeführt und zu einem bleibenden Welterfolg wurde. Es ist auch die einzige Operette, die an der Wiener Staatsoper aufgeführt wird, meist als Silvestervorstellung. Elf Jahr danach gelang es Strauss mit der Operette *Der Zigeunerbaron* an den Erfolg der *Fledermaus* anzuknüpfen. Der Sänger der Titelrolle war der bei den Wienern äußerst beliebte Alexander Girardi.

Insgesamt komponierte Johann Strauss 20 Operetten, einige davon hatten nur mäßigen Erfolg. Seine letzte Operette *Wiener Blut* wurde im Jahr 1899 erst nach seinem Tod im *Carltheater* in der Leopoldstadt uraufgeführt.

Neben den Operetten hinterließ Strauss Sohn nahezu 500 Kompositionen, darunter Walzer, Märsche, Quadrillen und Polkas. Seine einzige Oper *Ritter Pázmán* wird hingegen nur äußerst selten gespielt. Der legendäre Musiker starb in seinem von Baumeister Heymann im 4. Bezirk in der heutigen Johann Strauss-Gasse errichteten Palais an einer Lungenentzündung. Er wurde in einem Ehrengrab am Wiener Zentralfriedhof beigesetzt. Sein Begräbnis am 6. Juni 1899 war ein gesellschaftliches Ereignis, hunderte Menschen erwiesen ihm die letzte Ehre.

Johann Strauss jüngerer Bruder Josef wollte ursprünglich gar nicht in das Musikgeschäft der Familie einsteigen. Er studierte am *Polytechnikum* und wurde Bauleiter. Offizielle Biographien bezeichnen ihn sogar als Architekten und Erfinder. Die Konstruktion einer Straßenkehrmaschine wurde ihm zugeschrieben. Eine Wende seiner Karriere als Architekt und Erfinder brachte das Jahr 1852, in dem sein erfolgreicher Bruder Johann eines Tages zutiefst erschöpft von einem längeren Gastspiel nach Wien zurückkehrte und sich außer Stande sah, die musikalischen Verpflichtungen in seiner Heimatstadt zu übernehmen. Um das finanzielle Überleben der Familie Strauss und der Familien aller Orchestermitglieder zu garantieren, wurde Josef gedrängt, den Posten des Kapellmeisters zu übernehmen. Er erlernte daraufhin das Geigenspiel und wechselte sich bald mit seinem jüngeren Bruder Eduard in der Leitung des Orchesters ab, vor allem, wenn sich Johann zu Gastspielen im Ausland aufhielt. Der hochbegabte Josef überraschte mit meisterhaften, schwermütig-schönen Kompositionen: Walzer wie *Sphärenklänge, Mein Lebenslauf ist Lieb und Lust, Dorfschwalben aus Österreich* oder die *Pizzicato-Polka* nehmen einen festen Platz im Repertoire der Konzertbühnen ein und werden nicht zuletzt durch das jährlich weltweit übertragene Neujahrskonzert aus Wien Millionen Menschen vor dem Fernsehbildschirm immer wieder nahegebracht.

Der jüngste Bruder Eduard, der interessanterweise als einziges Familienmitglied seinen Nachnamen mit „ß", anstatt mit doppeltem „s" schrieb, studierte Harfe und Musiktheorie und spielte anfangs im Orchester seines Bruders. Nach dem Tod von Josef Strauss übernahm er die Orchesterdirigate. Von seinen zu Schlagern gewordenen Kompositionen sind Titel wie *Wein, Weib und Gesang* oder *Morgenblätter* aus Wiener Ballsälen nicht wegzudenken. Eduard war sehr reisefreudig und unternahm mit dem Orchester zahlreiche Gastspielreisen. So soll er in insgesamt 840 Städten in Europa und in Übersee Konzerte gegeben haben. 1882 wurde ihm die Funktion des Hofball-Musikdirektors übertragen, die sein Bruder Johann bereits 1871 abgegeben hatte. Er übte dieses Amt bis 1901 aus, dann zog er sich aus dem öffentlichen Musikleben zurück. Eduard war mit Maria Klenkhart verheiratet, aus dieser Ehe stammten zwei Söhne, Johann Strauss Enkel (1866–1939) und Josef Eduard Strauss (1868–1940), ersterer widmete sich ebenfalls der Musik. Deren Nachkommen leben heute noch in Wien.

War Johann Strauss Vater noch ein populärer Volksmusiker, könnte man bei seinem Sohn in der Diktion unserer Tage von einem „Popidol" sprechen. Johann Strauss Sohn stilisierte sich zur Musikikone, sein unstetes Privatleben lieferte immer wieder öffentlichen Gesprächsstoff. Jedenfalls baute die Familie Strauss in zwei Generationen einen Musikkonzern auf, der damals seinesgleichen suchte. Doch nicht nur der bekannteste Repräsentant der Strauss-Dynastie beherrschte die Kunst der Stilisierung: in nur zwei Generationen baute Österreichs bedeutendste Komponisten-Familie einen Musikkonzern auf, der damals seinesgleichen suchte.

Ignaz Philipp Semmelweis
* 1. Juli 1818 Ofen (heute Budapest),
† 13. August 1865 Oberdöbling (heute Wien)

Arzt

Semmelweis wurde als Sohn eines Kaufmannes in Ofen geboren. Nach Besuch des Piaristengymnasiums studierte er an der Universität in Pest (heute ebenfalls Budapest). 1837 kam er nach Wien, um Jura zu studieren, wechselte aber ein Jahr später das Fach und nahm ein Medizinstudium auf. Nach seiner 1844 erfolgenden Promotion arbeitete er als Arzt im Allgemeinen Krankenhaus und an der pathologischen Anatomie. Zwei Jahre später wechselte er als Assistenzarzt in die Abteilung Geburtshilfe. Zu dieser Zeit lag die postnatale Sterblichkeitsrate durch Kindbettfieber zwischen 5 und 15 %, teilweise sogar bei 30 %. Die Geburt von Kindern stellte folglich ein großes Risiko dar.

Semmelweis entdeckte durch Beobachtungen, dass in jenen Orten, in denen Studenten und Ärzte sowohl in der Pathologie als auch in der Geburtshilfe tätig waren, die Sterblichkeit höher war, als in den Abteilungen, in denen ausschließlich Hebammenschülerinnen ausgebildet wurden, die nicht in der Pathologie arbeiteten. Daher untersuchte Semmelweis die Mütter noch gründlicher, was jedoch zu einem weiteren Anstieg der Todesfälle führte. Erst der Todesfall eines anderen Mediziners, der sich bei einer Leichensektion verletzt hatte und an Blutvergiftung starb, brachte Semmelweis auf die Ursache: Ärzte und Studenten sezierten täglich die an Kindbettfieber verstorbenen Frauen und gingen unmittelbar danach zu weiteren Geburten, ohne zwischendurch ihre Hände zu desinfizieren. Daher instruierte Semmelweis seine Studenten, sich nach den Leichensektionen mit Chlorkalk zu desinfizieren, wodurch die Todesrate merklich sank. Semmelweis entdeckte darüber hinaus, dass nicht allein die Leichensektion, sondern bereits der Kontakt mit anderen septischen Patienten zu Ansteckungen führen kann. Daher verlangte er von seinen Mitarbeitern, sich nach jeder Untersuchung zu desinfizieren. Der Erfolg war groß, die Sterblichkeitsrate sank auf 1,3 %. Doch die Anerkennung für seine Entdeckung blieb ihm verwehrt. Die konservativen Kollegen machten nicht die fehlende Sauberkeit sondern „Miasmen" für das Kindbettfieber verantwortlich.

1849 wurde Semmelweis Assistenzstelle nicht verlängert, da die Kollegenschaft mehrheitlich gegen ihn stimmte. Nur der Internist Josef Skoda soll sich auf seine Seite gestellt haben, jedoch überstimmt worden sein. Semmelweis reagierte mit Empörung und heftigen Anwürfen gegen die Kollegen, wurde sogar ausfallend und nannte sie Mörder vor Gott und der Welt. Offenkundig trug dieses Verhalten nicht zu einer Entspannung seiner misslichen Lage bei und zu alldem erschwerend hinzu trat die Tatsache, dass die Einsetzung einer Untersuchungskommission über seine Ergebnisse von seinen Kollegen verhindert wurde. Der Arzt verließ Wien daraufhin voller Wut und ging an die Universitätsklinik in Pest, die heute seinen Namen trägt. Auch in Ungarn fand er kaum Unterstützung, denn Hygienemaßnahmen wurden als Zeitverschwendung betrachtet. Semmelweis verfasste in Reaktion darauf polemische offene Briefe, in denen er an seinen Kollegen kein gutes Haar ließ. 1865 eskalierte die Situation in Budapest: Semmelweis erkrankte psychisch und wurde durch den Antrag von Kollegen in die Irrenanstalt in Oberdöbling eingeliefert. Zwei Wochen nach seiner Einweisung starb er an einer Blutvergiftung. Er wurde in Budapest beigesetzt.

Semmelweis Bedeutung wurde lange nicht erkannt, erst in den 1880er Jahren setzte die öffentliche Anerkennung langsam ein und es begannen dramatische Gerüchte um seinen frühen Tod zu kursieren, die von verweigerter Hilfeleistung bis zu seiner Ermordung reichten. Tatsächlich wurde erst ein Jahrhundert später entdeckt, dass Semmelweis lange vor seinem Tod an Syphilis litt, eine Krankheit, die bei Frauenärzten vielfach aus ihrer beruflichen Tätigkeit und nicht aus einem ausschweifenden Lebenswandel resultierte. Obwohl die damalige Diagnose „Blutvergiftung infolge eines Abszesses" korrekt war, befand sich seine Paralyse unmittelbar vor seinem Tod bereits in einem sehr fortgeschrittenen Stadium, was auch seine hohe Aggressivität und die starken Stimmungsschwankungen erklären.

Gregor Mendel

*20. Juli 1822 Heinzendorf (heute Vražné,
Österreichisch-Schlesien), † 6. Januar 1884 Brünn

Naturforscher und Pionier der Vererbungslehre

Der Kleinbauernsohn half schon im elterlichen Garten
bei der Veredelung von Obstbäumen. Wegen seiner guten
Schulerfolge durfte er das Gymnasium in Troppau besuchen; in den Oberklassen musste er sich dort seinen Lebensunterhalt als Privatlehrer verdienen. Da seine jüngere
Schwester zu seinen Gunsten auf ihr Erbteil verzichtete,
konnte er drei Jahre die Universität in Olmütz besuchen.
Doch dann musste er mangels irgendeines Unterhalts
sein Studium abbrechen. Mendel entschloss sich, Mönch
zu werden, und trat in die Augustinerabtei St. Thomas
in Brünn ein. Zwischen 1845 und 1848 studierte er Theo-
logie und Landwirtschaft in Brünn. 1847 erfolgte seine
Priesterweihe. Seine Ordensoberen erkannten rasch seine
wissenschaftliche Neigung und Begabung und setzten ihn
als Hilfslehrer am Gymnasium ein. Da er die Lehramtsprüfung für Naturgeschichte und Physik nicht bestand,
erlaubte ihm der Orden, diese Fächer ihn Wien zu studieren. Er studierte Experimentelle Physik bei Christian
Doppler (→ siehe dort) und Pflanzenphysiologie bei Franz
Unger. Ab 1854 wurde er wieder als Lehrer in Brünn eingesetzt. 1856 scheiterte er aber aus unbekannten Gründen
noch einmal an der Lehramtsprüfung.

Unterstützt von seinem Abt Cyrill Franz Napp, der
an der Naturwissenschaft, speziell am Obstbau, sehr
interessiert war, begann er im Klostergarten mit seinen
systematischen Experimenten mit Erbsen. Seine Kreuzun-
gen mit Erbsen hatte er sorgfältig geplant. Er unterschied
die Pflanzen nach Blütenfarbe bzw. nach Samenfarbe

und -form. Er kreuzte die Sorten, indem er Pollen der einen Sorte auf die Narben der anderen Sorte aufbrachte, wobei er eine Fremdbestäubung durch Entfernung der Staubblätter und Verhüllung der Blüten verhinderte. Er unternahm 335 künstliche Befruchtungen und konnte aus den fast 13.000 entstandenen Pflanzen eine nach klaren Regeln verlaufende Vererbung der Merkmale beweisen. Innerhalb von acht Jahren zog er insgesamt 28.000 Erbsenpflanzen, die ihn zu drei allgemeinen Gesetzen führten, die heute als Mendel'sche Regeln bekannt sind. Er entdeckte das Uniformitätsgesetz, das Spaltungsgesetz und die Unabhängigkeitsregel.

Seine Forschungen präsentierte Mendel erstmals in einem Vortrag im Februar und im März 1865 im Naturforschenden Verein in Brünn. 1866 publizierte er „Versuche über Pflanzenhybriden" und 1870 einen Artikel mit dem Titel „Über einige aus künstlicher Befruchtung gewonnene Hieracium-Bastarde". Die Rezeption seiner Entdeckungen fiel mager aus. Vermutlich waren seine Erkenntnisse für die damalige Zeit zu revolutionär. Sein Artikel wurde kaum gelesen, selbst der damals bedeutende Botaniker Carl Nägeli, dem Mendel ein Exemplar übersandt hatte und mit dem er eine längere Korrespondenz führte, erkannte nicht die Bedeutung von Mendels Forschungsergebnissen. Dass ihn 1868 seine Mitbrüder zum Abt wählten, konnte die Enttäuschung über die geringe Resonanz auf seine Forschungen kaum wettmachen. Die starke Inanspruchnahme durch sein neues Amt verhinderte weiterführende Forschungen. 1883 erkrankte Mendel an einem Nierenleiden, an dem er schließlich verstarb.

Erst um 1900 erkannten die Botaniker Hugo de Vries, Carl Correns und Erich Tschermak-Seysenegg, die selbst eine Reihe von Experimenten durchgeführt hatten, die große Bedeutung der Mendel'schen Forschungen. Mendel entdeckte, dass ein Organismus zahlreiche Merkmale aufweist, die sich unabhängig voneinander vererben lassen. Davor meinte man, dass sich nur die Gesamtgestalt einer Pflanze vererbe. So bewies er, dass Lebewesen aus Genen zusammengesetzt sind, die eine Gesamtinformation zu einem Lebewesen darstellen. Damit bestätigte er auch Darwins Selektionstheorie und legte die Grundlagen für die Genetik als eigenständiges Wissensgebiet, die erst zu Ende des 20. Jahrhunderts eine ungeahnte Blüte erlebte.

OTTO WAGNER
* 13. Juli 1841 Wien, † 11. April 1918 Wien
Architekt und Stadtplaner

Otto Wagner wurde in Penzing, einem damaligen Vorort der Kaisermetropole, als Sohn eines begüterten königlich-ungarischen Hofnotars geboren. Von Hofmeistern und französischen Gouvernanten in den klassischen Fächern erzogen, begann er ein Architekturstudium am Wiener Polytechnikum; außerdem besuchte er ein Jahr lang die Bauakademie in Berlin. 1862 beendete er als Schüler von Eduard van der Nüll und August Sicard von Sicardsburg, den beiden Erbauern der Wiener Staatsoper, seine Ausbildung an der Akademie der bildenden Künste.

Seinen ersten Wettbewerb gewann Wagner mit einem Entwurf für den Kursalon im Wiener Stadtpark, erhielt aber nicht den damit verbundenen Bauauftrag. Gemeinsam mit seinem Studienkollegen Otto Thienemann erbaute er 1874 den noch heute bestehenden Grabenhof. Nun konnte Wagner ein eigenes Büro eröffnen, und sein Ruf als innovativer Architekt verbreitete sich rasch.

Wahrscheinlich errichtete er mehr als dreißig Wohnhäuser, die er oft als selbstständiger Bauherr erbaute, manche selbst bewohnte und dann an Private weitergab. Sein damaliger Baustil befand sich durchaus im Mainstream der Zeit und garantierte seinen Kunden einen hohen Grad an technischer Perfektion. Auch seine Planungen für den zeitlichen Ablauf der Bauprojekte waren geradezu perfekt. So gelang es ihm, das Festzelt für den Festzug anlässlich der Silbernen Hochzeit des Kaiserpaares Franz Joseph I. und Elisabeth binnen weniger Stunden zu errichten.

Um etwa 1890 fand er im Zug des Auftrags für einen „Generalregulierungsplan" für Wien zu seinem unverwechselbaren Stil. Er verfasste dazu eine theoretische Schrift mit dem Titel „Die Großstadt – Eine Studie über diese", in der er seine Grundgedanken zu Städtebau, aber auch zur Gestaltung eines einzelnen Objekts formulierte. Darin schrieb er Sätze wie: „Der Architekt hat immer aus der Konstruktion die Kunstform zu entwickeln", oder: „Die Kunst hat daher die Aufgabe, das Stadtbild der jeweiligen Menschheit anzupassen." Dieser Funktionalismus wurde die Basis für den qualitätsvollen Städtebau des 20. Jahrhunderts.

Formalistisch fühlte sich Wagner den Grundsätzen von Symmetrie und Achsialität verbunden, eine geistige Verwandtschaft mit den Monumentalentwürfen eines Johann Bernhard Fischer von Erlach ist nicht zu leugnen. Otto Wagners Schüler – er lehrte seit 1894 an der Akademie der bildenden Künste – errichteten in seinem Sinne zahlreiche Bauten in der ersten Hälfte des 20. Jahrhunderts. Hervorzuheben sind dabei die monumentalen Bauten des „roten Wien" der Zwischenkriegszeit, welche die Formen der Herrschaftsarchitektur in den sozialen Wohnbau übernahmen.

Im Jahrzehnt zwischen 1880 und 1890 errichtete Wagner in öffentlichem Auftrag nur das überaus qualitätsvolle Verwaltungsgebäude der Länderbank in der Hohenstaufengasse, das durch seine kühne Lösung für eine verschobene Achse für den Kassensaal überrascht. Zukunftsweisend bei diesem Bau war, dass Otto Wagner erstmals ein Skelettbausystem aus Stahl, das mit Platten ausgefüllt wurde, verwendete – wie er sich überhaupt zunehmend den neuen Materialien, nämlich Stahl und Aluminium, zuwandte.

1894 erhielt er den Großauftrag für die Planung und Erbauung der Stadtbahn und der Vorortelinie. Auch die künstlerische Gestaltung dieses damals europaweit größten Bauauftrages wurde Wagner übertragen. Schon in seinem Generalregulierungsprogramm hatte er sich mit der Steuerung von Verkehrsflüssen beschäftigt. Für ihn war die Einbeziehung des Wiener Donaukanals und der Donau in ein Gesamtverkehrskonzept wesentlich. So ist die Planung und Ausführung des Nußdorfer Wehrs am Donaukanal als ein Tor in die Stadt zu begreifen. Eine generelle Neuplanung der städtischen Verkehrsströme war 1890 durch die Eingemeindung der Vororte Wiens notwendig geworden. Wagners Konzept beruhte auf dem Gedanken der Kreuzungsfreiheit für den Verkehr, was bei der Gestaltung etwa der Stadtbahn hervorragend gelang. Seine Trassierung hat noch immer Gültigkeit, wurde sie doch in der zweiten Hälfte des 20. Jahrhunderts für die Streckenführung der Wiener U-Bahnlinien übernommen.

Für die Detailplanung dieses riesigen Bauvorhabens baute Wagner ein Büro mit siebzig Mitarbeitern auf. Seine begabtesten Schüler, u.a. Joseph Maria Olbrich, Josef Hoffmann oder Max Fabiani, hatten wesentlichen Anteil an den künstlerischen Details. Er schuf für seine Bauten eine Unverkennbarkeit, die man heute als Corporate Identity bezeichnen würde. Der große Architekt starb 1918 wenige Monate vor Ende des Ersten Weltkrieges.

Internationale Bewunderung erregten Wagners Bauwerke nach 1900. Mit ihnen erwies er sich als radikaler Wegbereiter der Moderne. Das Gebäude der Postsparkasse und die Kirche St. Leopold am Steinhof überzeugen sowohl ästhetisch wie funktional.

Wagners letztes Lebensjahrzehnt war überschattet von der peinlichen Diskussion um die Errichtung eines Neubaues für ein historisches Museum der Stadt Wien. Vor allem konservative Kreise um den Thronfolger Franz Ferdinand und um die das Wiener Kulturleben nachhaltig beeinflussende Fürstin Pauline Metternich lehnten Wagners Projekt vehement ab. Lediglich der Wiener Bürgermeister Karl Lueger unterstützte ihn. Das Scheitern dieses Projekts wurde zum Symbol des Untergangs der Wiener Moderne. Nach dem Ersten Weltkrieg konnte in der Zeit der völligen Verarmung aller Bevölkerungskreise nicht mehr an diese künstlerischen Großtaten angeschlossen werden.

Wichtigste Bauten in Wien:

Grabenhof (1873), Bürgerhaus Schottenring 23 (1877), Familiengruft Hietzinger Friedhof (1881), Länderbank (1881), Bürgerhaus Stadiongasse 6–8 (1882), Große Wagner-Villa Hüttelbergstraße 28 (1886), Bürgerhaus Universitätsstraße 12 (1887), Wohnhaus Rennweg 3 (1889), Wehranlage am Donaukanal (1894), Stadtbahn (1894–1900), Bürgerhaus Spiegelgasse 2 (1894), St. Johannes-Kapelle Währinger Gürtel (1895), Bürgerhäuser Linke Wienzeile 38 und 40 (1898), St. Leopold am Steinhof (1902–1904), Postsparkassengebäude (1903–1910), Kleine Wagner-Villa Hüttelbergstraße 28 (1912).

Bertha von Suttner

*9. Juni 1843 Prag, †21. Juni 1914 Wien

Schriftstellerin und Pazifistin

Als Bertha Sophia Felicitas Gräfin Kinsky von Chinic und Tettau am 9. Juni 1843 in Prag geboren wurde, war ihr Vater Feldmarschall-Leutnant Graf Kinsky, der einem alten böhmischen Adelsgeschlecht entstammte, bereits verstorben. Ihre 50 Jahre jüngere Mutter war ihrem Mann keine ebenbürtige Ehepartnerin gewesen. Da Graf Kinsky nicht Majoratsherr war, verfügte die Familie lediglich über ein bescheidenes Vermögen. Obgleich Berthas Vormund, Friedrich Graf Fürstenberg, der jungen Frau eine gute Erziehung angedeihen ließ, litt sie zeitlebens am „Makel" ihrer Geburt. Berthas Mutter versuchte das Vermögen der Familie durch Spielen in Europas Casinos zu vermehren, scheiterte jedoch naturgemäß. Als Bertha 18 Jahre alt war, wurde sie in die Gesellschaft eingeführt, damit möglichst schnell ein wohlhabender Mann für sie gefunden würde. Zwar fand sie viele Bewunderer, ein seriöser Ehemann war jedoch nicht auszumachen. Aus diesem Grund musste die junge Frau sich für den Beruf einer Gouvernante oder Gesellschaftsdame entscheiden, was bei ihrer ausgeprägten Bildung jedoch kein Problem darstellte: sie beherrschte drei Fremdsprachen, konnte singen und Klavier spielen und war sehr belesen.

Im Jahr 1873 trat Bertha eine Stelle im Haus von Carl von Suttner an, wo sie dessen vier Töchter beaufsichtigte. Im Hause Suttner entspann sich zwischen dem jüngsten Sohn der Familie Arthur Gundaccar – er war um sieben Jahre jünger als Bertha – und Bertha eine Liebesbeziehung, die das Paar drei Jahre geheim halten konnten. Letztlich

verweigerte die Familie ihre Zustimmung zu einer Eheschließung und Bertha war gezwungen, ihre Stelle aufzugeben. Über Baronin Suttner erhielt sie den Hinweis, dass
in Paris ein älterer Herr eine sprachenkundige Sekretärin
suche. Sie bewarb sich um diesen Posten und wurde
von Alfred Nobel angestellt. So sehr ihr die Arbeit auch
gefiel und sie Nobel als intelligenten und kongenialen
Gesprächspartner schätzte, arbeitete sie doch nur kurz in
Paris, denn sie wurde von Heimweh und Liebeskummer
geplagt. So kehrte sie nach Wien zurück, blieb aber weiterhin mit Nobel in Kontakt.

1876 heirateten Bertha und der junge Gundaccar heimlich in der Vorstadtkirche von Gumpendorf und brachen
dann beinahe fluchtartig nach Georgien auf. Sie wählten
dieses Land als Exilstätte, weil Bertha von Suttner die
verwitwete Fürstin Ekaterina Dadiani von Mingrelien
aus früheren Jahren kannte. Von ihr erhoffte sie sich eine
Stellung, von der ihr Mann und sie leben könnten. Daraus
wurde jedoch nichts und das Ehepaar erteilte anfangs
Musik- und Französischunterricht. Nach Ausbruch des
russisch-türkischen Krieges verschlimmerte sich die
wirtschaftliche Lage allerdings zunehmend und niemand
wollte mehr die französische Sprache erlernen. Daher
versuchte sich Arthur Suttner als Schriftsteller. Er berichtete für westeuropäische Zeitungen über Georgien und
auch vom Kriegsschauplatz. Bertha von Suttner verlegte
sich ebenso auf das Schreiben, ihre Romane erschienen
in Fortsetzungen in verschiedenen Zeitschriften. Als
sich die finanzielle Lage des Ehepaares noch mehr verschlechterte, kehrten sie beide nach Österreich zurück. Die
Aussöhnung mit Arthurs Familie war inzwischen erfolgt.
Das Ehepaar ließ sich in Harmannsdorf, im Suttnerschen
Schloss nieder und beide verdienten sich weiterhin ihren
Lebensunterhalt mit dem Schreiben.

1889 erschien Berthas erstes bedeutendes Buch *Das Maschinenzeitalter*, in dem sie sich mit aktuellen gesellschaftlichen Entwicklungen auseinandersetzte. Sie kritisierte darin die Nationalismen, tadelte das Schulsystem, das technischen Neuerungen gegenüber nicht aufgeschlossen war und beklagte die schlechtere Stellung der Frau in der Gesellschaft. 1887 erhielt sie in Paris Kenntnis von der Existenz einer internationalen Friedensbewegung, für die sie das Buch *Die Waffen nieder!* schrieb. Dieser 1889 erschienene Tendenzroman wurde ein Bestseller und wurde innerhalb von nur vier Jahren in zwölf Auflagen publiziert. Bis zu Suttners Tod wurde dieses Buch in 12 Sprachen übersetzt und machte die Österreicherin zu einer der führenden Vertreterinnen der Friedensbewegung. Mit dem aus der Ich-Perspektive geschriebenen Bericht einer Gräfin, die innerhalb eines Zeitraums von knapp zehn Jahren durch die Erfahrung von vier Kriegen zur überzeugten Pazifistin wird, traf Bertha von Suttner den Nerv der Zeit, der einerseits durch einen schrankenlosen Imperialismus und hemmungslosen Nationalismus gekennzeichnet war, andererseits durch linke Massenparteien, die sich vehement für die Rechte der Menschen einsetzten. Im September 1891 wurde die *Österreichische Gesellschaft der Friedensfreunde* als eine Sektion der *Internationalen Friedensgesellschaft* gegründet und Bertha von Suttner widmete ihr ganzes künftiges Leben dieser hehren Idee. Sie schrieb hunderte Artikel und Abhandlungen, hielt Vorträge und nahm an Tagungen teil. Einen Mitstreiter fand sie in ihrem österreichischen Landsmann Alfred Fried (→ siehe dort) und auch Schriftsteller wie Leo Tolstoi oder Peter Rosegger unterstützten sie. Ab 1892 gab sie die Zeitschrift *Die Waffen nieder* heraus und gründete die *Deutsche Friedensgesellschaft*, die innerhalb kürzester Zeit mehrere Tausend Mitglieder hatte.

Zur Förderung der Friedensidee fanden Weltfriedenskonferenzen statt, so 1889 zum ersten Mal in Paris. Einen wesentlichen Impuls für die Friedensbewegung bedeutete die testamentarische Verfügung von Alfred Nobel, aus den Zinsen seines Vermögens einen Preis für Verdienste um die Friedensbewegung zu stiften. Bertha von Suttners Mann war seinerseits pazifistisch eingestellt und engagierte sich im *Verein zur Abwehr des Antisemitismus.* 1905 wurde Bertha von Suttner für ihr unermüdliches Wirken für die Friedensidee als erste Frau in der Geschichte mit dem Friedensnobelpreis ausgezeichnet. Dennoch blieb ihre Arbeit nicht von Kritik verschont. Man unterstellte der Österreicherin eine naive Gesinnung und versuchte sie mit allen Mitteln der Lächerlichkeit preis zu geben. Unzählige Karikaturen der „Friedensbertha" machten sich über ihren Optimismus lustig.

Sie starb am 21. Juni 1914, wenige Wochen vor Ausbruch des Ersten Weltkrieges, mitten in den Vorbereitungen für einen weiteren Weltfriedenskongress, der in Wien stattfinden sollte, an einer Krebserkrankung.

SIGMUND FREUD

* 6. Mai 1856 Freiberg (Mähren), † 23. September 1939 London

ANNA FREUD

* 3. Dezember 1895 Wien, † 9. Oktober 1982 London

Psychiater

Ende der 1850er Jahre betrieben Sigmund Freuds Eltern einen kleinen Textilhandel, der jedoch drei Jahre nach Geburt des Sohnes zu Grunde ging. Die Familie war gezwungen, nach Wien zu übersiedeln. Er wuchs im „Mazzesviertel", dem überwiegend jüdischen 2. Bezirk auf. Hier wurden auch seine sechs jüngeren Geschwister geboren. Freud konnte ein fortschrittliches Gymnasium besuchen, wo er 1873, im Jahr der Weltausstellung und großen Wirtschaftskrise, die Matura ablegte. Er studierte zunächst Philosophie und Biologie und wandte sich dann, fasziniert von den neuen Erkenntnissen Darwins, der Medizin zu. Bereits 1877 veröffentlichte er eine wissenschaftliche Arbeit über Aale. Seine liebste Wirkungsstätte an der Universität war das physiologische Institut, damals von Professor Ernst Brücke geleitet.

1881 beendete Freud sein Studium, ein Jahr später lernte er Martha Bernays, seine spätere Frau kennen. Um heiraten zu können, musste er zunächst die Träume von einer wissenschaftlichen Karriere aufgeben und mit Eröffnung einer medizinischen Praxis sein Leben auf eine solide wirtschaftliche Basis stellen. Er konzentrierte sich auf die Behandlung von Erkrankungen des menschlichen Nervensystems, zumal damals Kokain als neuer und effektiver Wirkstoff bekannt wurde, wenngleich man dessen Suchtcharakter noch nicht einschätzen konnte.

Freud machte Selbstversuche, in denen er Kokain als Mittel zur Schmerzbekämpfung erprobte. Rasch festigte sich sein Ruf in Kollegenkreisen. Ihm wurden eine gute Allgemeinbildung, ein ruhiger und ernster Charakter sowie ein klarer Blick bescheinigt. 1885 habilitierte sich Freud und konnte ein Jahr später heiraten und eine eigene Praxis eröffnen.

Während seiner Fachausbildungszeit hatte er im Pariser *Hôpital Salpêtrière* bei Jean-Martin Charcot, einem auf dem Gebiet der Hysterie weltweit anerkannter Spezialisten, einige Studienmonate absolviert. Dabei hatte er auch die Hypnose als eine mögliche Behandlungsmethode von Nervenkrankheiten kennen gelernt. Zwar wurde sie von den Fachkollegen als unwissenschaftlich abgetan, doch in hoffnungslosen Fällen schien dieses „kathartische" Verfahren, wie Freud es in einer 1895 mit seinem Kollegen und Freund Josef Breuer veröffentlichten Studie über Hysterie nannte, Heilungsmöglichkeiten zu bieten. Freud entdeckte hierbei, dass die Ursache für die Hysterie vielfach in seelisch krank machenden Konflikten zwischen inneren sexuellen Wünschen und der offiziell eingeforderten Moral lag. Es waren verdrängte Phantasien, Wunschvorstellungen und Träume seiner Patienten, die Freud mit den Begriffen *Verdrängung* und *Ödipuskomplex* belegte, wobei letzterer den kindlichen Wunsch nach der Beseitigung des gleichgeschlechtlichen Elternteils mit dem Ziel, den andersgeschlechtlichen Elternteil für sich allein zu besitzen, bezeichnet.

In dem Jahrzehnt zwischen 1895 und 1905 entwickelte Freud sein Lehrgebäude der Psychoanalyse. Einen Eckpfeiler dieser Lehre legte er in seinem bereits 1899 erschienenen, aus kommerziellen Erwägungen auf 1900 datierten Werk *Die Traumdeutung* nieder. 1910 gründete er die *Internationale Psychoanalytische Vereinigung*.

Bis zum Ausbruch seiner Krebserkrankung im Jahr 1923 – Freud hatte Mundhöhlenkrebs und musste über 30 Operationen über sich ergehen lassen – war Freuds Praxis gut besucht. Der Analytiker war eine international angesehene Koryphäe und verdiente äußerst gut, was bei der Größe seines Haushalts dringend nötig war, lebten doch in seinem Haus nicht nur seine Ehefrau und seine Kinder, sondern auch seine Schwestern und zahlreiches Personal. Nach 1923 reiste er immer wieder zu Kongressen und Tagungen, zumeist begleitet von seiner jüngsten Tochter Anna, die mit den Jahren die eigentliche Bewahrerin seines Erbes wurde.

Freuds Lehre war von Anfang an heftig umstritten und im Zuge dessen bildeten sich Schulen, die ihr entweder die Treue hielten oder auf ihrer Basis eine Gegenlehre entwickelten, zu letzteren gehörte etwa der Psychotherapeut Alfred Adler (→ siehe dort). Auch Carl Gustav Jung, Freuds langjähriger Schüler und Vertrauter, den er als seinen eigentlichen Nachfolger ansah, distanzierte sich und schlug einen eigenen Weg ein. So bildeten sich schließlich eine Reihe von Schulen, die zwar alle auf Freud zurückgehen, sich in Theorie und Praxis aber von den Positionen des Analytikers unterscheiden.

Bis zu Freuds erzwungener Emigration nach London im Jahr 1938 war Wien das geistige Zentrum der Psychoanalyse. Aus der ganzen Welt kamen Heilung Suchende zu Freud, wobei seine Erfolgsquote aufgrund der langen zeitlichen Dauer der Analyse jedoch nicht besonders hoch war. 1938 wurde die Psychoanalyse gewaltsam aus Wien verbannt. Bereits 1933 waren Freuds Werke bei der Machtübernahme der Nationalsozialisten der Bücherverbrennung zum Opfer gefallen. Freud erkannte nur allzu deutlich, welche gefährliche politische Entwicklung Deutschland nahm, konnte sich aber lange nicht zur Emigration entscheiden. Ins Londoner Exil ging er, um „in Freiheit zu sterben". Seine Krebserkrankung war bereits sehr weit fortgeschritten, so dass ihm nur noch wenige Monate Lebenszeit blieben. Kurz vor seinem Tod gab ihm sein langjähriger Arzt Dr. Max Schur, der ihm ins Exil gefolgt war, auf eigenen Wunsch schmerzlindernde Morphiumspritzen, in deren Folge er ins Koma fiel und nicht mehr erwachte.

Mittlerweile ist Freuds Lehre in vielerlei Hinsicht überholt. Der Analytiker vertrat Ansichten, die heute z.T. äußerst fragwürdig sind, wie etwa die, dass man Homosexualität heilen müsse. Andererseits prägte er mit Begriffen wie *Verdrängung, Fehlleistung* oder *Ödipuskomplex* eine Terminologie, die aus unserem Sprachgebrauch nicht mehr wegzudenken ist. Seine Leistung bestand darin, dass er eine Sprache für die inneren Vorgänge des Individuums fand, die der Wiener Analytiker Richard Picker als eine „Art Psychosprache" bezeichnet. Freuds kulturtheoretische Ansätze sind hingegen nach wie vor höchst angesehen.

Anna Freud wurde als sechstes Kind von Sigmund und Martha Freud in Wien geboren. Sie war ihr Leben lang die Lieblingstochter und Vertraute des Vaters. Nach Besuch des *Cottage Lyceums* begann sie eine Ausbildung als Volksschullehrerin, die sie 1914 mit dem ersten Staatsexamen abschloss. Ihr Vater schenkte ihr im Sommer 1914 eine Englandreise, von der sie nach Ausbruch des Krieges nur dank der Intervention von Freunden nach Österreich zurückkehren konnte. Nach Ablegung des zweiten Staatsexamens im Jahr 1916 unterrichtete sie zwischen 1917 und 1920 an ihrer alten Schule. Neben ihrer Lehrerausbildung absolvierte sie eine informelle Ausbildung als Psychoanalytikerin, indem sie die Vorlesungen ihres Vaters an der Wiener Universität besuchte und von Anfang an seine fachliche Vertraute war. Auch ihre Lehranalyse absolvierte sie von 1918 bis 1921 beim Vater, was bei dem engen verwandtschaftlichen Verhältnis nicht ohne Probleme und Folgen war und vor allem von Außenstehenden kritisiert wurde. Möglicherweise resultierte gerade aus dieser Lehranalyse ihr sehr enges Verhältnis zum Vater.

Nach dem Ersten Weltkrieg waren die fünf anderen Geschwister alle aus dem Haus, so dass Anna die einzige intellektuelle Bezugsperson für den Vater wurde. Mit der Mutter hielt sie den Freudschen Haushalt aufrecht und sorgte dafür, dass ihr Vater sich ganz seiner Arbeit widmen konnte.

Im Juni 1922 nahm Freud sie in die *Psychoanalytische Vereinigung* auf; sie hielt bei dieser Gelegenheit einen viel beachteten Vortrag mit dem Titel *Schlagphantasien und Tagtraum*. Ein Jahr später eröffnete sie ihre eigene Praxis in der Berggasse 19, wo sie vorwiegend Kinder analysierte und therapierte. Ab 1918 nahm sie auch regelmäßig an den jeweils mittwochs stattfindenden Diskussionsrunden ihres Vaters teil. Wenn Sigmund Freud zu Kongressen reiste, befand sie sich immer in seiner Begleitung.

1925 begegnete sie Dorothy Tiffany Burlingham, die aus der amerikanischen Tiffany-Glas- und Schmuckdynastie stammte. Sie war mit ihren vier Kindern nach Wien in die Praxis von Sigmund Freud gekommen. Dorothy Burlingham war fünf Jahre älter als Anna und seit 1911 verheiratet, lebte jedoch bereits seit Jahren von ihrem Mann getrennt. In ihr fand Anna ihre Lebenspartnerin. Burlingham begann ebenfalls eine Ausbildung als Psychoanalytikerin. Sie und Anna Freud gestalteten ihr Leben gemeinsam, zogen Dorothys Kinder auf und erwarben 1932 als Wochenend- und Sommerhaus ein Bauernhaus in Hochrotherd.

Über den Vater lernte Anna 1921 die um mehr als 30 Jahre ältere Lou Andreas-Salomé kennen, die als Muse berühmter Männer wie Rainer Maria Rilke und Friedrich Nietzsche bereits internationale Bekanntheit genoss. Die Begegnung mit der intellektuell anregenden Lou, die ebenfalls eine analytische Ausbildung hatte, war für Anna prägend. Sigmund Freud bezeichnete Lou Andreas-Salomé als ein Frauenzimmer von gefährlicher Intelligenz.

Bei den Mittwochgesellschaften ihres Vaters traf Anna Freud Muriel Gardiner, Erbin eines Chicagoer Fleischimperiums. Gardiner, die eng mit der *Society of Friends* verbunden war, verbrachte einige Jahre in Wien. So lange sie konnte, versuchte sie Freunden zu helfen Sie war auch an der Verschickung von Freuds Antiquitätensammlung beteiligt.

Bereits die Berufswahl von Anna Freud verdeutlichte, auf welches tiefenpsychologische Gebiet sich ihre fachlichen Interessen richten würden: die psychische, physische und geistige Entwicklung des Kindes. Stets hatte sie Kinder beobachtet, ihre individuelle Entwicklung verfolgt und vor allem der Kindlichkeit und den verschiedenen Formen ihrer Äußerungen verstärkte Aufmerksamkeit gewidmet. Die Erziehung war in der ersten Hälfte des 20. Jahrhunderts vom Gegenbild der Erziehungsmethoden des 19. Jahrhundert geprägt, denen man unterstellte, dass sie die kindliche Unschuld durch von außen aufoktroyierte Zwänge zerstört hätten. Die Psychoanalyse wies hier einen anderen, differenzierteren Weg, indem sie von der empirisch bewiesenen Erkenntnis ausging, dass alle Versuche des Kindes, die Erwachsenenwelt kennen zu lernen, ihrerseits einen rücksichtslosen und grausamen Akt darstellten. Aus diesen Erfahrungen bildeten sich zwei Schulen: diejenige von Anna Freud und eine weitere unter der Anhängerschaft von Melanie Klein, mit der Anna in erstaunlicher Direktheit einen Grundsatzstreit austrug. Sie war der Auffassung, dass Melanie Kleins Deutungen das Kind zu sehr überforderten und wollte daher nur neurotisch gestörte Kinder therapieren, während Melanie Klein der Ansicht war, dass jedes Kind einer psychoanalytischen Therapie bedürfe.

Anna Freuds kinderpsychologische Ansätze standen auch im Gegensatz zur Theorie von Alfred Adler (→ siehe dort), der als Individualpsychologe die soziale Komponente in der Entwicklung von Kindern und Jugendlichen betonte. 1927 veröffentlichte Anna Freud ihre erste große Arbeit, die *Einführung in die Technik der Kinderanalyse*. Im Auftrag des Jugendamtes der Stadt Wien verfasste sie 1930 eine *Einführung in die Psychoanalyse für Pädagogen*.

Als die Ärzte Sigmund Freud 1923 Kieferkrebs diagnostizierten, wurde Anna Freud für den Vater unentbehrlich: sie arbeitete für ihn als Sekretärin, als Vertraute und als Pflegerin. Da er bereits Schwierigkeiten mit dem Sprechen hatte und keine Reisen mehr unternehmen wollte, erledigte sie alles für ihn. So verlas sie beim Psychoanalytischen Kongress in Homburg im Jahr 1925 Freuds Beitrag *Einige psychische Folgen des anatomischen Geschlechtsunterschieds*. 1930 nahm sie für den Vater den *Goethe-Preis* der Stadt Frankfurt entgegen. Anna Freud bezog Stärke aus der zunehmenden Hinfälligkeit des Vaters und ihre Auftritte in der Öffentlichkeit wurden immer souveräner.

Die politische Entwicklung in Österreich nach der Machtergreifung der Nationalsozialisten in Deutschland erfüllte die Mitglieder der *Psychoanalytischen Vereinigung* und sowohl Vater als auch Tochter Freud mit Sorge. Deutlich war spürbar, dass nicht nur die persönliche Lebenssituation des Einzelnen einer stetig zunehmenden Bedrohung unterlag, sondern auch die psychoanalytische Theorie immer mehr von der Politik bedroht erschien. Die letzte Sitzung der *Wiener Psychoanalytischen Vereinigung* fand am 13. März 1938 statt. Bei dieser Sitzung wurde beschlossen, dass angesichts der Erfahrung in Deutschland, jeder, dem es nur irgend möglich war, aus Österreich fliehen sollte. Zahlreiche ausländische Kollegen wie der Amerikaner Walter C. Langer oder die französische Prinzessin Marie Bonaparte bemühten sich, Sigmund Freud aus Österreich herauszuhelfen bzw. ein britisches Visum zu erhalten.

Unmittelbar nach dem *Anschluss Österreichs* wurde Anna Freud zur Gestapo zitiert und konnte sie erst Stunden später verlassen. Was dort tatsächlich passierte, bleibt ungeklärt. Der Hausarzt der Familie, der um die Bedrohung der Freuds wusste, hatte Anna für den Fall, dass sie bei der Gestapo gefoltert werden sollte, Veronal gegeben. Anfang Juni 1938 konnten Sigmund Freund, seine Frau, Anna Freud und auch Dr. Schur, der Arzt der Familie, Österreich schließlich verlassen. Auch Dorothy Burlingham wählte das britische Exil. Die Exilanten reisten über Paris, wo sie von Marie Bonaparte erwartet wurden, nach London. Im September bezogen sie ein Haus in Hampstead, in dem Freud ein Jahr später verstarb. Unmittelbar nach ihrem Eintreffen in London wurden Vater und Tochter in die *Britische Psychoanalytische Vereinigung* aufgenommen. Nach dem Tod des Vaters wurde Anna Freud zur Testamentsvollstreckerin des Vaters.

1940 gründete Anna Freud das Kriegskinderheim *Hampstead Nurseries*, um für ihr Gastland Großbritannien in der schweren Kriegssituation einen Beitrag zu leisten. In dieser Kinderkolonie wurden etwa 80 Kriegswaisen betreut. Nach dem Krieg kümmerte sich Anna zunächst um Waisenkinder aus dem KZ Theresienstadt. 1947 wurde daraus ein Ausbildungszentrum für Kinderanalyse. In diese Institutionen brachte Anna ihre gesamten Kenntnisse und all ihre Energie ein. Von London aus baute sie die *Psychoanalytische Vereinigung* wieder auf und knüpfte an alle alten Kontakte an, um die Lehren des Vaters weltweit zu verbreiten. 1965 wurde Anna Freud mit dem Titel *Commander of the Order of the British Empire* ausgezeichnet. Sie unternahm zahlreiche Vortragsreisen und beteiligte sich an internationalen Kongressen. Vor allem in den USA gibt es viele bedingungslose Anhänger des Freudschen Denkgebäudes.

Obgleich sie einen großartigen und wesentlichen Beitrag zur Kinderanalyse leistete, hatte Anna Freud selbst keine Kinder. Der Vater war und blieb die dominierende Persönlichkeit in ihrem Leben. An eine Eheschließung hatte sie nie gedacht. Anna Freuds Leben beherrschten ein Mann, ihr Vater und eine Reihe von Frauen, darunter ältere Vorbilder wie Lou Andreas-Salomé und Marie Bonaparte, ihre Lebenspartnerin Dorothy Burlingham, sowie die engen Freundinnen und Fachkolleginnen Jeanne Lampl-de Groot und Marianne Rie-Kris. Nach Österreich kehrte sie erst im Jahr 1971 anlässlich der Teilnahme am 27. Psychoanalytischen Kongress in Wien zurück. Sie hielt dort einen Vortrag in englischer Sprache.

Anna Freud, die sich bis zu ihrem Lebensende für ihre Kinderklinik einsetzte, starb, nachdem sie im Frühjahr 1982 einen Schlaganfall erlitten hatte, am 9. Oktober desselben Jahres in London. Sie hatte wesentliche Charakterzüge ihres Vaters geerbt: wie er war sie sehr genau, sehr pünktlich und sorgfältig. Im Umgang mit Menschen generell distanziert, ließen beide nur wenige Menschen nahe an sich heran. Am Anfang ihrer Karriere und solange der Vater lebte, stand sie immer in seinem Schatten, was wohl daran liegen mochte, dass sie nicht akademisch ausgebildet, sondern nur beim Vater in die Lehre gegangen war. Sie verhielt sich daher in allen Gremien äußerst scheu und zurückhaltend. So ambivalent der Vater seine emotionalen Stimmungen lebte, so konstant erscheint dagegen die Tochter in ihrer Lebensführung: Weder war sie eitel wie ihr Vater, noch besaß sie sein Savoir vivre, war im Gegenteil äußerst asketisch und auch nicht fähig, wie er ihr Leben in der Spannweite zwischen intensivster Arbeit und exzessiver Freizeit zu leben. Ihr Arbeitsdrang kam nie zur Ruhe, sie soll sogar beim Zuhören geradezu manisch mit Stricken beschäftigt gewesen sein. Schon in Hochrotherd und später im englischen Walberswick pflegte sie ihren Garten leidenschaftlich. Sie las viel, liebte Rainer Maria Rilke und war von der Musik von Richard Wagner und Gustav Mahler begeistert. Anna Freud war kein religiöser Mensch, sie glaubte jedoch an Gerechtigkeit.

Auswahlbibliographie von Sigmund Freuds Werken:

Drei Abhandlungen zur Sexualtherapie (1905), Der Witz und seine Beziehung zum Unterbewusstsein (1905), Totem und Tabu (1913), Vorlesungen zur Einführung in die Psychoanalyse (1917), Jenseits des Lustprinzips (1919), Das Ich und das Es (1923), Das Unbehagen in der Kultur (1930), Der Mann Moses und die monotheistische Religion (1939).

Auswahlbibliographie von Anna Freuds Werken:

Einführung in die Technik der Kinderanalyse (1927); Einführung in die Psychoanalyse für Pädagogen (1930); Das Ich und die Abwehrmechanismen (1936); Kriegskinder (1942, deutsch 1949); Anstaltskinder (1942, deutsch 1950); Normality and Pathology in Childhood. Assessments of Development (1965), dt.: Wege und Irrwege in der Kinderentwicklung (1968); Jenseits des Kindeswohles (1974); Diesseits des Kindeswohles (1979); In the best Interest of the Child (posthum 1985).

Julius Wagner-Jauregg

*7. März 1857 Wels, †27. September 1940 Wien

Neurologe und Psychiater

Der Sohn eines Juristen und Finanzrates wurde noch während des Medizinstudiums Assistent bei dem österreichischen Pathologen und Histologen Professor Salomon Stricker in allgemeiner und experimenteller Pathologie. 1883 nahm Wagner-Jauregg eine frei werdende Stelle in der psychiatrischen Klinik in Wien an. Bereits 1885 wurde er habilitiert. Zwei Jahre später übernahm er die Leitung der Klinik von Max Leidesdorf. Zwischen den Jahren 1889 und 1893 hatte er eine außerordentliche Professur für Nerven- und Geisteskrankheiten in Graz inne. 1893 kehrte er als Ordinarius und Klinikdirektor nach Wien zurück. Bis zu seiner Emeritierung im Jahr 1928 wirkte er an der Wiener Psychiatrischen Klinik.

Wagner-Jaureggs erfolgreiche Versuche, die durch Syphilis hervorgerufene *progressive Paralyse* mit einer künstlich herbeigeführten Malariainfektion zu bekämpfen, beruhten auf Beobachtungen, über die bereits Hippokrates berichtete. Bereits 1887 begann er mit ersten Experimenten mit Tuberkulosebakterien. Erst dreißig Jahre später stellte sich jedoch ein durchschlagender Erfolg ein, nachdem er einem Patienten das Blut eines Tertiana-Malariakranken injiziert hatte. Andere Versuche mit *Malaria tropica* gingen hingegen tödlich aus, weswegen der Österreicher schweren Anschuldigungen ausgesetzt wurde. Letzten Endes etablierte sich die Malaria-Impfung jedoch als die klassische Therapie für Paralyse und andere schwere Psychosen und trug dem Wiener Neurologen 1927 den Nobelpreis für Medizin ein. Damit ist er der einzige Psychiater, dem der Nobelpreis für Medizin verliehen wurde. Durch die

Anwendung der neu entdeckten Antibiotika in den 1940er Jahren wurden seine Forschungsergebnisse allerdings obsolet.

Wagner-Jauregg beschäftigte sich darüber hinaus mit der Schilddrüsenerkrankung des *Kretinismus*, die infolge von Jodmangel Entwicklungsstörungen des Skelett- und Nervensystems hervorruft. Als Vorbeugung initiierte er die Trinkwasserjodierung, die heutzutage noch immer üblich ist. Auch war der Neurologe vielfach als Gerichtssachverständiger in Fragen der Zurechnungsfähigkeit von Straftätern im Einsatz.

An der Wende vom 20. zum 21. Jahrhundert wurde Wagner-Jauregg wegen seiner rassehygienischen Ansichten vermehrt angegriffen, eine Aberkennung des Ehrengrabes der Stadt Wien bzw. eine erläuternde Ergänzungstafel zu seiner Büste im Arkadenhof der Wiener Universität werden erwogen.

CARL AUER VON WELSBACH

*1. September 1858 Wien, †4. August 1929
Schloss Welsbach bei Mölbling (Kärnten)

Chemiker

Der Sohn eines Buchdruckers und Direktors der Staatsdruckerei, der eine automatische Kupferdruckpresse, eine Schnellpresse und den Naturselbstdruck erfand, studierte in Wien und Heidelberg Chemie bei Robert Wilhelm Bunsen. Nach seiner Promotion im Jahr 1882 kehrte er nach Wien zurück und arbeitete am Chemischen Institut bei Professor Adolf Lieben, einem Pionier der organischen Chemie. In Liebens Institut beschäftigte sich Auer vorwiegend mit den so genannten „Metallen der Seltenen Erden"

– chemischen Elementen der 3. Gruppe des Periodensystems (mit Ausnahme des *Actiniums*) und *Lanthanoiden*. Er zerlegte den bis dahin als Didym bekannten Stoff in die Elemente Neodym und Praseodym. Bei Verbrennungsvorgängen mit *Seltenen Erden* entdeckte er deren starke Leuchtkraft.

1891 erfand Auer den Gasglühstrumpf, der eine neue Ära in der Geschichte der Beleuchtung einleitete. Am 4. November 1891 erprobte er den Glühkörper erstmals im Wiener Operncafé. Auers Glühlampen zeichneten sich durch eine viel stärkere Leuchtkraft als Kerzen, Kienspan oder Gaslampen aus. Ab 1892 wurde der so genannte „Auerstrumpf" maschinell erzeugt. Mit den Gewinnen aus der industriellen Produktion konnte Auer von der Schauspielerin Marie Geistinger Schloss Rastenfeld erwerben, das später den Namen „Welsbach" trug.

1898 gelang ihm im Zuge der eingehenden Beschäftigung mit Elektrizität die Herstellung einer Metallfadenlampe, der „Osmium-Wolfram-Metallfaden-Glühlampe", die über Jahrzehnte hinweg weltweit für eine bessere Beleuchtung sorgte. Der innovative Chemiker entdeckte darüber hinaus das Cer-Eisen, einen synthetischen Feuerzeugzündstein. Noch heute wird seine Erfindung bei der Herstellung von Feuerzeugen verwendet. Gleichzeitig baute Auer nahe seiner Heimatgemeinde in Kärnten eine Fabrik für die Verarbeitung von Thorium und Cer. Bei dem Grundstück handelte es sich um ein wirtschaftliches Notstandsgebiet, für das der Forscher neue Arbeitsplätze schuf. Daneben ließ er für seine Arbeiter eine höchst moderne Volksschule bauen. Für seine vielfachen Verdienste wurde er mit der Erhebung in den erblichen Adelsstand ausgezeichnet. Seine Produktionsstätte in Kärnten entwickelte sich zur Keimzelle des heutigen Chemiekonzerns *Treibacher Werke*. Zusätzlich zu den Metallen der *Seltenen*

Erden, mit denen sich Auer zeitlebens beschäftigte, entdeckte er die chemischen Elemente Ytterbium und Lutetium. 1906 meldete der Chemiker in Berlin ein Patent mit der Bezeichnung „Osram" für Elektrische Glüh- und Bogenlichtlampen an.

Am 4. August 1929 starb der bedeutende österreichische Forscher in seinem Kärntner Schloss. Seine Verdienste auf dem Gebiet der Chemie werden durch das seit 2008 verliehene *Auer-Stipendium* gewürdigt. Auch trug der 20-Schilling-Schein von 1956 bis 2002 sein Porträt.

Theodor Herzl

* 2. Mai 1860 Pest (heute Budapest),
† 3. Juli 1904 Edlach an der Rax

Schriftsteller und Journalist

Herzl wuchs in einem Budapester jüdischen Milieu auf, das sehr liberal war. Einige Mitglieder der Familie waren zu anderen Glaubensbekenntnissen konvertiert. Andererseits gab es in der Familie Anhänger von zionistischen Ideen. Herzls Vater war Direktor der Hungariabank und später Holzhändler. Herzls Erziehung durch die Mutter erfolgte vornehmlich über den deutschen Kulturkreis, er sprach Deutsch und nicht Ungarisch. In Budapest besuchte er das evangelische Gymnasium.

Nach der Matura übersiedelte die Familie 1878 nach Wien, wo Herzl mit dem Jusstudium begann. Da er deutschnational sozialisiert war, schloss er sich der schlagenden akademischen Burschenschaft *Albia* an, wo er lediglich eine einzige Mensur focht. Wegen antisemitischer Äußerungen verließ er die Burschenschaft. Nach seiner Promotion absolvierte er das Gerichtsjahr in Wien und Salzburg, war jedoch fest entschlossen, nicht die juristische Laufbahn einzuschlagen. Sein Berufsziel war der Journalismus bzw. der Wunsch, sich als Autor seinen Lebensunterhalt verdienen zu können. 1888 verfasste er ein Lustspiel mit dem Titel *Seine Hoheit*, 1890 wurde seine Operette *Des Teufels Weib* uraufgeführt. Herzls literarische Versuche waren generell von durchschnittlicher Qualität, seine feuilletonistische Begabung aber stand außer Zweifel.

1889 hatte Herzl Julie Naschauer, die verwöhnte Tochter eines jüdischen Geschäftsmannes aus Wien geheiratet, die ihm drei Kinder gebar, zwei Töchter und einen Sohn. Diese Ehe war von Anbeginn äußerst unglücklich und alle drei Kinder hatten gravierende psychische Probleme. 1891 erhielt Herzl das Angebot, als Korrespondent der *Neuen Freien Presse* nach Paris zu gehen. Er begeisterte sich für die politische Berichterstattung und setzte sich intensiv mit den in Frankreich herrschenden Verhältnissen auseinander. Vier Jahre später wurde er Augen- und Ohrenzeuge der demütigenden Degradierung des französischen Offiziers Dreyfus, der, wie sich erst später erwies, einer antisemitischen Intrige zum Opfer gefallen war. Diese Szene wurde nicht, wie oft kolportiert, der Auslöser für Herzls Sinneswandel zum Zionismus, aber er begann sich intensiver mit der Judenfeindlichkeit zu beschäftigen.

Der Antisemitismus, den er in Frankreich kennenlernte, bewegte sich auf einem sozialdarwinistischen Niveau, während im deutschen Sprachraum ein primitiver Rassenantisemitismus vorherrschte, der von Pamphleten wie Eugen Dührings *Die Judenfrage als Rasse-, Sitten- und Kulturfrage* beherrscht wurde. Herzl glaubte zunächst, dass man das Problem durch eine soziale Initiative lösen könne, die vorsah, dass möglichst viele Juden zum christlichen Glauben übertraten. Er erkannte allerdings rasch, dass dies nicht zum Ziel führen könne. Damals schrieb er das Drama *Das Ghetto,* das später in *Das neue Ghetto* umbenannt wurde. Er wollte hiermit eine öffentliche Diskussion in Gang setzen und dadurch zu einer größeren Toleranz zwischen Juden und Christen beitragen. In diesem Werk stellte er sich bereits gegen die vielfach von der arrivierten jüdischen Bevölkerung praktizierte Assimilation.

Herzl bemühte sich, mit prominenten Vertretern des europäischen Judentums wie dem Philanthropen Baron Maurice de Hirsch ins Gespräch zu kommen, doch niemand schenkte ihm Gehör.

1895 veröffentlichte er seine mittlerweile präzisierten Ideen unter dem Titel *Der Judenstaat* und erhoffte sich allgemeinen Zuspruch. Doch wegen seiner Vorstellung, dass die Gründung eines jüdischen Staates notwendig und auch machbar sei, wurde er von den in Wien ansässigen Juden verlacht und nicht ernst genommen. Selbst seine eigene Zeitung, die *Neue Freie Presse,* ließ ihm keine Unterstützung angedeihen. Sein Diktum „Wir sind ein Volk" und „Die Judenfrage ist eine nationale Frage" stieß auf Ablehnung. Nur wenige Menschen, darunter etwa der Arzt und Journalist Max Nordau oder der Architekt Oskar Marmorek, teilten seine Ansichten und standen ihm bei der Gründung einer zionistischen Organisation zur Seite. 1897 organisierte Herzl einen ersten zionistischen Kongress, bei dem das sogenannte *Basler Programm,* das die Grundlage für die Gründung eines jüdischen Staates schaffen sollte, verabschiedet wurde. Wo dieser jüdische Staat liegen sollte, wurde anfangs noch kontrovers diskutiert, die meisten Zionisten plädierten jedoch für Palästina. In den nächsten Jahren widmete Herzl seine ganze körperliche und seelische Kraft der Verbreitung seiner Idee. Er verhandelte mit europäischen Staatsmännern, vor allem mit Vertretern des Osmanischen Reiches, da

Palästina damals noch zum Osmanischen Reich gehörte. Außerdem legte er seine Vision vom künftigen Judenstaat in weiteren Publikationen wie dem utopischen Roman *Altneuland* dar und war so optimistisch, zu glauben, dass die in Palästina ansässigen Araber die Juden mit offenen Armen aufnehmen würden.

1904 wollte Herzl, der körperlich bereits sehr geschwächt war, eine Kur antreten, verstarb jedoch in Edlach an einem Herzversagen. Testamentarisch hatte er festgelegt, dass er für den Fall, dass ein jüdischer Staat ins Leben gerufen werden sollte, dort beerdigt werden wolle. Zunächst wurde er auf dem Döblinger jüdischen Friedhof in Wien beigesetzt. Unmittelbar nach der Gründung des Staates Israel wurden Herzls sterbliche Überreste exhumiert, im Wiener Stadttempel aufgebahrt und anschließend mit einer Maschine der israelischen Fluglinie *El Al*, die den Namen *Herzl* trug, nach Israel geflogen und in Westjerusalem auf dem *Herzlberg* beigesetzt.

GUSTAV MAHLER
* 7. Juli 1860 Kalischt (Böhmen), † 18. Mai 1911 Wien
Dirigent und Komponist

Mahler wurde als zweites von zwölf Kindern eines armseligen jüdischen Wanderhändlers und späteren Hauslehrers geboren. Sechs seiner Geschwister starben noch als Kleinkinder. Bereits 1860 übersiedelte die Familie nach Iglau, wo Mahler das Gymnasium besuchte. Ab seinem zehnten Lebensjahr erhielt der sichtlich musikalisch begabte Knabe Klavierunterricht. 1875 kam er ans Wiener Konservatorium, wo er Komposition studierte. Einer seiner Studienfreunde war Hugo Wolf. Das Konservatorium und das Gymnasium in Iglau schloss er zeitgleich ab. An der Wiener Universität besuchte Mahler Vorlesungen bei Anton Bruckner über Harmonielehre. Seine erste größere Komposition, das Chor-Orchesterwerk *Das klagende Lied*, wurde beim *Beethoven-Preis der Gesellschaft der Musikfreunde* abgelehnt.

Den Sommer 1880 verbrachte Mahler als Kurkapellmeister in Bad Hall, weitere Stationen seiner Kapellmeistertätigkeit waren Laibach, Olmütz und 1883 das Theater in Kassel, wo er mit der Komposition der *Lieder eines fahrenden Gesellen* begann. In das Jahr 1883 fiel auch seine Begegnung mit Wagners *Parsifal* in Bayreuth, dessen Aufführung einen gewaltigen Eindruck auf ihn machte. Nach einem kurzen Zwischenspiel am Deutschen Theater in Prag erhielt er ein Engagement in Leipzig, wo er Carl Maria Webers unvollendete Oper *Die drei Pintos* fertig stellte und an der 2. *Symphonie* arbeitete.

1888 übernahm er die Direktion des Königlichen Opernhauses in Budapest. In Budapest erklang auch zum ersten Mal seine 1. *Symphonie*. 1891 wechselte Mahler an das *Hamburger Theater* als Erster Kapellmeister. Mit dem Hamburger Ensemble gastierte er in London, wo er den *Fidelio*, *Tristan* und Wagners *Ring des Nibelungen* zur Aufführung brachte. In die Hamburger Zeit datiert auch seine Freundschaft mit Bruno Walter, der in Hamburg als Korrepetitor engagiert war. Die Sommerferien 1893 verbrachte er am Attersee, wo er an seiner *zweiten* und *dritten Symphonie* arbeitete. 1895 wurde *die zweite Symphonie* in Berlin uraufgeführt.

Im Mai 1897 stand Mahler erstmals am Pult der *Wiener Staatsoper*. Zielbewusst arbeitete er auf die Position des Opernchefs hin. Im Oktober desselben Jahres erhielt er die kaiserliche Bestätigung. Mit Mahlers Engagement an die Hofoper setzte an diesem Institut eine neue Ära ein. Mit geradezu fanatischer Leidenschaft forderte der Dirigent von seinem Ensemble höchste musikalische und darstellerische Wahrhaftigkeit. Äußerste Präzision in der Umsetzung der Partituren und werkadäquate Inszenierungen waren sein Ziel. In Zusammenarbeit mit dem Maler Alfred Roller als Bühnenbildner schuf er Opernregien, die neue Maßstäbe setzten und vom Publikum bejubelt wurden. Er erweiterte das Repertoire zudem um Werke von Tschaikowsky und Smetana.

Bereits 1899 hatte Mahler im kärntnerischen Maiernigg ein Grundstück erworben, wo er ein „Komponierhäusl" errichten ließ. In den Sommermonaten zog er sich hierher zum Komponieren zurück.

Das Jahr 1901 war für den Komponisten einschneidend, denn eine schwere Operation zwang ihn zu einem längeren Krankenurlaub. Im Kreis der Sezessionisten begegnete er der um 19 Jahre jüngeren Alma Schindler, der Stieftochter des Malers Carl Moll, die er im darauffolgenden Jahr ehelichte. Alma Schindler war selbst eine begabte Musikerin, gab aber für ihren Ehemann das Komponieren auf.

An der *Wiener Hofoper* häuften sich inzwischen die Intrigen. Mahler fiel es immer schwerer, sich damit abzufinden, zumal er seit 1907 an einer Herzkrankheit litt. Im selben Jahr war seine Tochter Anna Maria an einer Scharlachinfektion gestorben. Die Verzweiflung über den Tod der Tochter und die Mühen in der Hofoper ließen in ihm den Entschluss reifen, zu demissionieren. Mahler floh geradezu mit seiner Familie nach Amerika, dirigierte an der *Metropolitan Opera* und leitete das *New York Philharmonic Orchestra*. Außerdem gab er noch Gastspiele in den Städten der Ostküste, wie Philadelphia und Boston. Für die Sommermonate kehrte er jeweils nach Europa zurück und verbrachte sie in seinem neu erworbenen Haus in Toblach in Südtirol. Eine Ehekrise und Probleme mit dem New Yorker Orchesterdirektorium verschlechterten seinen Zustand derart, dass er nach Europa zurückkehrte. Er erlag 1911 in Wien seinem Herzleiden.

Mahlers Direktionszeit an der *Wiener Hofoper* wurde auch von seinen Zeitgenossen in höchsten Tönen gerühmt, denn sowohl als Dirigent als auch als Regisseur setzte er neue Maßstäbe. Er baute ein großartiges Ensemble auf; Namen wie Anna Bahr-Mildenburg, Maria Gutheil-Schoder oder Leo Slezak verliehen dem Haus am Ring Glanz. Von Mahlers Dirigaten ging eine ungeheure Faszination aus. Er riss Musiker und Sänger mit Sensibilität und Leidenschaft mit. So sehr Mahlers Wirken als Hofoperndirektor immer außer Frage stand, so schwer hatten es seine eigenen Werke, sich in den Konzertsälen zu etablieren. Erst in den 1970er Jahren setzte nicht zuletzt dank des Engagements von Leonhard Bernstein eine große Mahler-Renaissance ein. Seine Symphonien sind heute aus dem ständigen Konzertrepertoire nicht mehr wegzudenken.

Werke:

9 Symphonien, eine 10. blieb unvollendet; Kindertotenlieder (1901, 1904), Lied von der Erde (1908–1909), Lieder eines fahrenden Gesellen (Komposition zwischen 1884 und 1885, Instrumentierung zwischen 1893 und 1896).

Arthur Schnitzler

*15. Mai 1862 Wien, †21. Oktober 1931 Wien

Erzähler und Dramatiker

Arthur Schnitzler genoss als Sohn eines bekannten und bedeutenden Facharztes für Kehlkopferkrankungen (Laryngologie) und Universitätsprofessors eine in seinen Kreisen übliche, gute und liberale Erziehung. Wie der Vater studierte er Medizin und war mehrere Jahre an verschiedenen Wiener Krankenhäusern tätig. Später hatte er eine eigene Praxis als praktischer Arzt und Internist. Wirklich fasziniert war er von der Hypnose und deren Möglichkeiten bei der Behandlung von Krankheiten sowie von der Psychiatrie, die damals in Wien von dem Psychiater und Rechtsmediziner Richard von Krafft-Ebing und dem noch jungen Sigmund Freud (→ siehe dort) vertreten wurde. Schnitzler verfasste sogar eine Arbeit über die Behandlung von Neurosen durch Suggestion und Hypnose.

1887 wurde ihm die Redaktion der medizinischen Zeitschrift *Internationale klinische Rundschau* anvertraut, was seiner Freude an der literarischen Betätigung sehr entgegenkam, hatte er doch bereits als Gymnasiast heimlich Gedichte und Novellen verfasst. Außerdem bewegte er sich in dem Literatenkreis *Jung-Wien*, zu dem auch der junge Hugo von Hofmannsthal (→ siehe dort), Karl Kraus, Felix Salten und Hermann Bahr gehörten. Regelmäßig trafen sie sich im alten *Café Griensteidl* am Michaelerplatz, lasen sich aus den eigenen Werken vor und sprachen sich gegenseitig lebhaft Kritik oder Lob aus. Besonders für Schnitzler war das Urteil der Freunde und Kollegen sehr wichtig.

1895 wurde sein erstes Schauspiel *Liebelei* am *Wiener Burgtheater* uraufgeführt, die Rolle der Christine, die der Inbegriff der hingebungsvoll liebenden jungen Frau war, spielte Adele Sandrock, die selbst jahrelang Schnitzlers Geliebte war. Über Nacht wurde Schnitzler als Autor berühmt. In diesem Stück werden bereits einige der Themen angeschnitten, die ihn ein Leben lang beschäftigen sollten: Protagonist der Handlung war ein sympathischer, leichtlebiger und etwas melancholischer junger Offizier, der nicht nur das junge Mädchen aus der Vorstadt verehrte, sondern auch eine Affäre mit einer verheirateten Frau aus besseren Kreisen hatte. Ihretwegen musste er sich duellieren und verlor dabei sein Leben. Für den Offizier war das Verhältnis zu dem jungen Mädchen nur eine Liebelei, für das Mädchen war es die Liebe ihres Lebens, deren Ende nur den Tod bedeuten konnte. Es sind die zeittypischen Themen in einem alternden Imperium, dessen Armee längst von den Zeiten überrollt worden war. Schnitzler stellte eine Gesellschaft und ihre Sitten dar, die sich vordergründig heiter und sorglos ihrem unausweichlichen Ende näherte.

Mit der 1900 erscheinenden Novelle *Leutnant Gustl* nahm Schnitzler die Duellthematik erneut auf. Diesmal beschwor die Veröffentlichung einen Skandal herauf. Der innere Monolog des jungen Leutnants, der die Sinnhaftigkeit des Ehrentodes in Zweifel zieht, hatte für Schnitzler selbst militärische Folgen, denn er wurde seines Offizierscharakters für verlustig erklärt und zu einem gewöhnlichen Sanitätssoldaten der Reserve degradiert.

Der offene Antisemitismus der Jahrhundertwende in Wien ist Thema des Theaterstücks *Professor Bernhardi*. Das Stück wurde in Berlin uraufgeführt, weil es in Wien verboten worden war. In Berlin war Otto Brahm, der Direktor des *Deutschen Theaters*, ein großer Bewunderer und Förderer von Schnitzler. *Professor Bernhardi* ist eines der wenigen Stücke des Autors, das sich nicht mit erotischen Fragen und den vielschichtigen Beziehungen zwischen

Mann und Frau auseinandersetzt. Der Charakter, der sich in der Figur des Anatol ausdrückt und erstmals in *Das Abenteuer des Lebens* repräsentiert wird und dann in einem Zyklus kleiner Szenen mit dem Titel *Anatol* eine Fortsetzung erfährt, findet sich in nahezu allen Werken von Schnitzler. Anatol ist ein leichtsinniger, aber liebenswerter, zu Melancholie und Hypochondrie neigender Lebenskünstler, der den Frauen große Bewunderung und Verehrung entgegenbringt, letztlich aber eine höchst narzisstische Veranlagung hat und ohne jegliche Rücksicht auf andere Menschen nur für sich selbst lebt.

Dass die Figur des Anatol in nahezu jedem Werk von Schnitzler präsent ist, liegt möglicherweise auch daran, dass viele der Frauenbegegnungen aus Schnitzlers eigenem, intensiven erotischen Privatleben stammen, die er literarisch verdichtet hat, um die Diskrepanz zwischen der von der Gesellschaft erwarteten Norm und der gelebten, liberalen Lebensauffassung aufzuzeigen.

Die Darstellung der Flüchtigkeit oberflächlicher sexueller Beziehungen mit ihrem ständigen Wechselspiel der Partner ohne seelische Beteiligung wird in dem von Schnitzler 1900 verfassten, jedoch erst 1921 öffentlich aufgeführten Stück *Reigen* auf die Spitze getrieben. Ursprünglich hatte Schnitzler dieses Werk nur als Privatdruck in einer Auflage von 200 Stück publiziert. Die öffentliche Aufführung in den Kammerspielen wurde zu einem Skandal; es kam zu Tumulten und antisemitischen Ausfällen. Dennoch zählt dieses Werk zu den weltweit am meisten gespielten Stücken von Schnitzler und sogar die Filmindustrie hat das Thema vielfach aufgegriffen.

In den 1920er Jahren stand Schnitzler am Höhepunkt seines Ruhmes. Seinen letzten großen literarischen Erfolg hatte er mit der Novelle *Fräulein Else*. In Form eines inneren Monologs setzt sie sich am Beispiel eines jungen

Mädchens, das durch die wirtschaftliche Notsituation ihres Vaters gezwungen wird, sich einem Bonvivant nackt zu zeigen und daran seelisch zerbricht, mit der Thematik weiblicher Selbstbestimmtheit und Würde auseinander. Dieses späte Werk komprimierte noch einmal Schnitzlers Meisterschaft der Darstellung.

In den folgenden Jahren vereinsamte Schnitzler zusehends. Von seiner Ehefrau längst getrennt, musste er den Tod seiner Tochter verkraften, die sich nach einer kurzen Ehe 1928 in Venedig das Leben nahm. Eine späte platonische Beziehung verband Schnitzler mit seiner Übersetzerin Suzanne Clauser, die seine Werke ins Französische übertrug und so seinen Bekanntheitsgrad in Frankreich erheblich steigerte.

Schnitzler hat in seinen Werken viele psychologische Verstrickungen vorweggenommen, die sein Zeitgenosse Sigmund Freud wissenschaftlich erarbeitete. Der Dichter, der sich wie Freud sehr für Träume interessierte, entdeckte intuitiv in den Tiefen der Seele, was seine Figuren bewegte. Nicht zufällig lässt er in seinem Roman *Der Weg ins Freie* eine Figur sagen: „Die meisten Mensche ahnen nicht einmal, was sie alles in der Tiefe ihrer Seele wissen." Ein wichtiger Lebensbegleiter für Schnitzler war sein Tagebuch, das er im Hinblick auf eine spätere Veröffentlichung verfasste. Die Menschen nachkommender Generationen sollten wissen, was ihn wirklich bewegte, was er dachte und wie er war.

Auswahlbibliographie von Schnitzlers Werken:

Prosa:

Sterben (Novelle, 1892), Der blinde Geronimo und sein Bruder (Novelle, 1900), Der Weg ins Freie (Roman, 1908), Casanovas Heimfahrt (Novelle, 1917), Fräulein Else (Novelle, 1924), Traumnovelle (1926), Spiel im Morgengrauen (Novelle, 1926/27)

Theaterstücke:
Anatol (Einakterfolge, 1893), Liebelei (Schauspiel, 1895), Reigen. Zehn Dialoge (Komödie, 1896/97), Der grüne Kakadu (Groteske, 1898), Der Schleier der Beatrice (Drama, 1899), Literatur (Drama, 1901), Der junge Medardus (Schauspiel, 1910), Das weite Land (Tragikomödie, 1911), Professor Bernhardi (Schauspiel, 1912), Fink und Fliederbusch (Komödie, 1916).

GUSTAV KLIMT

* 14. Juli 1862 Wien, † 6. Februar 1918 Wien

Maler

Klimt, der Sohn eines aus Böhmen stammenden Ziseleurs, war das zweite von sieben Kindern. Seine Brüder Ernst und Georg waren ebenfalls künstlerisch tätig. Dank eines Stipendiums konnte er an der *k. k. Kunstgewerbeschule*, der heutigen *Akademie für angewandte Kunst*, studieren. Nach seinem Studienabschluss gründete er mit seinem Bruder Ernst und dem Malerkollegen Franz Matsch eine Ateliergemeinschaft, die Deckengemälde in verschiedenen kulturellen Institutionen gestaltete; darunter etwa für die Theater in Reichenberg, Karlsbad und Fiume, für die Hermesvilla in Wien, für die Zwickelbilder und die Bilder zwischen den Säulen im Kunsthistorischen Museum sowie die Deckenfresken in den beiden Stiegenhäusern des Burgtheaters. Als die Deckengemälde für die Universität Wien wegen der zu freizügigen Gestaltung vom Universitätskollegium abgelehnt wurden, kam es zum Bruch mit Franz Matsch, in dessen Folge sich die Ateliergemeinschaft auflöste.

Klimts Arbeiten erfuhren so große Anerkennung, dass er 1890 den *Kaiserpreis* für ein Bild im Innenraum des alten Burgtheaters erhielt. Ein Jahr später wurde er Mitglied des *Künstlerhauses*, das er aber 1897 mit einer Gruppe von

Malern verließ, um die *Wiener Secession* zu gründen, deren erster Präsident er wurde. der Vereinigung1905 verließ er sie jedochdie *Wiener Secession* wieder in Begleitung von Otto Wagner (→ siehe dort) und Kolo Moser. In Wien war Klimt inzwischen ein angesehener und gefragter Porträt-maler und es gehörte zum guten Ton der Wiener Gesell-schaft, sich von ihm porträtieren zu lassen. Vor allem die neureichen Bürger der Gründerzeit, die Gattinnen der Entrepreneurs der zweiten Hälfte des 19. Jahrhunderts, saßen ihm Modell. Er hatte zunächst ein Atelier in der Josefstädterstraße, später arbeitete er in einer kleinen Vorstadtvilla in der Hietzinger Feldmühlgasse. In den Sommermonaten hielt er sich im Haus der Familie seiner langjährigen Lebensgefährtin und Seelenverwandten Emilie Flöge am Attersee auf, wo er größtenteils Land-schaftsbilder schuf. Neben den Damen der Wiener Gesell-schaft, von denen etwa 30 namentlich bekannt sind, hatte er zahllose Modelle – darunter meist sehr junge Mädchen –, die er zeichnete und malte.

Klimt, der niemals heiratete, werden zahlreiche Af-fären nachgesagt –nicht nur mit einigen der eleganten Damen wie etwa Adele Bloch-Bauer, sondern auch mit seinen Modellen. Als er starb, sollen 14 Nachkommen Anspruch auf sein Erbe erhoben haben. Gesichert ist, dass der spätere Filmregisseur Gustav Usicky ein Sohn von Klimt war. Der Maler hatte aber auch eine längere Affäre mit Marie Zimmermann, einer Tischlertochter aus der Josefstadt. Aus dieser Verbindung stammte ein Sohn, der ebenfalls Gustav genannt wurde. Ein zweites Kind mit Marie Zimmermann starb sehr früh. Marie Zimmer-mann stand Klimt sehr wahrscheinlich auch Modell für das Bild *Hoffnung,* das eine hochschwangere Frau zeigt. Klimt kümmerte sich stets um seine Kinder und hat vor allem Marie Zimmermann jahrelang unterstützt. Nach seinem Tod musste sie allerdings auf eigenen Beinen stehen. Forschungen zufolge hat sie nie geheiratet, sie wurde 95 Jahre alt und starb im Jahr 1975. Von manchen Zeitgenossen wurde Klimt auch eine Affäre mit Alma Schindler, der späteren Ehefrau von Gustav Mahler (→ siehe dort) nachgesagt. Klimt kannte das hübsche Mädchen schon als Kind. Er schwärmte für den Teenager, doch eine Affäre wurde von ihrer Mutter, wie Alma in ihren Erinnerungen beschreibt, effektiv unterbunden.

Auch hinsichtlich seiner Essgewohnheiten war Klimts Lebenswandel äußerst extravagant. Den Haushalt führte ihm seine Mutter bis zu ihrem Tod, danach übernahmen seine Schwestern Klara und Hermine diese Aufgabe. Jeden Morgen spazierte er von der Josefstadt zur *Tivoli-Meierei* in Meidling, wo er sich ein üppiges Frühstück mit viel „Schlagobers" (Schlagsahne) gönnte. Dann arbeitete er, am Abend aß und trank wieder reichlich. All diese Informationen verdanken wir nicht seinen Selbstzeugnissen, sondern Berichten von Freunden und Zeitgenossen. Klimt selbst hasste das Schreiben. Legendär sind seine lakonischen Ansichtskarten, die er vom Attersee an Emilie Flöge richtete. Er schrieb ihr, wenn sie in Wien in ihrem Modeatelier bleiben musste, fast täglich, aber kaum mehr als sieben oder acht Wörter.

Um 1900 war Klimt ein hochangesehener, teuer bezahlter Maler – 1905 soll er für ein Porträt 10.000 Kronen bekommen haben –, der für seine Arbeiten Auszeichnungen erhielt wie etwa auf der *Pariser Weltausstellung*. 1900 erhielt er eine Goldmedaille für sein Gemälde *Philosophie*. 1903 schuf er für die *Wiener Secession* den *Beethovenfries*, ein Jahr später für das von seinem engen Freund Josef Hoffmann erbaute *Palais Stoclet* in Brüssel ebenfalls ein Wandfries. Werkzeichnungen dieses Frieses, das nicht öffentlich zugänglich ist, befinden sich heute im *Museum für angewandte Kunst* (MAK). Klimt eroberte sich auch international eine führende Position; seine Werke wurden in Prag, Dresden, Venedig und Rom, in München und Budapest ausgestellt. 1916 beteiligte er sich an einer Ausstellung österreichischer Künstler in Berlin, mit dabei waren damals unter anderem auch Schiele (→ siehe dort) und Kokoschka (→ siehe dort).

Klimt und seine anfangs von Ornamentik überbordende Malerei wurde von den Zeitgenossen sehr geschätzt. Die Spannung zwischen der erotischen Ausstrahlung seiner weiblichen Modelle und der flächenhaften statischen Ornamentik trug wesentlich zum Erfolg seiner Bilder bei. Nur Karl Kraus und Anton Faistauer gehörten zu den wenigen, die sein Schaffen ablehnten. Über das Fakultätsbild *Philosophie* schrieb Kraus, dass es misslungen sei. Klimt wurde für die späteren Kubisten und abstrakten Maler ein frühes Vorbild für die Flächengestaltung. Seine Frauenporträts haben eine intensive erotische Ausstrahlung.

Nach seinem Tod, der mit dem Ende der österreichisch-ungarischen Monarchie einherging, wurde es um Klimt und seine Werke sehr still. Die erste Hälfte des 20. Jahrhunderts lehnte den „goldenen" Jugendstil Klimts eher ab. Erst nach dem Zweiten Weltkrieg erlebte er wieder eine Renaissance, seine Werke gehören heute zu den teuersten weltweit.

1918 starb der Ausnahmekünstler 56-jährig an einem Gehirnschlag. An seinem Sterbebett stand seine Lebenspartnerin und Seelenverwandte Emilie Flöge, die er nie heiraten wollte.

Auswahl aus Klimts Werken:

Die Musik (1895), Sonja Knips (1898), Judith I (1901), Goldfische (1901/02), Emilie Flöge (1902), Wasserschlangen (1904–1907), Die drei Lebensalter (1905), Margarethe Stonborough-Wittgenstein (1905), Der Kuss (1907/08), Adele Bloch-Bauer I (1907), Schloss Kammer am Attersee (1910), Bauernhaus in Buchberg (1911/12), Litzlberg am Attersee (1914).

ALFRED HERMANN FRIED

* 11. November 1864 Wien, † 4. Mai 1921 Wien

Publizist und Pazifist

Der 1864 in Wien geborene Alfred Hermann Fried stammte aus einer jüdischen Kaufmannsfamilie ungarischer Herkunft. Nach dem Abitur wandte er sich dem Buchhändlergewerbe zu. Zwei einschneidende Erlebnisse legten bereits in jungen Jahren den Grundstein für seine spätere pazifistische Lebenshaltung: Das eine war eine Ausstellung des russischen Malers Wassili Wassiljewitsch Wereschtschagin, dessen Bilder die martialische Dimension des Krieges eindringlich vermittelten und den jungen Mann zutiefst erschütterten. Das zweite einschneidende Erlebnis war der über den Buchhandel erfolgende Kontakt mit Bertha von Suttner (→ siehe dort), der Autorin von *Die Waffen nieder*, mit der er ab 1891 eine Friedenszeitschrift für den deutschen Sprachraum herausgab. Mit ihr verband ihn eine lebenslange Freundschaft. Die Pazifistin sagte über den jungen Mann, dass er „ganz Feuer und Flamme für die Friedenssache und von organisatorischem Eifer beseelt" sei. Die von Suttner und Fried gemeinsam herausgegebene Zeitschrift trug ab 1899 den Titel *Die Friedenswarte*.

1892 gründeten die beiden Idealisten die *Deutsche Friedensgesellschaft*, die zu einer der wichtigsten pazifistischen Organisationen vor dem Ersten Weltkrieg wurde. Zwischen 1896 und 1899 gab Fried auch eine *Monatliche Friedenskorrespondenz* heraus. 1905 veröffentlichte Fried sein Opus magnum, das *Handbuch der Friedensbewegung*, welches einen Überblick über alle einschlägigen zeitgenössischen Friedensinitiativen gab. Ein biographisches Lexikon aller in der pazifistischen Bewegung tätigen Mitglieder rundete das Werk ab.

Fried widmete sein ganzes Leben der Friedensidee, verfasste unzählige Artikel, veröffentlichte größere Arbeiten und besuchte zahlreiche Kongresse, die sich europaweit mit dem Thema beschäftigten. Außerdem unterhielt er eine rege Korrespondenz mit europäischen Staatsmännern und Meinungsbildnern, um sie von der Friedensidee zu überzeugen.

Schwer enttäuscht war er von den Ergebnissen der vom 18. Mai 1899 bis zum 29. Juli 1899 tagenden 1. Haager Konferenz. Die auf eine Initiative von dem russischen Zar Nikolaus II. und der niederländischen Königin Wilhelmina einberufene Konferenz sollte zur Regelung internationaler Konflikte beitragen und so die Kriegsgefahr in Europa minimieren. 26 Staaten nahmen daran teil, es kam jedoch zu keinen konkreten Ergebnissen, denn die Staaten konnten oder wollten sich nicht einig werden. Eine zweite Konferenz in Haag im Jahr 1907 war ebenfalls nicht besonders erfolgreich, immerhin wurde aber die Errichtung des Haager Schiedsgerichtshofes erwirkt. Abrüstungsschritte bzw. eine obligatorische Schiedsgerichtsbarkeit scheiterten am Einspruch des Deutschen Reiches.

1907 hielt sich Fried einige Monate zum Studium des Panamerikanismus in den Vereinigten Staaten auf und kam zu dem Schluss, dass dies ein Modell für Europa sein könnte. „Für die Verbrüderung der Völker und die Abschaffung oder Verminderung der stehenden Heere sowie für die Veranstaltung und Förderung von Friedenskongressen" erhielt Fried im Jahr 1911 gemeinsam mit dem Niederländer Tobias Michael Asser in Oslo den Friedensnobelpreis. Drei Jahre später war der Österreicher maßgeblich an den Vorbereitungen für den 21. Weltfriedenskongress beteiligt. Der Ausbruch des Ersten Weltkrieg bedeutete für ihn und die gesamte Friedensbewegung einen schweren Rückschlag. Der Pazifist zog sich daraufhin in die Schweiz zurück.

Nach Österreich heimgekehrt, verlor er mit dem Zusammenbruch der Donaumonarchie sein gesamtes Vermögen, das größtenteils aus dem Nobelpreisgeld stammt. Zum Kriegsende und den folgenden Friedenskonferenzen hinterließ Fried ein umfangreiches Kriegstagebuch, in dem er die Verträge von Versailles (Deutschland) und St. Germain (Österreich) heftig kritisierte. Dezidiert lehnte er darin Länderverteilungen und -teilungen sowie Kriegsentschädigungen ab. Der bedeutende österreichische Pazifist starb am 4. Mai 1921 in Wien an einer Lungenentzündung.

Auswahlbibliographie von Frieds Schriften:

Die Haager Konferenz, ihre Bedeutung und ihre Ergebnisse (1900), Unter der weißen Fahne – Aus der Mappe eines Friedensjournalisten (1901), Handbuch der Friedensbewegung (1905), Die Grundlagen des revolutionären Pacifismus (1908), Europäische Wiederherstellung (1915), Probleme der Friedenstechnik (1918).

Richard Adolf Zsigmondy

*1. April 1865 Wien, †24. September 1929 Göttingen

Chemiker

Der Sohn eines Arztes ungarischer Abstammung studierte von 1883–1887 Chemie an der Technischen Hochschule in Wien. Für seine Dissertation arbeitete er zunächst an der Universität München und anschließend in Erlangen, wo er seine Universitätsausbildung mit einem Thema aus der organischen Chemie abschloss. Nach der Promotion begann er in Berlin mit Untersuchungen über die optischen Eigenschaften von Suspensionen des kolloidal gelösten Goldes. 1893 habilitierte er sich an der Technischen Hochschule in Graz.

Sein Interesse für nichtkristalline Festkörper und die Natur von Farbgebungen begründeten eine Zusammenarbeit mit der Glasmanufaktur Schott in Jena. Für die Firma *Schott* erfand er das berühmt gewordene *Jenaer Milchglas*, außerdem erwarb er mehrere Patente. In Jena lebte Zsigmondy, der seiner Natur nach ein Außenseiter war, als Privatgelehrter. In diesen Jahren verfasste er zwei Lehrbücher über Kolloidchemie und nahm enge Kontakte zur Firma Zeiss auf. Im Laufe seiner Forschungen erfand er dort mit seinem Kollegen Henry Siebentopf das Ultramikroskop, das auf dem Dunkelfeldprinzip beruhte, und mit dem Partikel in der Größe von einem Nanometer sichtbar wurden.

1907 wurde der Chemiker auf eine Direktorenstelle an das anorganisch-chemische Laboratorium der Universität Göttingen berufen, zwölf Jahre später hatte er dort einen Lehrstuhl inne.

Das von ihm erfundene Ultramikroskop ermöglichte die Untersuchung der Struktur von Proteinen und anderer

Makromoleküle. Für seine Arbeiten über die heterogene Natur von kolloiden (= gelartigen) Lösungen erhielt Zsigmondy 1925 den Nobelpreis für Chemie. Seine Methoden wurden zur Grundlage für die moderne Kolloidchemie. Lange Zeit war die Natur kolloider Substanzen wie Stärke, Gelatine oder Eiweiß, unbekannt. Zwar hatte die Forschung Kenntnis von dem Verhalten fester, flüssiger oder gasförmiger Stoffe, Kolloide reagierten jedoch nicht gemäß den bekannten Gesetzen. Mithilfe des auf dem Dunkelfeldprinzip beruhenden Ultramikroskops gelang es Zsiogmondy, den Aggregatzustand von Kolloiden zu bestimmen, denn das Ultramikroskop ermöglichte eine 100.000-fach größere Auflösung der kleinen Teilchen, die mit einem Lichtmikroskop allein nicht zu erkennen wären. Dadurch führte er den Beweis, dass Materie aus kleinen Bausteinen besteht. Diese Entdeckung war nicht zuletzt deshalb so spektakulär, weil man zu jener Zeit nur sehr wenig über Moleküle und Atome wusste und so verwundert es nicht, dass bedeutende Wissenschaftler wie der Chemiker Wilhelm Ostwald, der 1909 für seine Katalyse-Forschung den Nobelpreis erhalten hatte, zunächst noch skeptisch eingestellt waren.

Zsigmondy führte mit seinen Experimenten auch den Beweis für die so genannte *Brownsche Bewegung*, die Wärmebewegung von Molekülen und Atomen in Flüssigkeiten und Gasen. In seiner Göttinger Zeit stellte er Untersuchungen über die Vorgänge bei der Koagulation (= Ausflockung) von kolloiden Lösungen an. Außerdem erfand er in Zusammenarbeit mit dem Chemiker Wilhelm Bachmann das Membranfilter und das Ultrafeinfilter.

Am 24. September 1929 verstarb Zsigmondy in Göttingen, wo er auch beigesetzt wurde. 1956 wurde in Wien ihm zu Ehren eine Gasse benannt.

Werke von Zsigmondy:
Zur Erkenntnis der Kolloide (1905), Über Kolloid-Chemie mit besonderer Berücksichtigung der anorganischen Kolliode (1907), Kolloidchemie, ein Lehrbuch (1912), Über die technische Gasanalyse (1920), Über das kolloide Gold (1925).

Karl Landsteiner

* 14. Juni 1868 in Wien, † 26. Juni 1943 New York

Mediziner

Landsteiners Vater Leopold war Journalist und als solcher der erste Chefredakteur der Zeitung „Die Presse". Als er starb, war sein Sohn erst sechs Jahre alt. Daher baute Karl eine sehr innige Beziehung zu seiner Mutter Fanny auf. Nach Besuch des Wasa-Gymnasiums in Wien studierte Landsteiner Medizin an der Universität Wien (Promotion 1891).

Danach verbrachte Landsteiner fünf Jahre im Ausland in den Laboratorien in Zürich, in Würzburg bei dem deutschen Chemiker Emil Fischer und in München bei Eugen Bamberger. Bei seiner Rückkehr 1896 nach Wien erhielt er einen Assistentenposten am Hygienischen Institut bei Max von Gruber. In dieser Phase beschäftigte er sich mit dem Wesen der Antikörper.

1898 bis 1908 war er Mitarbeiter von Anton Weichselbaum am Wiener pathologischen Institut, außerdem bekleidete er bis 1919 eine Stelle als Prosektor am Wilhelminenspital. Bereits 1903 hatte er sich habilitiert. Ab 1911 durfte er auf einer unbezahlten Stelle als pathologischer Anatom lehren. 1920 nahm er eine Berufung nach Den Haag an, wo er ein kleines Krankenhaus leitete. 1923 übersiedelte er mit seiner Familie nach New York, wo er am Rockefeller Institut für Medizinische Forschung wirkte. Dort konnte er mit seinen Schülern die Blutgruppenforschung, die er bereits um 1900 begonnen hatte, weiterführen.

Landsteiner entdeckte, dass bei der Vermischung von Blut ein unterschiedliches Verhalten auftritt. Manchmal lässt sich Blut problemlos mischen, in anderen Fällen verklumpen sich die roten Blutkörperchen und lösen sich auf. Es gelang ihm durch Experimente, drei Blutgruppen beim Menschen festzustellen, nämlich A, B, und 0. Diese Forschungen ebneten den Weg für Bluttransfusionen und waren ebenso wichtig für die Bestimmung der Vaterschaft. In den 1930er Jahren wurde noch die Blutgruppe AB entdeckt. Letztere Gruppe kann alle anderen Gruppen akzeptieren (Universalempfänger), die Blutgruppe 0 kann von allen akzeptiert werden (Universalspender).

In Amerika entdeckte Landsteiner gemeinsam mit dem Amerikaner Alexander Solomon Wiener den Rhesusfaktor. Das ist ein antigenes Merkmal der roten Blutkörperchen, das bei 85 % der Menschen vorkommt.

Landsteiner sind auch wichtige Verbesserungen in der Mikroskopie zu verdanken; mit Victor Mucha führte er die Dunkelfeldbeleuchtung ein. Er ergänzte die Wassermann-Reaktion und bewies, dass Kinderlähmung einen infektiösen Charakter hat. Gemeinsam mit Clara Nigg gelang es ihm, den Fleckfiebererreger in lebenden Gewebekulturen zu züchten.

1930 wurde Landsteiner für seine Entdeckung der Blutgruppen mit dem Nobelpreis für Medizin ausgezeichnet.

1916 hatte Landsteiner die aus einer griechisch-orientalischen Familie stammende Leopoldine Wlasto geheiratet, die seinetwegen zum Katholizismus übergetreten war. Er selbst war bereits 1890 vom Judentum zum Katholizismus konvertiert. Aus dieser Ehe stammte ein Sohn. 1929 erhielt die Familie die amerikanische Staatsbürgerschaft. Im Privatleben war Landsteiner ein sehr musisch interessierter Mensch, der ausgezeichnet Klavier spielte.

Bis ins hohe Alter bewahrte er sich seinen Forscherdrang und seinen Arbeitseifer. 1943 erlitt er im Labor des Rockefeller-Institutes einen Herzinfarkt, an dem er zwei Tage später verstarb.

In Österreich wurde sein Wirken mit der Herausgabe einer Sonderpostmarke anlässlich seines 100. Geburtstages geehrt. Viele Jahre lang, bis zur Umstellung auf die neue Eurowährung, zierte sein Bild den 1000-Schilling-Schein.

FRITZ PREGL

* 3. September 1869 Laibach, † 13. Dezember 1930 Graz

Chemiker

Fritz Pregl, der Sohn eines in Laibach tätigen Beamten und einer deutschsprachigen Mutter, besuchte das deutschsprachige Gymnasium in Laibach. Anschließend studierte er in Graz Medizin (Promotion 1893). Sein besonderes Interesse galt von Anfang an der Chemie. 1899 habilitierte er sich für Physiologie, gleichzeitig intensivierte er seine chemischen Studien.

Nach einer Studienreise durch Deutschland, während der er die Universitäten von Tübingen, Leipzig und Berlin besuchte, wurde er als außerordentlicher Professor für physiologische Chemie nach Graz berufen. 1910 übernahm er ein Ordinariat am medizinisch-chemischen Institut der Universität Innsbruck. Schon in Innsbruck widmete er sich der Mikroanalyse organischer Stoffe. Als er 1913 als Ordinarius wieder nach Graz ging, wurde dieses Thema zu seinem Forschungsschwerpunkt.

Pregl entwickelte Methoden zur quantitativen Elementaranalyse, d.h. zur Ermittlung der Masseverhältnisse, in denen die Elemente in einer bestimmten chemischen Verbindung vorhanden sind. Aufbauend auf den Forschungen des im 18. Jahrhundert lebenden französischen Chemikers Antoine Lavoisier suchte er nach einer Verhältnisformel. 1901 begann er mit Gallensäuren, hatte aber Mühe, die einzelnen Elemente in ausreichender Menge zu isolieren. Er arbeitete intensiv an der Verbesserung der Messmethoden, sodass er Kohlenstoff- oder Wasserstoffmengen in einer Substanz von nur fünf bis zehn Milligramm nachweisen konnte. Bei späteren Forschungen konnte er die Menge auf zwei bis drei Milligramm verfeinern. Dafür entwickelte er spezielle Waagen mit einer Genauigkeit von plus minus 0,001 Milligramm. Um seine Methoden einem größeren Kreis von Forschern bekannt zu machen, hielt er an der Grazer Universität in einem eigens dafür geschaffenen Labor spezielle Kurse ab.

Für seine Forschungen erhielt der Pionier der Mikrochemie 1923 den Nobelpreis für Chemie. Seine Forschungen waren von herausragender Bedeutung für die Analyse von Vitaminen und Hormonen, von denen immer nur wenige Milligramm der Substanzen für eine Analyse zur Verfügung stehen. Diese Analysen bildeten die Voraussetzung für Arbeiten auf dem Gebiet des Stoffwechsels, der Ferment-, Vitamin- und Hormonchemie und trugen wesentlich zur Verbesserung der klinischen Praxis bei Blut- und Harnuntersuchungen sowie bei Nierenfunktionsprüfungen bei.

Außerdem erfand Pregl die sogenannte Pregl'sche Lösung, die aus Jodat, Jodit und Hypojodit besteht und die in einem sauren Umfeld freies Jod bildet, das als Desinfektionsmittel eingesetzt wird.

In den späten 1920er Jahren absolvierte Adler zahlreiche Vortragsreisen nach Westeuropa, zuallererst nach Großbritannien. Zwischen 1926 und 1934 hielt er sich zumeist zwischen Mai und Oktober in Wien auf, was ihm erlaubte, Zeit in seinem Sommerhaus in Salmannsdorf zu verbringen. 1926 erhielt er eine Dozentur an der Columbia University und eröffnete eine Praxis für Individualpsychologie in New York.

Wichtig war Adler das gute, fast freundschaftliche Verhältnis von Arzt und Patient. Er lehnte es ab, Träume nur erotisch zu deuten, sondern bezog auch soziale und physische Komponenten in seine Überlegungen ein.

Zu seinen favorisierten Themen gehörte die Kindererziehung. Er vertrat den Standpunkt, dass Kinder besondere Zuwendung bräuchten. Pessimismus gerade bei Kindern wäre wie Gift, Hoffnung hingegen eine Haupttugend. Damit stellte er eine durchaus logische Verbindung zum Christentum her, wie er überhaupt meinte, dass Religion und Sozialismus vereinbar wären. Außerdem beschäftigte er sich intensiv mit der Emanzipation der Frauen.

1934 entschloss er sich angesichts der politischen Verhältnisse in Europa – 1933 waren die Nationalsozialisten in Deutschland an die Macht gelangt, und in Österreich hatte sich das autoritäre System des Ständestaats etabliert – zur Emigration in die USA. 1935 folgte ihm seine Familie.

Adler starb an einem Herzinfarkt während einer Vortragsreise in Schottland. 2011 wurde seine Asche in einem Krematorium in Edinburgh entdeckt, nach Österreich gebracht und in einem Ehrengrab der Stadt Wien beigesetzt.

Alfred Adler war mit der Russin Raissa Timofejewna Epstein verheiratet. Aus dieser Ehe entsprangen vier Kinder, ein Sohn und drei Töchter. Seine Tochter Valentina heiratete in den 1920er Jahren ebenfalls einen russischen

Staatsbürger, ging mit ihm aus Idealismus in die Sowjetunion und geriet in die Mühlen des stalinistischen Gulag.
Sie blieb verschollen. Seine Witwe starb 1962 im Alter von
89 Jahren in New York.

Nach dem Zweiten Weltkrieg wurden Adlers Lehren in
Europa mit großem Interesse, vor allem von Pädagogen,
aufgenommen. Ab 1976 gab es wieder eine Zeitschrift für
Individualpsychologie.

Werke u. a.:

*Studie über Minderwertigkeit von Organen (1907), Über den nervösen
Charakter (1912), Heilen und Bilden. Ein Buch der Erziehungskunst für
Ärzte und Pädagogen (1913), Praxis und Theorie der Individualpsychologie (1920), Individualpsychologie in der Schule (1929), Die Seele des
schwererziehbaren Kindes (1930), Der Sinn des Lebens (1933).*

ADOLF LOOS

* 10. Dezember 1870 Brünn, † 23. August 1933 Kalksburg bei Wien

Architekt und Architekturtheoretiker

Der Sohn eines Steinmetzmeisters und Bildhauers wuchs
in Brünn, einer Stadt, die er nach eigenen Angaben immer
gehasst hatte, auf. Nach dem Besuch des Gymnasiums in
Melk und der Gewerbeschule in Reichenberg, wo Josef
Hoffmann sein Jahrgangskollege war, absolvierte Loos
den Militärdienst als Einjährig-Freiwilliger bei den Kai-
serjägern in Wien. Nach kurzem Besuch der *Akademie der
bildenden Künste* ging er mit dem Berufsziel Architekt nach
Dresden an die Technische Hochschule. Keinesfalls wollte
er die väterliche Werkstätte übernehmen.

Unter Verzicht auf sein Erbe erhielt er von der Mutter
das nötige Geld, um nach Amerika zu reisen. Drei Jahre
blieb er in den Vereinigten Staaten, arbeitete als Maurer

– er brachte sogar einen Gesellenbrief mit nach Europa –, als Statist auf Opernbühnen und als Tellerwäscher. In New York, Chicago, St. Louis und Philadelphia studierte er die damals in den USA moderne Architektur der Wolkenkratzer. 1896 kehrte er wegen einer Manövereinberufung nach Österreich zurück und begann als Kulturpublizist für verschiedene Zeitungen wie die *Neue Freie Presse* oder Zeitschriften wie *Ver sacrum* zu schreiben. Gemeinsam mit Peter Altenberg gab er die Zeitschrift *Das Andere* heraus. Bauaufträge oder Betrauungen mit der Gestaltung von Innenräumen ließen noch auf sich warten. 1896/97 arbeitete er für die Firma *Carl Mayreder*. Die Gattin des Baumeisters war eine Vorkämpferin der Frauenbewegung. Für ihren Club gestaltete Loos die Inneneinrichtung.

Sein erster wichtiger Auftrag war die Gestaltung der Inneneinrichtung des *Cafés Museum*, dessen schlichte, zeitgemäße Einrichtung die Traditionalisten empörte und das sie abwertend „Café Nihilismus" nannten. Anlässlich seiner Eheschließung mit Lina Obertimpfler, der Tochter eines Kaffeehausbesitzers, richtete er seine Privatwohnung ein, die heute im Wiener Museum zu besichtigen ist. Die Ehe mit der „schönsten Frau von Wien" war eine sehr spontane Entscheidung: Kaum hatte er sie im Kreis seiner Freunde kennen gelernt, als sie eine wertvolle russische Tabakdose beim Öffnen ruinierte. Auf die Frage, wie sie denn das gutmachen könne, konterte Loos: „Indem Sie mich heiraten." Diese Ehe ging jedoch nach wenigen Jahren auseinander, denn Lina Loos fühlte sich eingeengt und hatte außerdem einen heimlichen Liebhaber, den Gymnasiasten und Sohn der Frauenrechtlerin Marie Lang. Durch einen unbedachten Satz von Peter Altenberg, der den jungen Liebhaber von Lina Loos leichtfertig zum Selbstmord aufforderte, endete das außereheliche Verhältnis von Loos' Ehefrau in einer Tragödie, denn Heinz Lang beging tatsächlich Selbstmord. Die Wiener Kaffeehausclique war darüber äußerst betroffen. Arthur Schnitzler (→ siehe dort) verfasste über diese Geschichte sogar ein unvollendet gebliebenes Theaterstück mit dem Titel *Das Wort*.

Etwa zeitgleich erhielt Loos einen größeren Bauauftrag, der die Umgestaltung der *Villa Karma* in Clarens bei Montreux am Genfer See vorsah. Sein größter Auftrag in Wien war 1910 der Neubau eines Geschäftshauses für den Herrenausstatter *Goldmann & Salatsch* am Michaelerplatz. Loos, der selbst schon lange Kunde bei dem Herrenausstatter war, schuf ein damals wegen seiner Schlichtheit höchst umstrittenes Bauwerk. Zeitweilig musste der Bau wegen der polemischen Äußerungen sogar eingestellt werden; die Zeitungen nannten es etwa „Kanalgitter-Haus" oder „Haus ohne Augenbrauen". Angeblich fühlte sich sogar der Kaiser durch das neue Geschäftshaus belästigt.

1912 errichtete Loos für Gustav Scheu, den Rechtsanwalt und späteren sozialdemokratischen Stadtrat für das Bauwesen, das erste mitteleuropäische Terrassenhaus in Hietzing. Dabei entwickelte der Architekt seinen „Raumplan", indem er die Räume von Innen nach Außen, nach Nützlichkeit und Bedarf des Bauherrn konstruierte. Neu war dabei, dass es keine Zimmerfluchten mehr gab, sondern die Räume gewissermaßen ineinander verschachtelt waren, was eine maximale Raumausnutzung gewährleistete. Mit dem Untergang der Monarchie und der Reduzierung Österreichs auf einen Kleinstaat ergaben sich für einen Architekten völlig neue Aufgabenstellungen: anstelle imposanter Großbauten war nun Wohnraum für eine große Anzahl an Menschen erforderlich. Für die Siedlerbewegung entwarf Adolf Loos Reihenhäuser und Arbeitersiedlungen und wurde sogar kurzfristig Chefarchitekt des Siedlungsamtes der Stadt

Wien. Auch baute er Mustersiedlungen am Heuberg und in Lainz, zog sich jedoch schon bald aufgrund des großen bürokratischen Aufwandes zurück. Seine Erwartungen an die Bürokratie des neuen Staates, die er bereits 1919 in der mit Arnold Schönberg (→ siehe dort) verfassten Schrift *Richtlinien für ein Kunstamt* niedergelegt hatte, wurden enttäuscht.

1922 verließ Loos mit seiner zweiten Frau Elsie Altmann Wien und wandte sich nach Paris, wo man seine Ideen ungleich höher schätzte. Viele seiner damaligen Entwürfe, wie ein Haus für Josephine Baker oder Alexander Moissi, blieben unausgeführt, lediglich das Haus für den Dadaisten Tristan Tzara wurde 1926 fertig gestellt. 1928 kehrt Loos wieder nach Österreich zurück. Es entstanden Villen in Wien, am Semmering und in Prag und auch ein Entwurf für eine Glasserie für die Firma *Lobmeyer* in Wien, die noch immer erhältlich ist.

1930 wurde Loos, der schwer an einem Nervenleiden erkrankt war, von der Tschechoslowakischen Republik eine Rente zugesprochen.

Nach mehrmaligen Aufenthalten in der Nervenanstalt Rosenhügel starb er im Sanatorium Dr. Schwarzmann in Kalksburg.

1908 erschien eine der wichtigsten und auch am meisten missverstandenen Schriften von Loos unter dem Titel *Ornament und Verbrechen*. Darin bezog der Architekturtheoretiker klar Stellung gegen die Überflutung mit Ornamenten, wie sie in Nachfolge des Jugendstils vor allem in den Wiener Werkstätten üblich waren. Er begründete seine Abneigung mit der Funktionslosigkeit der Ornamentik, bezeichnete sie als sinnlos und verlogen und sprach sich stattdessen entschieden für das traditionelle, an antiken Vorbildern ausgerichtete Ornament aus, das sich durch klare Formen auszeichne.

Von den von Loos gestalteten Wohnungseinrichtungen sind heute nur noch wenige erhalten. Die Einrichtung des Herrenmodengeschäfts *Knize* am Graben in der Wiener Innenstadt ist in den historischen Räumen jedoch noch in der ursprünglichen Form mit allen handwerklichen Details und den kostbaren Hölzern vorhanden; einige seiner Villengestaltungen haben im Zuge von Umbauten Veränderungen erfahren.

OTTO LOEWI

* 3. Juni 1873 Frankfurt am Main, † 25. Dezember 1961 New York

Mediziner

Der Sohn eines jüdischen Weinhändlers studierte Medizin in München und Straßburg (Promotion 1896). Im Anschluss daran hörte er in Frankfurt Vorlesungen für anorganisch-analytische Chemie und arbeitete einige Monate am Biochemischen Institut in Straßburg. 1897/98 erhielt er eine klinische Assistentenstelle am Städtischen Krankenhaus in Frankfurt.

Ein Jahr später ging er als Assistent zu Hans Horst Meyer nach Marburg. Er habilitierte sich mit einer Arbeit, die nachwies, dass der tierische Organismus sehr wohl in der Lage ist, Proteine aus Aminosäuren aufzubauen. Als Meyer 1904 nach Wien berufen wurde, folgte ihm Loewi. Er erhielt eine Anstellung am Pharmakologischen Institut und nahm die österreichische Staatsbürgerschaft an. 1908 heiratete er Guida Goldschmidt, die Tochter eines Wiener Chemikers. Aus der Ehe gingen vier Kinder hervor. 1909 erhielt Loewi einen Ruf nach Graz an den Lehrstuhl für Pharmakologie. Im Studienjahr 1912/13 übte er dort auch die Funktion eines Dekans der medizinischen Fakultät aus.

Nobelpreiswürdig wurden seine Forschungen am freigelegten Herzen eines Frosches. Er stellte fest, dass sich durch äußere Reizung des Nervenstammes die Anzahl und Stärke der Herzschläge veränderten. Wenn er die durch das Herz gepumpte Flüssigkeit in ein anderes Herz, dessen Nerven getrennt waren, übertrug, erzielte er die gleiche Wirkung. Das bedeutete, dass nervöse Reize durch eine chemische Substanz übertragen werden. Als Überträgersubstanz der sympathischen Nervenimpulse identifizierte er den Botenstoff Adrenalin. Außerdem stellte er Untersuchungen zum Kohlehydratstoffwechsel und zur Eiweißsynthese im Tierkörper an. Er beschäftigte sich mit den Nierenfunktionen und dem Effekt harntreibender Mittel.

Für seine Forschungen zur chemischen Übertragung von Nervenimpulsen wurde Loewi 1936, gemeinsam mit seinem langjährigen Freund Sir Henry Hallett Dale, mit dem Nobelpreis für Medizin ausgezeichnet.

Als 1938 die Nationalsozialisten in Österreich die Macht übernahmen, musste Loewi die Universität verlassen. Er wurde inhaftiert und konnte erst nach einigen Monaten das Land verlassen, allerdings wurde er gezwungen, das Nobelpreisgeld von einer schwedischen Bank an eine NS-Bank zu überweisen. Völlig verarmt musste er den Weg ins Exil antreten.

Zunächst übernahm er eine Gastprofessur an der Université Libre in Brüssel und am Nuffield Institute in Oxford. Schließlich erhielt er mit Unterstützung der Rockefeller Stiftung eine Stelle als Pharmakologe am College of Medicine in New York. In Amerika half ihm anfangs sein Freund und Nobelpreiskollege Dale Fuß zu fassen. 1946 wurde ihm die amerikanische Staatsbürgerschaft verliehen.

Nach Österreich kehrte Loewi nur einmal, und zwar 1958, zurück, als in Wien ein biochemischer Kongress stattfand. Hochbetagt starb Loewi 1961 in New York.

Der bedeutende Arzt und Biochemiker wurde international vielfach geehrt. Anlässlich seines 100. Geburtstages wurde in der Grazer Universität eine Bronzebüste aufgestellt, die jedoch 1985 gestohlen wurde. Die Grazer Universitätsbibliothek trägt nunmehr seinen Namen.

Bei seinen Studenten war Otto Loewi, der als musischer Mensch galt, wegen seiner umgänglichen und freundlichen Art sehr beliebt.

Max Reinhardt
* 9. September 1873 Baden bei Wien, † 31. Oktober 1943 New York
Schauspieler, Regisseur und Theatergründer

Max Reinhardt, der mit ursprünglichem Namen Maximilian Goldmann hieß, war der älteste Sohn eines Textilhändlers. Die Familie des Vaters stammte aus einem Ort nördlich von Pressburg, seine Mutter aus Nikolsburg. Die Eltern waren nach dem Börsenkrach im Jahr 1873 nach Wien übersiedelt, da ihre Firma bankrott gegangen war. Der älteste Sohn Max – später folgten noch zehn Geschwister – wurde während der Sommerfrische in Baden bei Wien geboren. Den Besuch des Gymnasiums brach er wegen mangelnder schulischer Erfolge vorzeitig ab und begann eine Lehre in einer Bank. Gleichzeitig nahm er Schauspielunterricht bei dem Statisten Rudolf Perak und dann bei Professor Emil Bürde vom Konservatorium. Zwar waren seine Eltern keine ausgeprägten Kulturliebhaber, sie förderten jedoch die Ambitionen ihres Sohnes.

Sein Debut als Schauspieler gab Reinhardt 1890 im Fürstlich Sulkowskischen Privattheater in Matzleinsdorf in dem Stück *Krieg im Frieden* von Franz Schönthan. Dieses Theater war eine Übungsbühne für junge Talente und für Theaterbegeisterte, die unter der Bedingung, ein entsprechendes Kartenkontingent zu erwerben, eine Spielerlaubnis bekamen. Der damals 17-jährige Reinhardt spielte einen 90-jährigen Apotheker. Er war so überzeugend, dass ihm in *Schwender's Colosseum* im Wiener Bezirk Rudolfsheim weitere Rollen angeboten wurden. Von Anfang an war Josef Kainz, der Star des Hofburgtheaters, sein Vorbild. Für seinen ersten großen Auftritt suchte der junge Max Goldmann einen Künstlernamen, denn sein Familienname erschien ihm zu jüdisch, im Wien des Lueger'schen Antisemitismus durchaus verständlich. Nach Beratung mit der Familie wurde Reinhardt gewählt, weil sein Vater die Novelle *Immensee* von Theodor Storm liebte, in der eine Figur diesen Namen trägt. 1904 ließ die gesamte Familie ihren Namen in Reinhardt ändern.

1893 nahm der Schauspieler ein Engagement in Salzburg an, ein Jahr später holte ihn Otto Brahm an das *Deutsche Theater* in Berlin, wo er in zahlreichen Charakterrollen von sich reden machte. Doch bald genügte ihm das Schauspiel nicht mehr, er wollte Regie führen und ein Theater leiten. Mit seinem zwei Jahre jüngeren Bruder Edmund, der von Beruf kaufmännischer Direktor war, baute er in Berlin einen Theaterkonzern auf. 1901 gründete er die Kleinkunstbühne *Schall und Rauch,* wenige Zeit später das *Kleine Theater,* dann die *Bühne für die Moderne,* 1905 das *Deutsche Theater* und 1906 die *Kammerspiele.* Nach dem Ersten Weltkrieg kamen das *Große Schauspielhaus* und die *Komödie für Boulevardtheater* hinzu. Seinen ersten großen Regieerfolg in Berlin erzielte er mit Gorkis *Nachtasyl.* Im Nachkriegsberlin gab es eine lebhafte Diskussion zwischen zwei Theaterschulen: dem politisch und sozialkritisch ausgerichteten Theater eines Bertolt Brecht und eines Erwin Piscator und den Bühnen Reinhardts, der für ein apolitisches, den Intentionen des Autors dienendes Theater eintrat.

1920 gründete Reinhardt gemeinsam mit Hugo von Hofmannsthal (→ siehe dort), Richard Strauss, dem Bühnenbildner Alfred Roller und dem Operndirektor und Dirigenten Franz Schalk die *Salzburger Festspiele*, ein über den täglichen Theaterbetrieb hinausgehendes feierliches Festival. Salzburg wollte er bereits 1917 zu einer außergewöhnlichen Spielstätte machen, als er eine Denkschrift zur Errichtung eines Festspielhauses in Hellbrunn verfasste. Am 22. August 1920 hatte Hofmannsthals *Jedermann* auf dem Domplatz Premiere. Da er sich wegen der herrschenden Diskussionen aus Berlin zurückgezogen hatte, übernahm Reinhardt 1924 in Wien das *Theater in der Josefstadt*, das er in eine Hochburg des gepflegten Ensembletheaters verwandelte. Er ließ das Haus zu einem prachtvollen Gebäude umbauen. Die finanziellen Mittel hierzu bezog er wesentlich aus der Unterstützung des Millionärs und späteren Pleitiers Camillo Castiglioni. An diesem Haus inszenierte er vier bis fünf Stücke pro Jahr, Klassiker des Welttheaters, aber auch Werke zeitgenössischer Dramatiker wie Ferdinand Bruckner, Carl Zuckmayer oder Franz Werfel.

Auch dem Musiktheater galt seine große Liebe. Legendär ist seine Inszenierung der Uraufführung des *Rosenkavaliers* von Richard Strauss in Dresden. Für das Pariser *Théâtre Pigalle* inszenierte er *Die Fledermaus*, die 300 Mal aufgeführt wurde.

In den 1920er Jahren reiste er mehrmals zu Inszenierungen und zu Gastspielen in die USA, vor allem nach New York. 1927/28 präsentierte er acht seiner Inszenierungen der *Berliner Bühnen* und des *Theaters in der Josefstadt* in Amerika. Als die Nationalsozialisten in Berlin die Macht ergriffen, verlor Reinhardt sein Theaterimperium. Ein

Angebot von Goebbels, „Ehrenarier" zu werden, lehnte Reinhardt ab. Er zog sich ab 1933 völlig nach Österreich zurück, das er allerdings 1938 verlassen musste. In Amerika versuchte er wie in Europa, ein Repertoire- bzw. Ensembletheater aufzubauen, doch blieben die Erfolge aus. Reinhardt ließ sich zuerst in Hollywood nieder, er gab Schauspiel-Workshops und seine Ehefrau Helene Thimig gründete eine Schauspielschule, die sehr erfolgreich war. Doch mit der Zeit ließen die Erfolge auf sich warten, die finanzielle Situation des Ehepaares verschlechterte sich. Daher siedelte Reinhardt 1943 nach New York über, wo er an den Folgen eines Schlaganfalls starb.

Reinhardt war zweimal verheiratet, in erster Ehe mit der Schauspielerin Else Heims. Aus dieser Verbindung stammten die Söhne Gottfried und Wolfgang. In zweiter Ehe war er mit Helene Thimig verheiratet, die ihm auch ins Exil folgte. Diese Ehe blieb kinderlos.

Nicht die Postmoderne, sondern der „Regiemagier" Reinhardt kann als wahrer Erfinder des Regietheaters bezeichnet werden. Seine Inszenierungen waren minutiös geplante Gesamtkunstwerke, in denen das Bühnenbild, die Kostüme und die Schauspieler in beispielloser Weise harmonierten. Reinhardt hatte ein ausgeprägtes Gespür und eine große Sympathie für seine Schauspieler und gab ihnen Raum, sich zu entwickeln. Er vertrat die Auffassung, dass das Heil nur vom Schauspieler kommen kann, denn ihm und keinem anderen gehöre das Theater. Er kannte die Stärken und Schwächen jedes einzelnen Darstellers, setzte sie entsprechend ein und verstand es, seine Begeisterung auf alle Mitwirkenden zu übertragen. Wie akribisch er seine Aufführungen plante, lässt sich aus den Regiebüchern ablesen, in denen er jede Kleinigkeit auf der Bühne schriftlich festhielt. Zugleich war eine Theateraufführung für ihn in erster Linie eine

Gemeinschaftsarbeit, in die sich alle einbringen mussten. 1929 gründete Reinhardt in Wien das gleichnamige Seminar, das heute eine hochgeschätzte Ausbildungsstätte für Schauspieler ist.

Wichtig war dem Regisseur überdies, zu demonstrieren, dass Theater überall stattfinden könne. So fanden viele seiner Aufführungen auf offenen Plätzen statt; so etwa Hofmannsthals *Jedermann* in Salzburg. In Venedig führte er Shakespeares *Kaufmann von Venedig* auf der Piazza San Trovaso auf. Außerdem spielte er im Rokokoambiente des Redoutensaals der Hofburg. Er schrieb im wahrsten Sinne des Wortes Theatergeschichte.

Beim Tonfilm war Reinhardt weniger erfolgreich, obwohl er sich schon zur Zeit des Stummfilms mit dem neuen Medium beschäftigte. Er forderte damals von der Kameraführung Leistungen, die technisch erst nach dem Zweiten Weltkrieg möglich wurden. Auch seine Verfilmung von Shakespeares *Sommernachtstraum* mit der Filmmusik von Erich Wolfgang Korngold nach Mendelssohn-Bartholdy wurde nur ein mäßiger Erfolg.

Max Reinhardt und sein Wirken für das deutschsprachige Theater wurden vielfach geehrt, in Österreich und in Deutschland wurden Briefmarken und Gedenkmünzen gedruckt. Büsten von Reinhardt stehen in Baden bei Wien und in Berlin, wo man auch Gedenktafeln an seinem ehemaligen Wohnhaus anbrachte.

HUGO VON HOFMANNSTHAL

* 1. Februar 1874 Wien, † 15. Juli 1929 Wien-Rodaun

Schriftsteller, Dramatiker, Lyriker und Librettist

Als Sohn des Hugo August Peter Hofmann Edler von Hofmannsthal geboren, weist der zutiefst österreichische Poet mährische und italienische Vorfahren in seinem Stammbaum auf. Sein Elternhaus war wohlhabend, bekleidete doch der Vater die Position eines Präsidenten der Centralen Bodencreditanstalt. Sein soziales Umfeld war kakanisch geprägt, dem österreichisch-ungarischen Monarchieverband mit Wien als Metropole eines Großstaates eng verbunden. Für seine Grundausbildung zeichneten Privatlehrer verantwortlich; sein Abitur legte er mit Auszeichnung am öffentlichen Akademischen Gymnasium ab, wo bereits sein außergewöhnliches sprachliches Talent Aufmerksamkeit erregte.

Da es Schülern vor Abschluss der Schullaufbahn verboten war, zu publizieren, wählte er für seine ersten Veröffentlichungen unter anderem das Pseudonym „Loris". Kaum sechzehnjährig, machte er sich auf diese Weise mit seiner reifen und sprachlich hervorragenden Lyrik einen Namen. Durch einen Freund kam er noch als Schüler in Kontakt mit dem Literatenkreis des Café Griensteidl am Wiener Michaelerplatz, wo er Arthur Schnitzler (→ siehe dort), Hermann Bahr, Karl Kraus und Peter Altenberg kennenlernte. Diese literarischen Heroen wurden Anreger, Kritiker und Wegbegleiter seines künstlerischen Schaffens. Schon mit 19 Jahren schrieb er den Einakter *Der Tor und der Tod*, in dem er sich mit der Bindungslosigkeit seiner Generation auseinandersetzte. Die Uraufführung dieses Werkes erfolgte 1898 in München am Theater am Gärtnerplatz.

Sein nach dem Militärdienst begonnenes Philosophiestudium (Hauptfach: romanische Philologie) schloss er 1899 ab, im selben Jahr legte er mit zwei Premieren seiner Stücke – Der Abenteurer und die Sängerin und Die Hochzeit der Sobeide – eine beachtliche Talentprobe als Dramatiker ab. In diesen Jahren reifte in ihm, auch beeinflusst durch einen längeren Aufenthalt in Paris, der Entschluss, sein Leben ausschließlich der Dichtkunst zu widmen. Um 1900 intensivierte er seine Mitarbeit an der Zeitschrift Insel und schrieb die Theaterstücke Das kleine Welttheater oder die Glücklichen, Der weiße Fächer und Die Frau im Fenster. In diese Zeit fiel auch der Beginn seines Briefwechsels mit Richard Strauss. Weitere Auslandsreisen nach Frankreich und in die Mittelmeerländer rundeten seinen Erfahrungshorizont ab.

1901 heiratete er Gertrude Schlesinger, die Schwester eines Jugendfreundes. Er erwarb im Süden von Wien in Rodaun das so genannte „Fuchsschlössel", wo er mit seiner Frau und seinen drei Kindern Christiane (*1902), Franz (*1903) und Raimund (*1906) bis zu seinem Tod lebte.

Sein erster großer Theatererfolg wurde die Nachdichtung des antiken Stoffes Elektra, die 1903 unter Regie von Max Reinhardt (→ siehe dort) im Kleinen Theater in Berlin uraufgeführt wurde. Diese Inszenierung war der Beginn einer intensiven Zusammenarbeit und langjährigen Freundschaft zwischen Reinhardt und Hofmannsthal. Der dritte in diesem genialischen Bund war Richard Strauss, dessen Vertonung der Elektra 1909 im Königlichen Dresdner Opernhaus seine Premiere erlebte. In den folgenden Jahren verfasste Hofmannsthal die Libretti für Der Rosenkavalier (1911), Ariadne auf Naxos (1912), Die Frau ohne Schatten (1919), Die ägyptische Helena (1928) und Arabella (1929). 1911 hatte auch Hofmannsthals Nachdichtung des ursprünglich englischen Everyman mit dem Titel

Jedermann im Berliner Schumann Zirkus Premiere. 1920 wurde dieses Spiel vom Sterben des reichen Mannes zum zentralen Stück der Salzburger Festspiele, die gemeinsam von Hofmannsthal, Reinhardt (→ siehe dort) und dem Bühnenbildner Alfred Roller nach einer Anregung von Hermann Bahr gegründet wurden. Seitdem wird dieses Schauspiel jährlich auf dem Platz vor dem Salzburger Dom aufgeführt; zahlreiche große deutschsprachige Schauspieler interpretierten die Rolle des letztlich bekehrten reichen Prassers. Der Jedermann ist sicherlich nicht Hofmannsthals bestes Theaterstück, doch seine Präsentation vor der barocken Kulisse des Salzburger Domes fesselt noch immer alljährlich die Zuschauer.

Noch während des Ersten Weltkrieges hatte Hofmannsthal die *Österreichische Bibliothek* gegründet, eine Buchreihe, in der österreichische Autoren publiziert werden sollten. Den Anfang machte Franz Grillparzers politisches Testament, bis 1917 wurden mehr als 20 schmale Bändchen veröffentlicht. Den letzten Titel bildete 1917 *Schubert im Freundeskreis. Ein Lebensbild aus Briefen, Erinnerungen, Tagebuchblättern der Freunde.* Im Kontext dieser Buchreihe unternahm Hofmannsthal Vortragsreisen nach Skandinavien, Warschau und Bern, wo er über österreichische Dichtung und *Die Idee Europa* sprach. Diese Programme flossen in den Entwurf für das Konzept der Salzburger Festspiele ein, das 1919 veröffentlicht wurde. In gleicher Weise der europäischen Idee verpflichtet sind jene Teile von Hofmannsthals Schaffen, die Motive aus europäischen Literaturen, wie der spanischen, der französischen oder der englischen, aufnehmen und weiterentwickeln.

Unter dem Eindruck der durch den Kriegsverlauf veränderten gesellschaftlichen Verhältnisse begann Hofmannsthal 1917 die Arbeit an dem Theaterstück *Der Schwierige*, einem Lustspiel, das 1921 in München uraufgeführt wurde. Ein Jahr später erfolgte die Uraufführung des von Calderon inspirierten Stücks *Das Salzburger Große Welttheater*. Hofmannsthals zweite Komödie *Der Unbestechliche* wurde 1923 in Wien uraufgeführt. Erneut Calderon nachempfunden ist das Trauerspiel *Der Turm*, das 1928 in München uraufgeführt wurde. Erst nach Hofmannsthals Tod wurde Richard Strauss' Oper *Arabella*, für die der Dichter das Libretto verfasste, aufgeführt.

Schon beim Sechzehnjährigen beeindruckte die Reife und sprachliche Vollendung seiner Lyrik. Von größter Ehrfurcht für das Medium Sprache beseelt, schrieb er in einem seiner frühen Gedichte: „Das Wort, das Andern Scheidemünze ist, Mir ist's der Bilderquell, der flimmern reiche." Wenn er auch in späteren Jahren mehr Prosa als Lyrik schrieb, so war erstere doch stets ein durchgehender Grundton in seinen Werken, etwa wenn das Liebespaar Octavian und Sophie im Rosenkavalier gemeinsam singen: „Wo war ich schon einmal und war so selig?"

Nach dem tragischen Selbstmord seines Sohnes Franz starb Hofmannsthal zwei Tage später an den Folgen eines Schlaganfalls. Er wollte eben das Haus verlassen, um am Begräbnis seines Sohnes teilzunehmen. Der Dichter wurde auf dem Kalksburger Friedhof nahe Rodaun beigesetzt. Auf seinem Grabstein ist zu lesen: „Und mein Teil ist mehr als dieses Lebens schlanke Flamme oder schmale Leier."

Schon zu Lebzeiten wurden Hofmannsthal zahlreiche Ehrungen zuteil; zu seinem 50. Geburtstag erschien eine sechsbändige Werkausgabe. Am Tag von Hofmannsthals' Begräbnis strahlte Radio Wien eine Gedenksendung zu Leben und Werk des Künstlers aus. Anlässlich seines 100. Geburtstages veröffentlichte die Österreichische Post eine Sonderbriefmarke.

Trotz seines umfangreichen Oeuvres war Hofmannsthal immer einer der stillen Geister in Österreich; nie bekleidete er ein offizielles Amt und verweigerte jegliche öffentliche Funktion. Mental zutiefst in der alten Donaumonarchie verwurzelt, dessen Zusammenbruch Hofmannsthal schmerzhaft empfand, entwickelte er aus diesem Trauma seine Idee eines geistigen Europa.

Auswahlbibliographie von Hofmannsthals Werken:

Der Tor und der Tod (1893), Die Frau im Fenster (nach d'Annunzio, 1897), König Ödipus (nach Sophokles, 1910), Jedermann (nach dem englischen Everyman, 1911), Bürger als Edelmann (nach Molière, 1917), Dame Kobold (nach Calderon, 1918), Der Schwierige (1920), Der Unbestechliche (1920), Das Salzburger Große Welttheater (nach Calderon 1922), Der Turm (nach Calderon, 1924); außerdem eine Reihe von Novellen und Lyrik.

Opernlibretti für Richard Strauss:

Elektra (1903) Rosenkavalier (1910), Ariadne auf Naxos (1911), Die Frau ohne Schatten (1915), Die ägyptische Helena (1924), Arabella (1929).

ARNOLD SCHÖNBERG

* 13. September 1874 Wien, † 13. Juli 1951 Los Angeles

Komponist und Maler

Schönberg war der Sohn eines aus Ungarn stammenden jüdischen Schuhmachers, der es bis zum Besitzer eines eigenen Schuhgeschäftes gebracht hatte. Bereits in seiner Gymnasialzeit komponierte er autodidaktisch. 1890 musste er wegen des Todes seines Vaters die Schule verlassen und begann eine Banklehre. Seine musikalische Begeisterung aber hielt an und wurde durch Oskar Adler, der ihn Musiktheorie lehrte, weiter gefördert. Dem späteren Dirigenten der Arbeiterkonzerte David Bach verdankte er eine gute ethische und moralische Bildung. Sein wichtigster Lehrer wurde jedoch Alexander Zemlinsky, den Schönberg kennen lernte, als er 1895 als Cellist in dem Amateurorchester *Polyhymnia* spielte. Zemlinsky erkannte Schönbergs Talent und unterrichtete ihn. Unter dessen Einfluss entdeckte er auch die Kompositionen von Richard Wagner, der auf das kompositorische Schaffen Schönbergs im Sinne der Spätromantik großen Einfluss ausübte. Durch Zemlinsky lernte Schönberg auch wichtige Leute im Musikleben kennen. Er gab seine Anstellung in der Bank auf und übernahm Aufgaben als Dirigent verschiedener Orchester.

1901 heiratete Schönberg Zemlinskys Schwester Mathilde. Aus dieser Ehe stammen eine Tochter und ein Sohn. Um seinen Lebensunterhalt leidlich zu bestreiten, gab Schönberg Musikunterricht, wobei er als hervorragender Lehrer galt. Seine wohl prominentesten Schüler waren Alban Berg (→ siehe dort) und Anton Webern, sowie Egon Wellesz. Er unterrichtete auch an der Mädchen-Reformschule der Eugenie Schwarzwald, wo er Adolf Loos kennen lernte. Mit ihm blieb er bis zu dessen Tod befreundet.

In diesen Jahren entstanden bedeutende eigene Werke, wie die beiden ersten Streichquartette, seine *Kammersinfonie*, sowie die *Gurre-Lieder* und *Pierrot Lunaire*. Die Uraufführung seiner *Kammersinfonie* wurde zu einem Skandal, zu ungewohnt waren seine Klänge für das Wiener Publikum. Eine Bewerbung an der Wiener Akademie für eine Professur für Komposition wurde abgelehnt.

Parallel zu seinem musikalischen Schaffen war Schönberg stets als Maler tätig; er nahm auch Unterricht bei Richard Gerstl, der eine Beziehung mit Schönbergs Frau begann. Nach Mathildes Rückkehr zu ihrem Mann beging Gerstl Selbstmord. Es gab Phasen, in denen Schönberg unsicher war, ob seine Stärke eher in der Malerei oder der Musik läge, was nicht zuletzt daran lag, dass er glaubte, mit der Malerei mehr Geld verdienen zu können. Als Maler schuf er eine Reihe von sehr guten Selbstbildnissen, treffliche Porträts, u. a. von Alban Berg und eine Reihe von Bildern, die er *Visionen* nannte. Er beteiligte sich an mehreren Ausstellungen, u.a. bei der Gruppe *Der Blaue Reiter*. Insgesamt sind mehr als 350 Bilder von Schönberg bekannt.

Nach Ausbruch des Ersten Weltkrieges wurde Schönberg 1915 zum Militär eingezogen, durchlief eine Offiziersausbildung und wurde zeitweilig zurückgestellt. Ab 1917 diente er in einer Militärkapelle.

1918 gründete er den *Verein für musikalische Privataufführungen*, der einem interessierten Publikum zeitgenössische Werke nahebringen sollte. Bis 1921, als die Vereinstätigkeit aus finanziellen Gründen eingestellt werden musste, fanden immerhin mehr als 100 Konzerte statt. Nach dem Ersten Weltkrieg war Schönberg vermehrt in Berlin tätig, wo seine Werke mit mehr Interesse und Verständnis aufgenommen wurden. In Wien waren lediglich die *Gurre-Lieder* ein Erfolg gewesen. Ab den frühen 1920er Jahren begründete Schönberg die Methode der „Komposition nur mit zwölf aufeinander bezogenen Tönen", die so genannte *Zwölftontechnik*. Er tat dies unabhängig von Josef Matthias Hauer, der ebenfalls mit zwölf Tönen experimentierte. Vor allem sein *2. Streichquartett* ist konsequent auf diesen zwölf Tönen aufgebaut. Zu dieser Zeit heiratete Schönberg, dessen erste Frau Mathilde am 18. Oktober 1923 verstorben war, Gertrud Kolisch, die Schwester eines Musikschülers. Aus dieser Ehe stammten drei Kinder.

Ab 1925 lehrte der Komponist in Berlin an der *Akademie der Künste* Komposition. Er verlor diese Anstellung im Jahr 1933 nach der Machtübernahme der Nationalsozialisten. Mit seiner Frau und der Tochter Nuria, die später den Komponisten Luigi Nono heiratete, emigrierte

Schönberg in die USA. Nach einem kurzen Aufenthalt in Boston und New York ging Schönberg nach Los Angeles, wo er an der *University of California* lehrte. 1941 erhielt er die amerikanische Staatsbürgerschaft. Die Jahre in Amerika waren musikalisch äußerst fruchtbar, auch schrieb Schönberg wichtige musiktheoretische Werke. Neben Orchesterwerken entstanden die Bühnenwerke *Erwartung* und *Die glückliche Hand* – letzteres ein Schlüsselwerk zu seiner eigenen Biographie –, und schließlich das unvollendet gebliebene, ursprünglich auf drei Akte angelegte Werk *Moses und Aron*, das gattungsspezifisch zwischen Oper und Oratorium einzuordnen ist. Hauptthema dieser Oper ist die Auseinandersetzung zwischen der reinen Idee und ihrer praktischen Umsetzung. 1947 erlebte *A Survivor from Warsaw* das für einen Sprecher, einen Männerchor und das Orchester konzipiert war, seine Uraufführung. In diesem Werk setzte sich Schönberg mit dem Judentum auseinander, zu dem der Komponist nach der rassistischen Verfolgung in Deutschland wieder bewusst zurückgekehrt war. Die Libretti zu seinen Opern schrieb er selbst. Sein Oeuvre umfasst mehr als 50 Opuszahlen.

Um Schönbergs Technik der *Dodekaphonie* sammelte sich ein Kreis von Schülern, zu denen teilweise Alban Berg und ganz konsequent Anton Webern gehörte. Alle drei Komponisten werden in der Musikliteratur als der so genannten *Zweiten Wiener Schule* zugehörig bezeichnet.

1951 erlag Schönberg einem Herzleiden, dem bereits 1946 ein Herzinfarkt vorausgegangen war. Schönbergs umfangreicher Nachlass wird seit 1998 in Wien im *Schönberg Center* betreut und kann verwendet werden. 2011 wurde der Schönberg-Nachlass in das Register des Weltkulturerbes der UNESCO *Memory of the World* aufgenommen.

Werke:

Bühnenwerke: Erwartung (1909), Die glückliche Hand (1910–1913), Moses und Aron (19301–932).

Chormusik: Gurrelieder (1901), A Survivor from Warsaw (1947).

Orchesterwerke und Kammermusik: Verklärte Nacht (1899), Pelleas und Melisande (1902/03), Kammersinfonie Nr. 1 (1906), Streichquartett (1907/08), drei Klavierstücke (1909), Variationen für Orchester (1926/28).

ROBERT BÁRÁNY

* 22. April 1876 Wien, † 8. April 1936 Uppsala (Schweden)

Mediziner

Robert Bárány, Sohn eines Gutsverwalters ungarischer Herkunft, wuchs als Ältester mit fünf Geschwistern in einem wohlhabenden Elternhaus auf. Als Teenager an Knochentuberkulose erkrankt, begann er sich für Medizin zu interessieren und studierte nach der Matura in Wien. 1900 schloss er mit der Promotion zum Dr. med. ab. Zunächst erweiterte er seine Erfahrungen durch Arbeit an verschiedenen deutschen Kliniken (Frankfurt am Main und Heidelberg), als Assistent des Chirurgen Carl Gussenbauer erwarb er sich chirurgische Fertigkeiten. 1903 wechselte er an die Universitäts-Ohrenklinik, wo er sich 1909 mit zahlreichen fachspezifischen Arbeiten habilitierte.

Er legte Arbeiten über Physiologie und Pathologie des Vestibularapparats (= Gleichgewichtsorgan) vor, schrieb wissenschaftliche Abhandlungen zur Seekrankheit, stellte Stimmgabelversuche an und unternahm Labyrinthoperationen. Er lieferte Berichte zu Kleinhirnabszessen sowie zu Schussverletzungen des Gehirns. Außerdem publizierte er anatomisch-physiologische Studien über das Kleinhirn und das Nervensystem. Durch diese Forschungen wurde er gleichsam zum Mitbegründer des klinischen Faches HNO (= Hals-Nasen-Ohren). 1914 wurde er als erster österreichischer Mediziner mit dem Nobelpreis für seine 1906 publizierten „Untersuchungen über den vom Vestibular-Apparat des Ohres reflektorisch ausgelösten, rhythmischen Nystagmus und seine Begleiterscheinungen" ausgezeichnet. Ein Nystagmus ist ein rhythmisches Augenzittern, das durch das Gleichgewichtsorgan ausgelöst wird. 1907 veröffentlichte er „Physiologie und Pathologie des Bogengangapparates beim Menschen".

Im Ersten Weltkrieg war er als Militärarzt in Přemysl tätig. Bei der Eroberung der Festung durch russische Einheiten 1915 geriet er in russische Kriegsgefangenschaft. Dank der Intervention des schwedischen Thronfolgers und späteren Königs Gustav VI. Adolf kam er frei und übersiedelte 1917 nach Schweden, wo er ab 1926 als Ordinarius die HNO-Universitätsklinik in Uppsala leitete.

Nach Bárány wurde ein Syndrom, bestehend aus Schwerhörigkeit auf beiden Ohren, Hinterkopfschmerz und Gleichgewichtsstörungen benannt. Ihm sind zahlreiche Untersuchungsmethoden im HNO-Bereich zu verdanken.

Viktor Kaplan

*27. November 1876 Mürzzuschlag, † 23. August 1934
Rochuspoint in Unterach am Attersee (Oberösterreich)
Techniker und Erfinder

Der dritte Sohn eines Eisenbahnbeamten soll bereits als Kind mit Wasserrädern experimentiert haben. Da sein Vater gerade in Wien stationiert war, konnte er hier die Realschule besuchen. Anschließend begann er an der Technischen Universität Maschinenbau zu studieren. Seinen einjährig-freiwilligen Militärdienst leistete er als Maschinenbau-Eleve bei der k.u.k Marine in Pula ab.

Nach Abschluss seines Studiums begann er 1900 bei der Motorenfabrik *Ganz & Co.* in Leobersdorf zu arbeiten, wo er einen neuen Typus eines Explosionsmotors entwarf. 1903 folgte er einem Ruf an die Deutsche Hochschule in Brünn, wo er sich am Maschinenbauinstitut bei Professor Albert Musil, dem Vater des Schriftstellers Robert Musil, habilitierte.

Die Brünner Gegend war zu dieser Zeit eine boomende Industrieregion, vor allem Bergbau- und Hüttenbetriebe dominierten, jedoch hatten alle Betriebe ein gemeinsames Problem: zu wenig Energie. Zwar wusste man inzwischen, wie man Strom leiten konnte, jedoch war in flachen Fließgewässern mit nur geringem Gefälle die Stromleistung der Turbinen zu gering. Daher konzentrierte Kaplan sich in den folgenden Jahren darauf, eine Turbine zu entwickeln, die eine höhere Leistung erzielen konnte. Er richtete sich an der Hochschule ein kleines Labor ein, um entsprechende Versuche für eine „Schnellläufer"-Turbine auszuführen. 1912 konnte er ein erstes Patent anmelden. Insgesamt meldete er fünf wichtige Patente an: eines für das Leitrad für Turbinen mit primär axial angeströmtem Laufrad, eines für die einstellbare Ausführung der Laufschaufeln, ein weiteres für die Gestaltung des schaufellosen Raumes, ein viertes für die kammerlose Ausführung der Laufschaufeln und schließlich das nach ihm benannte *Kaplan'sche Saugrohr*.

1912 wurde Kaplan außerordentlicher Professor und 1918 Ordinarius für Maschinenbau. Bei seinen Studenten galt er als hervorragender Lehrer.

Ein größerer Prototyp seiner Turbine konnte aber erst 1919 in Brünn in der Firma *Storek* von einem ehemaligen Schüler hergestellt und in einem Betrieb in Velm in Niederösterreich eingebaut werden. Diese erste *Kaplan'sche Turbine* befindet sich heute im Technischen Museum in Wien. Kaplans Erfindung war zunächst äußerst erfolgreich, doch dann kam es plötzlich zu Korrosionen auf den Schaufelrädern. Kaplan wurde heftig angegriffen, konnte das Problem jedoch schon bald klären. Es handelte sich hierbei um eine *Kavitation*, ein Phänomen, das man bis zu diesem Zeitpunkt nur bei Schiffsschrauben beobachtet hatte. Darunter versteht man eine Implosion von Dampfblasen, die zu Korrosionsschäden führt. Mitten in den Forschungen nach der Ursache der Probleme erkrankte Kaplan 1922 schwer. Möglicherweise hatten die Anspannungen und die starken Anfeindungen zu einem Nervenzusammenbruch geführt.

Zwar konnten die technischen Probleme durch eine neue Strömungsführung gelöst werden, Kaplan musste jedoch noch jahrelang um seine Patentrechte prozessieren, bis er sich endlich durchsetzen konnte. Seine Erfindung wird inzwischen weltweit eingesetzt. Mit einem Durchmesser von 600 mm war die erste Turbine noch relativ klein, spätere Exemplare hatten einen Durchmesser von 5800 mm und mehr.

In den 1920er Jahren lehnte der Erfinder eine Berufung an die Technische Universität in Wien aus gesundheitlichen Gründen ab und zog sich auf seinen 1920 erworbenen Besitz in Oberösterreich zurück. 1934 verstarb Kaplan in seinem Landhaus und wurde in einem Mausoleum auf seinem eigenen Grund beigesetzt. Schon zu seinen Lebzeiten wurde er vielfach geehrt, etwa 1926 erhielt er das Ehrendoktorat der Technischen Hochschule Prag. Sein Porträt zierte in den 1960er Jahren den österreichischen 1000-Schilling-Schein.

LISE MEITNER

*17. November 1878 Wien, † 29. Oktober 1968 Cambridge

Atomphysikerin

Lise Meitner wurde als drittes Kind des jüdischen Rechtsanwaltes Philipp Meitner geboren. Seine acht Kinder erfreuten sich eines Lebens in bescheidenem Wohlstand, Bildung war seitens der Familie auch für Mädchen vorgesehen, doch war ein Universitätsstudium für die an Physik und Mathematik interessierte junge Lise nicht möglich. Sie absolvierte deshalb eine Ausbildung zur Französischlehrerin. Erst ab 1899 öffneten sich die Tore der Universität für Mädchen. Lise Meitner holte in kaum mehr als zwei Jahren die Externistenmatura am Akademischen Gymnasium nach und inskribiert im Oktober 1901 an der Wiener Universität.

Das Physikalische Institut in der Türkenstraße nahe der Universität wurde ihre geliebte Arbeitsstätte und Ludwig Boltzmann, der seit 1902 wieder in Wien lehrte, ihr bewunderter Lehrer und Mentor. Begeistert berichtete sie von seinen Vorlesungen, in denen er ihr die „Schönheiten der theoretischen Physik" eröffnete. Boltzmann, ein Anhänger der Atomlehre, bestritt die Unteilbarkeit der Atome – eine Theorie, die durch die Forschungen von Wilhelm Conrad Röntgen, Antoine Henri Becquerel und Marie Curie erhärtet wurde. Die später als Radioaktivität bezeichneten Strahlenphänomene faszinierten Lise Meitner.

1906 schloss sie ihr Studium mit der Doktorarbeit über „Wärmeleitung im inhomogenen Körper" ab, außerdem legte sie noch die Lehramtsprüfung für die Fächer Mathematik und Physik ab.

Der Lehrberuf war jedoch nicht ihr Lebensziel, sondern die wissenschaftliche Forschung. Sie verfasste erste Arbeiten und konzentrierte sich unter dem Einfluss ihres Studienkollegen Stephan Meyer auf die Radioaktivität. Nach Boltzmanns Freitod 1906 suchte sie nach anderen wissenschaftlichen Vorbildern. Maria Curie sandte ihr eine Absage, daher entschloss sie sich, zu Max Planck nach Berlin zu gehen, um dort ihr Wissen zu verbreitern.

Plancks Vorlesungen, an denen sie nur heimlich teilnehmen durfte, fand sie zunächst nüchtern und „geheimrätlich". Die Arbeitsbedingungen am Institut waren zudem schlechter als in Wien. Da sie die normalen Räume für die männlichen Studenten nicht betreten durfte, erhielt sie einen Arbeitsplatz im Keller in einer ehemaligen Zimmererwerkstatt, wo sie sich dem Studium der Beta-Strahlen widmete. 1907 begann ihre Zusammenarbeit mit dem Chemiker Otto Hahn, wobei die beiden ein sich ergänzendes Team bildeten. Lise Meitner stellte eher den kritischanalytischen Typ dar, Hahn war ein intuitiver Forscher. Aus den gemeinsamen Forschungen entstanden wichtige Arbeiten über den Ursprung der Gammastrahlen und die Vorgänge in der Atomhülle. Experimentell beschäftigten sie sich mit den Beta- und Gamma-Strahlen von Isotopen der Elemente Uran und Thorium, wobei ihnen die Überprüfung und Beweisführung für den Compton-Prozess, nämlich die Absorption von Gammastrahlen, gelang. 1919 entdeckten die beiden das neue Element Protactinium (Pa), ein Zerfallsprodukt des Urans.

Mittlerweile war Lise Meitner in Berlin ein hoch geschätztes und bestens integriertes Mitglied einer kleinen Forschergruppe am Kaiser-Wilhelm-Institut; zwischen 1912 und 1915 war sie als Assistentin von Planck tätig.

Die Kriegsjahre von 1915 bis 1918 verbrachte sie als Röntgenassistentin in österreichischen Frontspitälern. Nach Kriegsende kehrte sie sofort wieder nach Berlin zurück und leitete die physikalische Abteilung des Instituts. 1922 erfolgte ihre Habilitierung, 1926 verlieh man ihr den Professorentitel, aber einen Lehrstuhl gab es für eine Frau nicht. Eine Rückkehr nach Österreich stand nie zur Debatte. Lediglich Familienbesuche und Ferienaufenthalte führten sie in ihre alte Heimat.

In der Zwischenkriegszeit gehörte Lise Meitner zur kleinen Gruppe internationaler Spitzenforscher. Sie war allgemein anerkannt, sie besuchte Kongresse, ihre Publikationen erhielten höchste Anerkennung. Zuweilen stießen ihre Forschungen nur deshalb auf Ablehnung, weil sie von einer Frau durchgeführt wurden. Lise Meitner, eine zierliche Person, die sich aber in organisatorischen Fragen streng und durchsetzungsfähig erwies, führte nie Klage gegen die Vorurteile gegen sie als Frau. Sie beantwortete diese Zurückweisungen stets mit Sachlichkeit und Distanz.

Bis 1933 veröffentlichte Lise Meitner mit ihren Mitarbeitern mehr als fünfzig wissenschaftliche Arbeiten. Als die Nationalsozialisten an die Macht gelangten, wurde ihr sofort die Lehrbefugnis entzogen. Sie überlegte kurz, Deutschland zu verlassen, wurde aber von ihren Institutskollegen bestürmt zu bleiben, da sie ja durch ihre österreichische Staatsbürgerschaft geschützt wäre. Auch die Vertreter der Industrie, die das Institut finanzierten, legten großen Wert auf ihren Verbleib.

1934 begann Lise Meitner – wieder mit Otto Hahn – an einem gemeinsamen Projekt zu arbeiten. Aufbauend auf Enrico Fermis Forschungen, der Uran mit Neutronen beschossen hatte, und in Kontakt mit den französischen Forschern Irène Curie und Frederic Joliot, gerieten beide nun bei den NS-Machthabern in Verdacht. Um Lise Meitner zu schützen, schlugen deutsche Kollegen sie 1936 für den Nobelpreis vor, leider vergeblich.

Nach dem sogenannten „Anschluss" Österreichs wurde Meitners Position in Berlin unhaltbar, sie wurde unmissverständlich aufgefordert zu kündigen. Sie musste befürchten, weder arbeiten noch ausreisen zu dürfen. Mit Hilfe eines niederländischen Kollegen passierte sie die deutsch-niederländische Grenze mit ihrem nicht mehr gültigen österreichischen Pass. Nur mit einem Handkoffer verließ sie Deutschland. Ihre Besitztümer, vor allem ihre Bibliothek, musste sie zurücklassen und trat mit sechzig Jahren den Weg ins ungewisse Exil an. Ihr Neffe, Otto Robert Frisch, der seit 1934 bei Niels Bohr in Kopenhagen arbeitete, vermittelte ihr einen Arbeitsplatz am Stockholmer Nobel-Institut. Dort fand Lise Meitner unzureichende Arbeitsbedingungen vor, sie fühlte sich geistig und menschlich vereinsamt. Auf eine Emigration nach Amerika wollte sie sich in ihrem Alter aber nicht mehr einlassen.

Bis Kriegsausbruch führte sie eine lebhafte Korrespondenz mit den Berliner Kollegen. Es war Lise Meitner, die errechnete, welche Energiemenge bei einer Atomspaltung frei würde. Auf sie geht auch der Begriff „nuclear fission" zurück. In den nächsten Jahren kam es durch unklare Zeitungsmeldungen zu Verstimmungen zwischen Hahn und Meitner, wobei Hahn im privaten Kreis immer Meitners Anteil an seinen Forschungen einräumte; in der Öffentlichkeit schwieg er dazu. Deshalb erhielt Hahn 1944 den Nobelpreis für Chemie, Meitners Anteil wurde gering geachtet, sie wurde einfach übergangen.

1946 nahm sie eine Gastprofessur in Amerika an, wo sie zur „Frau des Jahres" gewählt wurde. Aus dem schwer durch den Krieg zerstörten Österreich kam keine Aufforderung zur Heimkehr. Ihre Wahl zum korrespondierenden Mitglied der Akademie der Wissenschaften 1948 stieß wieder auf Proteste gegen die Frau.

1960 verließ sie Stockholm und übersiedelte, schon ein wenig gebrechlich und schwerhörig, zu ihrem Neffen Otto Frisch nach Cambridge, wo sie 1968 in einem Altenheim verstarb.

Hans Moser (eigentlich Johann Julier)

* 6. August 1880 Wien, † 19. Juni 1964 Wien

Volksschauspieler

Der dritte Sohn eines Bildhauers mit akademischem Bildungshintergrund wuchs in einem Haus am Ufer des Wienflusses auf. Bereits in jungen Jahren erhielt er Sprechunterricht bei dem Hofschauspieler Josef Moser, dessen Namen er als Künstlernamen annahm. Seine Leidenschaft war die Schauspielerei, doch diesem Berufswunsch stand ein großes Hindernis entgegen: seine mangelnde Größe, denn der junge Mann war nur 1,57 m groß und damit nicht gerade ein „Romeotyp". Hinzu kam, dass er unter einem leichten Sprachfehler litt.

Erste Erfolge erzielte er mit seinem komödiantischen Talent auf Wanderbühnen. Er begann in Friedek-Mistek

an der Ostrawitza, spielte in Laibach, Cilli und Czernowitz, sowie im legendären Theater von Reichenberg. Ein
Engagement an das angesehene Theater in der Josefstadt
in Wien, das damals unter der Leitung von Josef Jarno
stand, brachte 1903 beinahe den Durchbruch. Doch auch
diesmal war die geringe Körpergröße die Ursache, dass
das Engagement nicht verlängert wurde. Erneut versuchte
Moser sein Glück auf Wanderbühnen und in komischen
Solorollen in Kellertheatern.

Der Erste Weltkrieg durchkreuzte seine Schauspielplä-
ne: Er wurde eingezogen und leistete seinen Dienst an der
Isonzo-Front. Während des lähmenden Stellungskrieges
konnte er seine Kameraden mit Späßen unterhalten und
so die über allen lastende Spannung lösen. Er erkannte,
dass seine Zukunft im heiteren Fach lag. Nach dem Krieg
trat er daher bei verschiedenen Wiener Kabarettbühnen
auf, wie die *Reklame*, die *Hölle* oder das *Intime Theater*.
1923 engagierte ihn Robert Stolz für eine Revue im *Ro-
nachertheater*, in dem Max Reinhardt (→ siehe dort) auf
ihn aufmerksam wurde. Er holte ihn an die Josefstadt,
wo Moser in Stücken von Nestroy, Schnitzler (→ siehe
dort) und Horváth jene Rollen fand, die seinem Talent
entsprachen. Bald wurde er von der Presse entdeckt und
als neuer *Hanswurst*, wie ihn das Theater des Vormärz
gekannt hatte, gefeiert. Reinhardt besetzte Moser immer
wieder und nahm ihn sogar auf eine Amerikatournee mit,
wo Moser am *Broadway* auftrat.

Durch seine Interpretation jener kauzig-wehleidigen
Typen des Wiener Volksschauspiels wurde er ein vielbe-
schäftigter und hochgeschätzter Darsteller. Seine unver-
wechselbare Stimme, die noch heute gerne nachgeahmt
wird und seine eigenwilligen und lebhaften Bewegungen,
ließen ihn zum idealen Schauspieler für die Darstellung
des „kleinen Mannes" werden, der im Hausmeister,

Handwerker, Hausknecht oder Krämer seine Verkörperung fand. Gleich nach dem Ersten Weltkrieg spielte er erfolgreich in einigen Stummfilmen, doch der große Durchbruch kam mit dem Tonfilm, wo er zum Inbegriff des „Wiener Typen mit Schmäh" wurde. Insgesamt spielte er in 150 Filmen. Viele davon waren seichte Komödien, die durch seine schauspielerische Leistung jedoch zu großen Kassenerfolgen wurden. Fast immer stellte er vermeintlich kleine Leute dar, die sich als große Charaktere erwiesen oder kleine Bösewichte, die durch ein Schlüsselerlebnis geläutert wurden.

Zu den Höhepunkten von Mosers Schauspielkunst, die sich grundlegend von der wienerischen Komödie unterschied, gehörte die Interpretation des Vaters Weiring in Schnitzlers (→ siehe dort) *Liebelei* und die des himmlischen Kanzlisten in Molnars *Liliom*. Leider sind beide Theaterereignisse nicht auf Filmen festgehalten worden. Er war ein so „wienerischer Schauspieler" wie kein anderer, er vermochte das Zwiespältige und Dämonische der „Wiener Typen" von Nestroy, Molnar oder Schnitzler unverwechselbar darzustellen. Darüber hinaus war Moser ein beliebter Interpret von Wienerliedern, wie etwa der *Reblaus*. Obwohl er keine gute Stimme hatte, besaß er ein außergewöhnliches Talent, die in den Liedern enthaltene Stimmung zu transportieren. Seine häufigsten Filmpartner waren Theo Lingen und Paul Hörbiger (→ siehe dort).

Hans Moser war seit 1911 mit Blanca Hirschler, die er in Teplitz-Schönau kennengelernt hatte, verheiratet; eine erste Tochter wurde 1913 geboren. Während des Dritten Reiches musste Blanca Moser, die jüdische Wurzeln hatte, nach Ungarn emigrieren. Moser lehnte eine Scheidung entschieden ab und die NS-Machthaber wollten die Emigration eines so beliebten Schauspielers nicht riskieren. Blanca Moser spielte im gemeinsamen Leben eine sehr

dominante Rolle. Da Moser durch seine zahlreichen Film-
rollen sehr gut verdiente, erwarb er eine schöne Villa in
Hietzing. Der beliebte Volksschauspieler verstarb am 19.
Juni 1964 in Wien an Lungenkrebs.

HILDEGARD BURJAN

*30. Januar 1883 Görlitz, †11. Juni 1933 Wien

Sozialpolitikerin, Gründerin der Caritas socialis

Die aus einem liberalen jüdischen Elternhaus stammende
Hildegard Lea Freund erhielt eine für Mädchen erstklassi-
ge Schulbildung, wuchs jedoch ohne religiöse Erziehung
auf. Nach Übersiedlung der Familie in die Schweiz und
Matura in Basel (1903) studierte sie Germanistik und Philosophie an der Universität Zürich. Unter dem Einfluss
des Moralpädagogen Friedrich Foerster und des Kultur-
philosophen Robert Saitschik beschäftigte sich Burjan
mit sozialen und religiösen Fragen, die sie mit ihrem aus
Ungarn stammenden Ehemann, dem Techniker Alexander
Burjan, intensiv diskutierte. Nach der Eheschließung 1907
ging das Paar nach Berlin, zwei Jahre später konvertierten
beide zum Katholizismus. Die junge Frau setzte ihre Studien in Berlin fort, erkrankte aber schwer und musste sich
einer Reihe von Operationen unterziehen, die sie an den
Rand des Todes brachten. Eine wundersame plötzliche
Heilung schenkte ihr ein intensives Glaubenserlebnis.
Nach monatelangem Krankenhausaufenthalt fand sie
zu einer kindlichen Gläubigkeit, die ihr Leben fortan
bestimmte.

1909 erhielt Alexander Burjan ein verlockendes berufliches Angebot aus Wien. Seine Frau folgte ihm begeistert in
die katholische Metropole des Habsburgerreiches, wo sie

1910 ihre einzige Tochter gebar. Ihr Studium blieb wegen ihrer Krankheit leider unvollendet. Wien war zu dieser Zeit die Hauptstadt eines großen Reiches, von glänzender Kultur und großen sozialen Spannungen geprägt. Hildegard Burjan lernte die katholische Soziallehre eines Karl von Vogelsang kennen und schritt schnell von der Theorie zur Tat. Sie engagierte sich zuerst für die völlig rechtlosen Heimarbeiterinnen. Dazu entwickelte sie Strategien zur Linderung des Schicksals dieser ausgebeuteten Frauen. In dieser Zeit entstand jener sie das ganze Leben begleitende Leitsatz von der „Hilfe zur Selbsthilfe". Sie erregte die Aufmerksamkeit des Wiener Kardinals Friedrich Gustav Piffl, der sie in den nächsten Jahrzehnten unermüdlich unterstützte.

In den Notzeiten des Ersten Weltkrieges entwickelte sie eine Reihe herausragender sozialer Projekte, die beispielgebend wurden. Ihre primäre Zielgruppe waren Frauen, die ihre Männer durch den Krieg verloren hatten und die ihre Kinder allein durchbringen mussten. Sie gründete Nähstuben, kontrollierte Ausgabestellen für Heimarbeit und organisierte billige Lebensmitteleinkäufe. Für jene Frauen, die die Männer in der Arbeitswelt ersetzten, formulierte sie einen modernen Forderungskatalog, wie: gleicher Lohn für gleiche Arbeit, Einsatz von Betriebsärzten, Schaffung von Kinderkrippen und Kindertagesheimen.

Schon während des Krieges erkannte sie, dass ihre Forderungen mit karitativem Wirken allein nicht erfüllbar wären, sondern dass es dazu auch politischer Initiativen bedurfte. Im Rahmen der Christlichsozialen Partei erhob sie ihre Stimme zunächst für das Frauenwahlrecht, in zweiter Linie für ihre sozialen Anliegen. 1918 wurde sie in den Wiener Gemeinderat gewählt, 1919 zog sie als einzige Frau der christlichsozialen Fraktion in die Konstituierende Nationalversammlung der Ersten Republik ein. Gemeinsam mit den Kolleginnen von den Sozialdemokraten erreichte sie ein Hausgehilfinnengesetz und forderte haus- und landwirtschaftliche Schulen. In kurzer Zeit erwarb sie sich eine hohe Wertschätzung sowohl bei Parteifreunden als auch bei politischen Gegnern; Kardinal Piffl nannte sie das „Gewissen des Parlaments".

Überraschend kam daher ihr Entschluss, bereits 1920 wieder aus der Volksvertretung auszuscheiden. Maß- geblich war in erster Linie ihr Gedanke, eine religiöse Gemeinschaft zur Linderung sozialer Nöte zu gründen, möglicherweise aber auch der in der Politik zunehmende Antisemitismus.

Im Spätherbst des Jahres 1918 gründete sie den Verein „Caritas socialis", ein Jahr später die gleichna- mige ordensähnlich lebende Schwesterngemeinschaft. Die Schwestern lebten nach den Evangelischen Räten (Armut, Gehorsam, Ehelosigkeit), aber nicht in einer Klausur, da ihr Einsatzbereich die Welt draußen und ihre Nöte sein sollte. Sie trugen keine Tracht, lediglich eine Brosche verwies auf ihre Zugehörigkeit zur „CS". 1936 wurde diese Gemeinschaft nach kanonischem Recht anerkannt.

Dank der Unterstützung des Wiener Kardinals und des mächtigen christlichsozialen Politikers und Klerikers Ig- naz Seipel und mit Hilfe ihrer gesellschaftlichen Position – ihr Mann Alexander war inzwischen Generaldirektor einer Firma, und das Ehepaar führte ein großes Haus – ak- quirierte Hildegard Burjan die notwendigen Mittel, um die sozialen Aufgaben der Schwesternschaft zu finanzieren. Die Schwestern betreuten ledige Mütter, kümmerten sich im Rahmen der Bahnhofsmission um Mädchen, die in die Fänge von Mädchenhändlern geraten waren, versorgten verwahrloste Jugendliche und Obdachlose. Sie richteten einen günstigen Mittagstisch ein – in den Jahren der Arbeitslosigkeit eine willkommene Hilfe – und organisierten Mahlzeiten für Kranke.

Hildegard Burjan fand Antworten auf die sozialen Fragen ihrer Zeit, und sie warnte vor dem heraufdämmernden Nationalsozialismus. Ihren schlechten Gesundheitszustand nicht achtend, widmete sie ihre ganze Energie dem Aufbau der „Caritas socialis". Die Schwesternschaft hatte sich inzwischen auch in Deutschland, in Italien und in der Tschechoslowakei etabliert. Im Dritten Reich mussten die Schwestern ihre Tätigkeit sehr einschränken. Erst nach dem Zweiten Weltkrieg konnten die Schwestern wieder aktiv werden. Sie leisten wertvolle Sozialarbeit in Österreich, in Italien, Deutschland, in Israel und vor allem in Brasilien. Den Ideen ihrer Gründerin verpflichtet, finden sie immer neue Antworten auf gegenwärtige soziale Probleme. So waren sie eine der ersten Institutionen, die ein Hospiz für sterbenskranke Menschen führten.

1963 wurde für Hildegard Burjan in Rom ein Seligsprechungsprozess eingeleitet, der inzwischen abgeschlossen ist. Ihre Seligsprechung steht bevor.

JOSEF ALOIS SCHUMPETER

*8. Februar 1883 Triesch (Mähren). †8. Januar 1950 Taconic (USA)

Nationalökonom und Wirtschaftstheoretiker

Der Sohn eines Tuchfabrikanten verlor mit vier Jahren seinen Vater. Einige Jahre später heiratete seine Mutter ein zweites Mal. Schumpeters Stiefvater war ein österreichisch-ungarischer Feldmarschall-Leutnant, der sich sehr um seine Erziehung bemühte und einen prägenden Einfluss auf ihn ausübte. 1893 trat Schumpeter in das *Theresianum* ein, eine Eliteschule, die als traditionelles Sprungbrett für eine Beamtenkarriere galt. 1906 schloss der junge Mann sein Jurastudium an der Wiener Universität ab. Einer seiner wichtigsten Lehrer war Eugen Böhm-Bawerk, ein Vertreter der Grenznutzenschule. In diesen Jahren stand er auch der Sozialdemokratischen Partei und ihrem Chefideologen Otto Bauer sehr nahe.

An Schumpeters Studium schlossen sich Aufenthalte in Berlin, Paris und Großbritannien an. 1907/08 arbeitete er für eine italienische Kanzlei in Kairo. 1909 habilitierte er sich in Wien und erhielt im selben Jahr eine Professur in Czernowitz in der Bukowina. Zwischen 1911 und 1921 hatte er trotz der Intervention einiger Professoren an der Grazer *Karl Franzens-Universität* einen Lehrauftrag erhalten. In seine Grazer Zeit fällt die Anekdote, dass er sich mit dem Leiter der Bibliothek duelliert haben soll, um längere Öffnungszeiten zu erwirken.

Von März bis Oktober 1919 bekleidete Schumpeter im Kabinett Renner II das Staatssekretariat für Finanzen, wobei er sich jedoch nicht als außerordentlich kompetent erwies. Als Wirtschaftskonzept für das klein gewordene Österreich vertrat er die Idee einer Donaukonföderation, die indes von den Nachfolgestaaten zurückgewiesen wurde. Den allgemein propagierten Anschluss an Deutschland lehnte Schumpeter strikt ab, was ihn in der politischen Öffentlichkeit stark isolierte. Darüber hinaus wurde ihm sehr verübelt, dass er den Verkauf der *Alpine Montan* an ein italienisches Konsortium nicht verhindert hatte.

Ab 1921 leitete er die *Biedermann-Bank*, eine 1872 gegründete Privatbank, die 1924 illiquid wurde und zwei Jahre später aufgelöst werden musste. Schumpeter selbst verlor den größten Teil seines Vermögens und musste jahrelang zur Schuldentilgung beitragen.

1925 folgte er einem Ruf als Professor für wirtschaftliche Staatswissenschaft an die Universität Bonn; in der Folge nahm er die deutsche Staatsbürgerschaft an. Seine Misserfolge in der Wirtschaftspraxis minderten nicht seinen Ruf als exzellenter Theoretiker. 1932 ging er an die *Harvard University*, wo er bis 1950 lehrte. Während des Zweiten Weltkrieges geriet er wegen antisemitischer Ausrutscher in der Wirtschaftswelt in eine isolierte Position und wurde zunehmend gemieden.

In Amerika hatte er 1937 in dritter Ehe die Nationalökonomin Elisabeth Boody Firuski geheiratet; die Ehe blieb kinderlos. Schumpeters letzte Lebensjahre waren von Depressionen überschattet, die wissenschaftliche Arbeit fiel ihm immer schwerer. Er starb 1950 an einem Gehirnschlag.

Schumpeter leistete einen eminenten Beitrag zur Nationalökonomie: Er führte den Terminus *Innovation* ein, unter dem er neue Produktionsmethoden und neue Marketingideen verstand. Für das Gedeihen der Wirtschaft bedurfte es nach Schumpeters Theorie in erster Linie eines *Entrepreneurs*, eines dynamischen und wagemutigen Unternehmers. Die Rolle der Banken war demgegenüber sekundär. Zuletzt kultivierte der Ökonom eine pessimistische Grundhaltung, denn er vertrat den Standpunkt, dass der Kapitalismus nicht überleben werde. Dabei hat er zweifellos die Steuerungsmöglichkeiten eines kapitalistischen Systems unterschätzt. Ungeachtet dieser Behauptung zählen Schumpeters Theorien zu den großen Errungenschaften der modernen Sozialwissenschaften.

Auswahlbibliographie von Schumpeters Werken:
Theorie der wirtschaftlichen Entwicklung (1911), Zur Soziologie der Imperialismen (1919), Das deutsche Finanzproblem (1928), Capitalism, Socialism, and Democracy (1942) (dt.: Kapitalismus, Sozialismus und Demokratie, 1950), Aufsätze zur Soziologie (1953).

VICTOR FRANZ HESS
* 24. Juni 1883 Schloss Waldstein bei Deutschfeistritz (Steiermark), † 17. Dezember 1964 Mount Vernon (New York)
Physiker

Der Sohn eines steirischen Forstrates – er stand in Diensten des Prinzen Öttingen-Wallenstein – besuchte in Graz das Gymnasium und studierte anschließend Physik. Das Studium schloss er 1906 mit der Auszeichnung „sub auspiciis imperatoris" ab.

Nach einer kurzen Phase am Physikalischen Institut der Universität Wien bei Prof. Franz Exner wechselte Hess 1910, bereits habilitiert mit der Arbeit „Absolutbestimmung des Gehalts der Atmosphäre an Radiuminduktion", als Assistent von Stefan Meyer an das neu gegründete Institut für Radiumforschung der Österreichischen Akademie der Wissenschaften. Außerdem war er als Privatdozent an der Tierärztlichen Hochschule in Wien (Lehrkanzel für Physik) tätig. Während des Ersten Weltkrieges leitete er die Röntgenabteilung eines Reservelazaretts, wo er die Diagnosemethoden erheblich verbesserte.

1911 wagte er allein das Experiment, mit einem Ballon des Österreichischen Aeroklubs aufzusteigen. Er ging von der Prämisse aus, dass die Erde von extraterrestrischen Strahlungen heimgesucht werde. Insgesamt unternahm er zehn Freiluftballonfahrten bis in eine Höhe von mehr als 5000 Metern. Dadurch konnte er beweisen, dass es in größerer Höhe eine intensivere Strahlung gibt, wobei die Intensität ab 1800 Metern signifikant ansteigt. Seine ursprüngliche Annahme, dass es elektromagnetische Strahlung wäre, erwies sich als Irrtum. Vielmehr handelt es sich um kosmische Teilchenstrahlung, die fast nur aus Atomkernen besteht, wie sie bei einer Supernova entstehen. 1912 veröffentlichte Hess die Ergebnisse seiner Forschungen in der „Physikalischen Zeitschrift". Der Begriff „kosmische Strahlung" wurde erst 1925 vom Physiker Robert A. Millikam geprägt. Dass es sich tatsächlich nur um Teilchen handelt, konnte erst Ende der 1920er Jahre bewiesen werden. Seine Entdeckung wurde bahnbrechend für die gesamte Weltraumforschung der 1960er und 1970er Jahre. Heute weiß man, dass es sich um Sekundärstrahlungen handelt, die erst in höheren Schichten der Erdatmosphäre von der kosmischen Strahlung ausgelöst werden.

1920 trat Hess eine Professur in Graz an; zwischen 1921 und 1923 leitete er eine Forschungsabteilung der US Radium Corporation in Orange/New York. Außerdem wurde er zum wissenschaftlichen Berater des Bureau of Mines im US-Department of the Interior in Washington ernannt. 1931 erhielt er eine Berufung nach Innsbruck, wo er am Hafelekar (2269 m hoch) eine Beobachtungsstelle errichtete, um wichtige Experimente durchzuführen. In dieser Forschungsphase erfand er die Kernspurplatte, eine Fotoplatte mit besonders feinkörnig sensibilisierter Emulsion. Zwischen 1934 und 1938 war Hess Mitglied des Bundeskulturrates, eines der beratenden Organe des österreichischen Ständestaates.

1936 wurde Hess, gemeinsam mit Carl David Anderson, der Nobelpreis für Physik für seine Entdeckung der kosmischen Strahlen verliehen. 1937 kehrte er wieder als Ordinarius nach Graz zurück.

Nach dem Einmarsch der Nationalsozialisten 1938 musste er die Innsbrucker Universität ohne Pensionsanspruch verlassen. Außerdem wurde er gezwungen, sein in Schweden angelegtes Nobelpreisgeld in später wertlose deutsche Reichsschatzscheine zu tauschen.

Er emigrierte in die Vereinigten Staaten, wo er an der Fordham University in New York lehrte. 1944 wurde ihm die amerikanische Staatsbürgerschaft verliehen. Gegenüber der weiteren Atomforschung hegte er eine gewisse Skepsis, hatte er doch selbst 1930 im Zuge von Experimenten Verbrennungen erlitten, die eine Amputation eines Daumens und eine Kehlkopfoperation zur Folge hatten. Nach dem Krieg beschäftigte er sich mit Strahlenschutz und mit radioaktivem Niederschlag (Fallout).

Nach dem Zweiten Weltkrieg wollte Hess nicht mehr für immer nach Österreich zurückkehren, besuchte aber mehrmals das Land. Er starb 1964 in Mount Vernon im Staate New York.

1957 erhielt Hess das Österreichische Ehrenzeichen für Wissenschaft und Kunst. Zu Ehren des Nobelpreisträgers wurde ein Mondkrater benannt.

Anton Webern

*3. Dezember 1883 Wien,

†15. September 1945 Mittersill (Salzburg)

Komponist

Der Sohn eines Bergbauingenieurs wuchs in Graz und Klagenfurt auf. Durch seine Mutter erhielt er Klavierunterricht. Später lernte er Kompositionstheorie bei Edwin Komauer und die Beherrschung des Violoncellos. Zwischen 1902 und 1906 studierte er an der Universität Wien Musikwissenschaft. Seine Dissertation beschäftigte sich mit der Edition des *Choralis Constantinus II* von Heinrich Isaac.

Zwischen 1904 und 1908 nahm er auch Unterricht bei Arnold Schönberg. Dessen Zwölftontheorie einerseits und die Beschäftigung mit der alten Musik andererseits waren von wesentlichem Einfluss auf sein gesamtes Schaffen.

In den folgenden Jahren arbeitete Webern, wenngleich mit wenig Enthusiasmus, als Kapellmeister in Bad Ischl, in Teplitz, Stettin, Danzig und Prag. 1915/16 wurde er kurzzeitig zum Militär eingezogen, im darauffolgenden Jahr allerdings im Landestheater in Innsbruck als Kapellmeister engagiert. Nach dem Ersten Weltkrieg übernahm er eine Reihe musikalischer Funktionen: er war Leiter des *Schubertbundes*, Dirigent der *Arbeiter-Sinfoniekonzerte* und Chormeister des *Wiener Arbeiter-Singvereines*. Mitte der 1920er Jahre wurde er ständiger Dirigent des Orchesters des *Österreichischen Rundfunks*. Er war somit ein gefragter Dirigent, der auch in Deutschland, der Schweiz, in England und Spanien Gastspiele gab. Sichtlich wichtig war ihm dabei, jenen Menschen, die keinen selbstverständlichen Zugang dazu hatten, gute Musik nahe zu bringen.

Zu komponieren hatte er um die Jahrhundertwende begonnen, wobei diese frühen Werke noch ganz in der Tradition der Spätromantik stehen. Nach der Begegnung mit Schönberg folgte eine atonale Phase, etwa mit der Vertonung von Liedern nach Stefan George, aber auch Werke in Zwölftontechnik. Charakteristisch für alle seine Kompositionen ist ihre konzentrierte Knappheit. So dauern manche Werke nicht einmal zehn Minuten. Erst spätere Werke wurden wieder etwas länger und setzten ein größeres Orchesterensemble ein. Weberns Werkverzeichnis umfasst 31 Opuszahlen, hinzu kommen etwa 20 frühe Arbeiten ohne Opuszahlen. Webern hat mit seiner strikten und konsequenten Umsetzung der Zwölftontechnik die nachkommende Generation stark beeinflusst, vor allem Pierre Boulez und Karlheinz Stockhausen. Die Gunst des Publikums war ihm jedoch weniger zugetan, denn seinen Musikstücken, die nur aus Klangfetzen bzw. kleinsten Klangsplittern zu bestehen scheinen, eignet ein spröder Charakter.

Im Jahr 1945 war Webern aus Angst vor den Russen nach Mittersill bei Zell am See geflohen. Dort starb er am 15. September 1945 einen tragischen Tod, denn er wurde versehentlich von einem US-amerikanischen Soldaten erschossen. Dieser hatte an einer Razzia in Weberns Haus teilgenommen, die gegen dessen Schwiegersohn, der des Schwarzmarkthandels verdächtigt wurde, gerichtet war.

Werke:

Passacaglia (1908), Sechs Stücke für Orchester (1910), Fünf Stücke für Orchester (1911/13), Sechs Bagatellen für Streichquartett (1911/13), Konzert für neun Instrumente (1931/34), Variationen für Klavier (1935/36).

ALBAN BERG

*9. Februar 1885 Wien, †24. Dezember 1935 Wien

Komponist

Alban Berg, das dritte von vier Kindern, stammte aus einem gutbürgerlichen Elternhaus. Der Vater Conrad Berg – er stammte aus Bayern und war in den 1860er Jahren nach Wien übersiedelt –, besaß in Wien eine Buch-, Musikalien- und Kunsthandlung. Zu seinen Kunden zählte auch Anton Bruckner. Als der Vater 1900 verstarb, geriet die Familie in finanzielle Schwierigkeiten. Durch die Unterstützung einer Tante konnte Alban Berg weiter das Gymnasium besuchen. 1903 fiel er bei der Matura durch, was in Verbindung mit einer unglücklichen Liebe beinahe zu einem Selbstmordversuch führte. Ein Jahr später bestand er die Prüfung und wurde vorerst unbesoldeter Verwaltungsangestellter in der niederösterreichischen Statthalterei. Nach einem Jahr erhielt er ein monatliches Gehalt von 600 Kronen. Dank einer Erbschaft konnte er ab 1906 als Privatier leben und sich völlig der Musik widmen.

Bereits 1901 hatte der junge Mann, ohne eine besondere Vorbildung zu besitzen, zu komponieren begonnen. Berg bekannte, dass er sich „überhaupt nie mit Selbststudium befasst, sondern nur stimmungshaft komponiert" habe. Tatsächlich nahm er ab 1904 bei Arnold Schönberg (→ siehe dort) theoretischen Unterricht. Schönberg blieb ein Leben lang sein väterlicher Freund, der ihn auch zur Instrumentalkomposition anregte. Allerdings kann man Berg nicht als einen reinen Zwölftöner bezeichnen, er war vielmehr ein spätromantischer Komponist von großer Expressivität, aber auch Schwermut. 1911 beendete Berg die Ausbildung bei Schönberg. Ein Jahr später heiratete er Helene Nahowski, die er bereits seit 1907 kannte. Sie war vermutlich eine illegitime Tochter von Kaiser Franz Joseph I., zumindest wurde dies von vielen Zeitgenossen als allgemein bekannte Tatsache anerkannt. Das Ehepaar blieb kinderlos. 1915 wurde Berg zum Kriegsdienst eingezogen. Er erlitt einen Zusammenbruch und wurde schließlich zur Dienstleistung in das Kriegsministerium abgestellt.

Den Plan, Büchners *Woyzeck* zu vertonen, hatte Berg schon früher und traumatisierende Kriegserlebnisse, die der Komponist in das Werk einfließen ließ, gaben schließlich den endgültigen Ausschlag zu einer Vertonung des Stückes. 1924 gelangten Teile des *Woyzeck* in Frankfurt zur Uraufführung und wurden ein großartiger Erfolg.

1925 wurde die komplette Oper in Berlin aufgeführt. Bergs zweite Oper *Lulu* erwuchs aus seiner geheimen Liebe zu der Prager Industriellengattin Hanna Fuchs-Robetin. Anklänge an das Werk fanden sich bereits in der *Lyrischen Suite für Streichquartett* (1925/1926). Als seine Musik von den Nationalsozialisten als „entartet" abqualifiziert wurde, stellte Berg die Arbeit an *Lulu* ein. Anhand von Skizzen vollendete Friedrich Cerha Bergs Oper. Die dreiaktige Fassung von Cerha wurde 1979 in Paris uraufgeführt. Beide Opern von Berg sind zentrale Werke des musikalischen Expressionismus.

1932 erwarb Berg ein Haus am Wörthersee, wo er sich von da an den Großteil seiner Zeit aufhielt. Infolge der Aufführungsbeschränkungen geriet der Komponist in finanzielle Probleme. 1935 schrieb er noch das Violinkonzert *Dem Andenken eines Engels*, dessen Auslöser der Tod von Manon Gropius, der Tochter von Alma Mahler-Werfels und dem Architekten Walter Gropius war. Wenige Monate nach Fertigstellung dieses Violinkonzerts starb Berg an einer Blutvergiftung infolge eines Abszesses. Er hinterließ ein schmales und doch sehr bedeutsames Werk. Helene

Berg, die erst 40 Jahre nach ihrem Mann verstarb, erwarb sich große Verdienste um die Förderung seines Werkes. 1968 gründete sie die *Alban Berg-Stiftung*, die Stipendien für Musikstudenten vergibt. Das beste Porträt von Berg schuf sein Komponistenkollege Arnold Schönberg.

Werke u. a.:

Fünf Orchesterlieder nach Ansichtskarten von Peter Altenberg (1912), Drei Orchesterstücke (1914/15), Wozzeck (1914–1925), Kammerkonzert für Klavier und Geige mit 13 Bläsern (1923/25, Lyrische Suite für Streichquartett (1925/26), Lulu (1925–1935), Violinkonzert „Dem Andenken eines Engels" (1935).

GRETE WIESENTHAL
* 9. Dezember 1885 Wien, † 22. Juni 1970 Wien

Tänzerin, Choreographin und Tanzpädagogin

Die in eine gutbürgerliche Familie hineingeborene Grete Wiesenthal wuchs in einer künstlerischen Atmosphäre auf. Ihr Vater war Maler und versuchte sich als Schriftsteller. Alle sechs Geschwister erhielten eine gute musikalische Ausbildung. Der Besuch einer Ballettaufführung in der Wiener Hofoper wurde für Grete Wiesenthal zu einem Initiationserlebnis. Danach gab es für sie nichts Höheres mehr, als das Tanzen, wie sie in ihrer Autobiographie schrieb. Sie musste und wollte unbedingt tanzen lernen. Doch der Ausbildungsstil der Ballettschule der Wiener Hofoper – sie stand damals unter der Leitung von Josef Hassreiter – entsprach so gar nicht ihren Erwartungen. Sie vermisste das Zusammenwachsen von Musik und Bewegung, stattdessen mussten die Tänzerinnen mit größter Disziplin über Stunden hinweg Figuren an der Stange einüben. Schon das kleine Mädchen lehnte diesen

Tanzstil ab, sie wünschte sich das wahrhafte Tanzen, wie sie es nannte.

Auch ihre Schwestern Elsa und Berta, die ebenfalls die Ballettschule besuchten, konnten sich in den Drill nicht einfügen. Grete Wiesenthal fand jedoch im damaligen Hofoperndirektor Gustav Mahler (→ siehe dort) einen engagierten Förderer. Zur allgemeinen Überraschung vertraute er ihr die Rolle der Fenella in Daniel Aubers Oper *Die Stumme von Portici* an, in der die junge Frau erste Triumphe feierte.

1907 verließ die Ballerina das Hofopernballett und gestaltete eigenständige Choreographien. Ihre erste Arbeit war ein Tanz nach dem Des-Dur-Walzer von Frederic Chopin. In ihren Erinnerungen beschreibt sie das Entstehen einer Choreographie als einen Schaffensvorgang, der sich völlig aus der Musik entwickelt. Jeder Tanz wurde – so beschreibt sie es poetisch – „(...) wie ein Kind geboren". Fritz Wärndorfer, einer der Gründer der Wiener Werkstätte, machte den drei Schwestern Grete, Elsa und Berta das Angebot, im legendären Kabarett *Fledermaus* aufzutreten. Sie gestalteten ein aus acht Tänzen bestehendes Programm, u. a. das *Andante con moto* aus dem G-Dur-Klavierkonzert von Beethoven, aber auch *Rosen aus dem Süden* von Johann Strauss Sohn (→ siehe dort). Dieses Gastspiel wurde ein Sensationserfolg und über Nacht lag ganz Wien den Schwestern zu Füßen. Auch die Wiener Künstlerschaft feierte die Künstlerinnen, darunter etwa die Brüder Gustav und Ernst Klimt, sowie Josef Hoffmann und Kolo Moser. Der spätere Theaterpapst Max Reinhardt bot den Schwestern Rollen in seinen Inszenierungen an, Gastspiele in Berlin und anderen deutschen Städten verbreiteten ihren Ruf in kürzester Zeit. Bereits 1912 wurde Grete Wiesenthal nach Amerika eingeladen, zahlreiche weitere Gasttourneen folgten.

Auch das Medium Film konnte sich diesem Talent nicht verschließen.

Zwei Jahre zuvor, im Jahr 1910, hatte Grete Wiesenthal Erwin Lang, den Sohn der Frauenrechtlerin Marie Lang geheiratet. Ihr Mann war als Maler und Graphiker tätig. Im Jahr ihrer Heirat hatte sie sich von ihren Schwestern getrennt und trat von da an ganz allein auf. Die drei Schwestern Elsa, Berta und Marta bildeten daraufhin eine neue Tanzgruppe. Nach dem Ersten Weltkrieg eröffnete Grete Wiesenthal in Döbling eine Tanzschule, in der sie ihren Tanzstil an zahlreiche Schülerinnen und Schüler weitergab. Während ihrer Gastspielreisen ins Ausland als „Botschafterin des Wiener Walzers" wurde sie vielfach von Willy Fränzl, dem Solotänzer der Wiener Oper begleitet. Eine geplante gemeinsame Amerikatournee für 1933 scheiterte jedoch an der Dollarkrise. Ab 1934 unterrichtete Grete Wiesenthal an der *Akademie für Musik und darstellende Kunst*.

Am 8. Januar 1938 gab die legendäre österreichische Tänzerin dann zum letzten Mal vor großem Publikum in Wien eine Vorstellung. Danach widmete sie sich nur noch dem Ballettunterricht und pflegte ihre vielfältigen gesellschaftlichen Kontakte. Hin und wieder übernahm sie auch Inszenierungen. Bis ins hohe Alter hinein führte Grete Wiesenthal im dritten Bezirk einen legendären Salon, in dem die Prominenz aus Theater und Literatur verkehrte. Zu ihren Gästen und Freunden zählten Max Mell und Franz Theodor Csokor. In der NS-Zeit öffnete sie ihre Türen den vom Regime Gefährdeten, darunter etwa Benvenuto Hauptmann, dem Sohn von Gerhart Hauptmann.

Das Besondere an Grete Wiesenthals Tanzstil war, dass er sich nicht an Vorbildern orientierte, sondern aus ihrem ganz persönlichen Erfühlen der Musik erwuchs. Sie schuf mit ihren elfenhaften, schwebenden und äußerst temperamentvollen Choreographien einen eigenen, unverwechselbaren Stil. Vor allem die Leidenschaft des Wiener Walzers wurde zum Grundelement ihres künstlerischen Ausdrucks. Der Tanzexperte Oskar Bie erschloss das Faszinosum von Grete Wiesenthals tänzerischem Ausdruck mit den Worten: „(…) es sind Naturgefühle, denen sie Form gibt." Und in der Tat lässt sich diese Charakterisierung einer menschlichen Ursehnsucht auch ganz wörtlich verstehen, denn Grete Wiesenthal und ihre Schwestern liebten es, in der Natur zu tanzen. Sie schufen so eine symbiotische Vereinigung von Wiener Walzermelodien mit der hügeligen Landschaft der Voralpen. So verwundert es auch nicht, dass die Tänzerin die klassischen Ballettkostüme ablehnte und stattdessen in fließenden weichen Gewändern, die dem Kunstkanon der Wiener Moderne entsprachen, auftrat. Ihr freier Tanzstil war zugleich Ausdruck einer neuen Körperlichkeit, die aus der veränderten Rolle der Frau in der Gesellschaft resultierte.

Die dichterischen Heroen der Zeit wie etwa Altenberg, Friedell und Hofmannsthal schrieben schwärmerisch über die Muse des modernen Tanzes. Alfred Polgar sah in ihr „(…) eine Frau von vollkommenem, durch Zeit und vieles Schicksal überschleiertem Liebreiz, ein Ausnahmemensch. (…) Nichts hat ihr das diebische Leben weggenommen von der Gabe, Gott und den Menschen angenehm zu sein." Reinhold Schneider, der in den 1950er Jahren Gast in ihrem Salon war, nannte sie verzückt einen „Schmetterling über der Tiefe" und schuf mit dieser Metapher ein kongeniales Bild ihres Tanzstils.

OSKAR KOKOSCHKA

* 1. März 1886 Pöchlarn (Niederösterreich)
† 22. Februar 1980 Montreux

Maler und Schriftsteller

Der Sohn eines Prager Goldschmieds und einer steirischen Förstertochter konnte nur mit einem Stipendium
aus dem Legat der Schwestern Fröhlich, jener legendären
Freundinnen von Franz Grillparzer, eine 1905 beginnen-
de, vierjährige Ausbildung an der Kunstgewerbeschule
(heute *Akademie für angewandte Kunst*) absolvieren. Jedoch
entsprach die Akademie nicht seinen künstlerischen Erwartungen, da er den im frühen 20. Jahrhundert an der
Akademie herrschenden Jugendstil ablehnte. Statt der
ästhetischen Dimension wollte Kokoschka ihre expres-
sive Qualität in den Fokus der Betrachtung rücken und
bediente sich hierzu beispielsweise kräftiger Farben.
Doch der junge Mann, der sowohl zeichnerisch als auch
schriftstellerisch begabt war, wurde von den Zeitgenossen
nicht verstanden. Sein Theaterstück *Mörder, Hoffnung der
Frauen* erfuhr vernichtende Kritiken. Ähnlich schlecht
wurden seine anderen Dramen, darunter etwa *Hiob*, *Der
brennende Dornbusch* oder *Orpheus und Eurydike* rezensiert.
Seine Bilder, die er 1911 anlässlich einer Ausstellung des
Hagenbundes präsentierte, wurden abgelehnt, er selbst
als „Wildling" abqualifiziert.

Von Wien zurückgewiesen, ging er für einige Monate
nach Berlin, wo er in der *Sturm*-Gruppe um Herwarth
Walden zu einem gefragten Porträtisten wurde. 1911
kehrte er nach Wien zurück, wo er der um sechs Jahre
älteren Alma Mahler, Witwe des Hofoperndirektors Gustav Mahler (→ siehe dort) begegnete. Diese stürmisch-
leidenschaftliche Beziehung endete desaströs: Kokoschka

wollte Alma unwiderruflich an sich binden, während sie, die lieber die Rolle der Geliebten und Muse großer Männer inne hatte, an einer Ehe nicht interessiert war. Unter dem Einfluss dieser Affäre schuf Kokoschka das Bild *Windsbraut*. Verzweifelt wegen Almas Zurückweisung und empört, weil sie ohne sein Wissen ein Kind von ihm abtreiben ließ, meldete sich Kokoschka bei Ausbruch des Ersten Weltkrieges freiwillig zur Armee. Wenig später wurde er in Galizien lebensgefährlich am Kopf verwundet. Seine Genesung dauerte Monate.

1917 ging er nach Dresden, wo er zwei Jahre später eine Professur an der *Akademie der bildenden Künste* erhielt. Noch lange litt er unter den Folgen der im Krieg zugezogenen Kopfverletzung an Gedächtnisstörungen und wurde nur schwer mit dem Verlust seiner großen Liebe Alma fertig. Als Kompensation des erfahrenen Verlustes ließ er sich von einer Münchner Puppenmacherin eine möglichst lebensgetreue Puppe von Alma Mahler anfertigen, die er als Modell benutzte. Dieses fügsame Werkzeug nannte er die „stille Frau".

In Dresden entstanden zahlreichen Panoramaansichten der Stadt und Porträts seiner Freunde.

1923 begab sich der Maler auf eine ausgedehnte Reise nach Nordafrika und in den Vorderen Orient, wo er, begeistert von den exotischen Landschaften, in erster Linie die für den Orient charakteristische sinnlich-romantische Stimmung auf der Leinwand festhielt. In den 1930er Jahren konnte er im nationalsozialistischen Deutschland nicht bleiben, da seine Werke als „entartete Kunst" eingestuft wurden und man im Zuge dessen 417 Arbeiten von ihm aus öffentlichen Sammlungen entfernen ließ. In Wien blieb er bis 1934, dem Todesjahr seiner Mutter. Dann siedelte er nach Prag über, wo er die junge Jurastudentin Olda Palkovská, kennen lernte, mit der er 1938 nach England emigrierte. Die Exiljahre waren äußerst schwierig, denn das Paar musste ein sehr ärmliches Leben führen und sogar an der Farbe für Kokoschkas Malleidenschaft sparen. Die in das Jahr 1941 fallende Hochzeit mit Olda wurde im kleinsten Kreis in einem Luftschutzkeller vollzogen, auch konnten sich die Eheleute keine Hochzeitsreise, sondern lediglich einen Kinobesuch leisten.

Nach dem Krieg hoffte Kokoschka auf eine Einladung zur Rückkehr nach Österreich, doch diese blieb aus. Verstimmt nahm er 1947 die britische Staatsbürgerschaft an. In den 1950 erJahren erwarb er ein Grundstück und ließ in Villeneuve nahe Lausanne ein Haus erbauen, in dem er bis zu seinem Tod lebte. Nach Österreich kam er ab 1953 immer nur auf die Einladung seines Freundes, des Galeristen und Verlegers Friedrich Welz, um in Salzburg zehn Jahre lang in der so genannten *Schule des Sehens* Studenten zu unterrichten. Den Rest des Jahres zeichnete und malte Kokoschka in seinem Schweizer Refugium in Villeneuve. Mit neuen Einflüssen in der Malerei wie der abstrakten Kunst setzte er sich dabei nicht auseinander. Der Verkaufswert seiner Bilder war ab Mitte der 50er Jahre beachtlich gestiegen. So brachte beispielsweise 1961 die Versteigerung eines Porträts von Walden bei Sotheby eine stattliche Summe von 1,75 Millionen Schilling ein. Kokoschka erhielt darüber hinaus immer wieder Porträtaufträge, darunter etwa ein Bild von Konrad Adenauer oder Theodor Heuss. In diesen Jahren begann er auch seine Memoiren zu schreiben.

1974 gelang es dem damaligen Bundeskanzler Bruno Kreisky (→ siehe dort) durch einen Trick, Kokoschka neuerlich die österreichische Staatsbürgerschaft zu verleihen: Da dafür ein fester Wohnsitz in Österreich erforderlich war, meldete er den Künstler als Untermieter in seiner Villa an. Kokoschka starb 1980 in Montreux und wurde auf dem Friedhof von Clarens beigesetzt. Große Ausstellungen seiner Werke fanden 1971 im *Belvedere* in Wien und 1991 im *Kunstforum* statt. Anlässlich seines 100. Geburtstags wurden in großen Retrospektiven in der Londoner *Tate* und im *Kunsthaus Zürich* die bedeutendsten Bilder von Kokoschka gezeigt.

Kokoschka, im Wien des Jugendstils als Expressionist ein Außenseiter, provozierte seine Umgebung zu heftigen Reaktionen. In den Porträts kehrte er die innere Befindlichkeit, die Seele der Dargestellten nach außen. Seine frühen Arbeiten sind dunkel und magisch, wie etwa das Stillleben mit Hammel und Hyazinthe, das Alterswerk hingegen erblüht in leuchtenden, fast frühlingshaften Farben.

KARL RITTER VON FRISCH

* 20. November 1886 Wien, † 12. Juni 1982 München

Zoologe

Der jüngste von vier Söhnen des Chirurgen und Urologen Anton Ritter von Frisch studierte in Wien bei Hans Leo Přibram und in München Medizin, wandte sich jedoch bald der Biologie zu. Nach dem Studienabschluss und der anschließenden Dissertation über den *Farbwechsel der Fische* ging er 1910 als Assistent zu Professor Hertwig nach München, wo er sich zwei Jahre später für Zoologie und vergleichende Anatomie habilitierte. Während des Ersten Weltkrieges war er am Rudolfiner Krankenhaus als Arzt und Bakteriologe tätig.

Nach Kriegsende kehrte er nach München zurück und wurde außerordentlicher Professor. 1921 folgte er einem Ruf als Ordinarius für Zoologie an die Universität

Rostock, zwei Jahre später lehrte er an der Universität Breslau. 1925 kehrte er nach München zurück, wo er mit Unterstützung der *Rockefeller Foundation* ein zoologisches Institut aufbaute. Während des Dritten Reiches war es für Frisch äußerst schwierig, seine Position zu behalten, da er eine jüdische Großmutter hatte und nicht mit den Nationalsozialisten kooperierte. Überdies setzte er sich für in Dachau inhaftierte Kollegen ein. Als sich der Zoologe mit Untersuchungen zur Steigerung der Honigproduktion befasste, drohte ihm von Seiten der Nationalsozialisten keine Gefahr mehr, denn seine Studien waren ernährungspolitisch von großer Bedeutung. Während des Krieges erforschte er außerdem, wie die Verständigung bei Fischen funktionierte, wobei ihm der später weltbekannte Zoologe Hans Hass ein wichtiger Gesprächspartner war.

Nach Zerstörung des Münchner Instituts durch Bombenangriffe ging Frisch 1946 nach Graz. Als in München ein neues Institut eröffnet wurde, kehrte er jedoch wieder an seine alte Forschungsstätte zurück. 1958 erfolgte seine Emeritierung. Er setzte jedoch seine Forschungen fort und auch seine Schüler wirkten in seinem Sinne weiter.

So entdeckte Frisch, dass Fische über ein Gehör verfügen und wies nach, dass sie Farben sehen können.

Von größerer Bedeutung waren seine Forschungen zu den Honigbienen: Er fand heraus, dass Bienen verschiedene Pflanzen an ihrem Geruch erkennen. Zwar verfügen Bienen bei den Farben Rot und Schwarz über keinen guten Sehsinn, die übrigen Spektralfarben sehen sie jedoch sehr gut. Darüber hinaus haben Bienen ein interessantes Orientierungsvermögen: Sie können drei Himmelsrichtungen erkennen, wobei sie sich der Sonne, des Erdmagnetfeldes und der Polarisationsmuster des blauen Himmels bedienen. Diese Fähigkeit ermöglicht es ihnen, einen guten Futterplatz stets wieder zu finden. Schließlich sind sie in der Lage, einen entdeckten Futterplatz anderen Bienen durch den sogenannten *Schwänzeltanz* mitzuteilen, was vor allem dann funktioniert, wenn der Futterplatz etwas weiter entfernt ist.

1973 erhielt Frisch gemeinsam mit Konrad Lorenz (→ siehe dort) und Nikolaas Tinbergen den Nobelpreis für Medizin. Der Zoologe starb 1982 im Alter von 96 hochbetagt in München.

Auswahlbibliographie von Frischs Werken:

Aus dem Leben der Bienen (1927), Du und das Leben – eine moderne Biologie für Jedermann (1936), Das kleine Insektenbuch (1961), Tanzsprache und Orientierung der Bienen (1965), Tiere als Baumeister (1974), Zwölf kleine Hausgenossen (1976).

Erwin Rudolf Josef Alexander Schrödinger

* 12. August 1887 Wien, † 4. Januar 1961 Wien

Physiker

Erwin Schrödinger, Sohn eines Wachstuchfabrikanten und Botanikers, studierte nach dem Besuch des Akademischen Gymnasiums Mathematik und Physik in Wien. Seine prägenden Lehrer waren der Experimentalphysiker Franz-Serafin Exner und der theoretische Physiker Friedrich Hasenöhrl. 1910 promovierte er mit einer Studie über *Die Leitung der Elektrizität an der Oberfläche von Isolatoren bei feuchter Luft.* Er arbeitete vier Jahre als Assistent von Exner und leitete das physikalische Praktikum. Bereits im Jahr 1914 wurde er habilitiert.

Im Ersten Weltkrieg rückte er als Offizier zur Festungsartillerie ein. Ab 1916 begann er sich intensiv mit Einsteins

Relativitätstheorie zu beschäftigen. Nach Kriegsende verbrachte er eine kurze Zeitspanne in Jena, ein Semester lehrte er als außerordentlicher Professor in Stuttgart und erhielt anschließend eine Professur für Theoretische Physik in Breslau. 1921 folgte er einem Ruf an die Universität Zürich an den Lehrstuhl für Theoretische Physik, den vor ihm Albert Einstein innehatte. Hier verfasste er seine berühmten Arbeiten über Wellenmechanik (*Quantisierung als Eigenwertproblem*), die einen wesentlichen Beitrag zur Quantenmechanik darstellen. In seinen Untersuchungen versuchte Schrödinger die Quantenbedingungen mit den Begriffen und Methoden der klassischen Physik zu beschreiben. Die nach ihm benannte *Schröder-Gleichung* formuliert den Zustand eines quantenmechanischen Systems. Hierdurch wies er – unabhängig von Wolfgang Pauli – die mathematische Äquivalenz von Wellenmechanik und Matrizenmechanik nach und wurde zu einem der Begründer der Quantenmechanik. Seine Theorien ließen sich jedoch nicht unbeschränkt aufrechterhalten. Er selbst äußerte grundsätzliche Bedenken gegen die Vorstellung so genannter „Quantensprünge", d. h. portionsweiser Abgabe von Energie anstatt kontinuierlicher Emission, wie es die klassische Physik vermutet hatte. Der Terminus „Quantensprung" hat mittlerweile in die Alltagssprache Eingang gefunden, wenngleich die umgangssprachliche Bedeutung mit der Ursprungsbedeutung des physikalischen Begriffs nichts gemein hat.

1927 folgte Schrödinger einem Ruf an die *Friedrich-Wilhelms-Universität* nach Berlin, wo er als Nachfolger von Max Planck lehrte. Dort arbeitete er u. a. mit Victor Weisskopf zusammen. Als entschiedener Gegner des Nationalsozialismus verließ der Physiker Deutschland im November 1933 und ging nach Oxford an das *Magdalen College*. Im selben Jahr erhielt er gemeinsam mit Paul Dirac den Nobelpreis für Physik für seine Forschungen zur Wellenmechanik. 1936 wurde ihm ein Lehrstuhl für Physik in Graz angeboten, doch nach dem *Anschluss Österreichs* an das Dritte Reich wurde Schrödinger sofort entlassen. Auf abenteuerlichen Wegen gelang ihm die Flucht nach Irland. In Dublin lehrte er als Direktor der *School for Theoretical Physics*. Erst im Jahr 1956 kehrte Schrödinger nach Österreich zurück, wo er eine Lehrtätigkeit am Institut für Theoretische Physik der Universität Wien aufnahm. In darauffolgenden Jahren nahm Schrödinger häufig an den sommerlichen Hochschulwochen im Tiroler Alpbach teil und verbrachte, da es ihm in dem beschaulichen Dorf gefiel, seine letzten Lebensjahre dort. Der Physik-Nobelpreisträger verstarb am 4. Januar 1961 in Wien an Tuberkulose und wurde in Alpbach beigesetzt.

Unter den zahlreichen Ehrungen durch die Welt der Wissenschaft ist besonders der seit 1956 nach Schrödinger benannte *Preis der Österreichischen Akademie der Wissenschaften* hervorzuheben. Zwischen 1983 und 2002 zierte sein Porträt zudem den 1000-Schilling-Schein und schließlich wurde sogar ein Mondkrater nach dem Physiker benannt.

Auswahlbibliographie von Schrödingers Werken:

Was ist Leben? - Die lebende Zelle mit den Augen des Physikers betrachtet (1944), Die Wellenmechanik (1963), Mein Leben, meine Weltsicht (1985).

LUDWIG WITTGENSTEIN

* 26. April 1889 Wien, † 29. April 1951 Cambridge

Philosoph

Die Wittgensteins waren eine reiche, assimilierte jüdische Industriellenfamilie, die in der Gründerzeit zu den erfolgreichsten Stahlindustriellen gehörte. Ursprüngliche stammte sie aus Westfalen und hatte als Familiennamen den Namen der Region – „Wittgensteiner Land" – angenommen. Die Eltern von Ludwig Wittgenstein führten in Wien ein offenes Haus, in dem viele Künstler, vor allem Musiker wie Brahms, Mahler (→ siehe dort) und Richard Strauss verkehrten. Wittgensteins Mutter war ihrerseits eine hervorragende Pianistin. Ludwig war das jüngste von insgesamt acht überlebenden Kindern, eine Tochter, Dora mit Namen, starb noch als Baby.

Wittgensteins Geschwister waren alle hochbegabt und äußerst sensibel. Drei seiner Brüder begingen in jungen Jahren Selbstmord. Ludwig spielte Klarinette, sein älterer Bruder Paul war Klaviersolist. Als dieser im Ersten Weltkrieg den rechten Arm verlor, setzte er seine Karriere mit einer Hand fort und spielte grandios Werke, die nur für die linke Hand komponiert wurden. Zahlreiche der großen zeitgenössischen Komponisten schufen in Wittgensteins Auftrag speziell Werke für die linke Hand, u. a. Britten, Hindemith, Korngold, Ravel, Franz Schmidt und Richard Strauss.

Ludwig, der kein gutes Verhältnis zu seinem Bruder Paul hatte, zeigte ebenfalls eine depressive Neigung und war im zwischenmenschlichen Umgang eher schroff und rechthaberisch. Nach dem Besuch der Realschule in Linz immatrikulierte sich Ludwig Wittgenstein an der *Technischen Hochschule Charlottenburg*. Er beschäftigte sich mit flugtechnischen Fragen, widmete aber schon damals viel Zeit der Philosophie. Als Ingenieur ging er 1908 nach Manchester und versuchte einen Flugzeugmotor zu bauen, ein Unterfangen, das er jedoch bald aufgab. Daher begann er 1911 am *Trinity College* in Cambridge Philosophie zu studieren, wo er sich intensiv mit den Schriften von Bertrand Russel auseinandersetzte. Nach anfänglichen Bedenken hielt ihn dieser für ein Genie und unterstützte Wittgensteins Aufnahme in die elitäre Gesellschaft der *Cambridge Apostles*. Dort traf Wittgenstein auch seinen damaligen Lebenspartner David Pinsent. Gemeinsam bezogen sie ein Haus in Norwegen, wo Wittgenstein seit 1912 am *Tractatus Logico-Philosophicus* arbeitete. Im Ersten Weltkrieg rückte er freiwillig ein. 1918 war sein *Tractatus* vollendet, erschien jedoch erst 1922. Es war das einzige zu seinen Lebzeiten veröffentlichte Werk.

Vom Grundsatz „Alle Philosophie ist Sprachkritik" ausgehend, ist gemäß dem *Tractatus* das Ziel der Philosophie die Unterscheidung von sinnvollen und sinnlosen Sätzen. Für Wittgenstein zerfällt die Wirklichkeit in Dinge, die einen Namen in unserer Sprache haben. Bedeutung erhalten die einzelnen Namen durch ihr Zusammenstehen im Satz. Wenn die Dinge einen anderen Sachverhalt bilden, als im Satz angegeben, ist der Satz falsch. Sinnlos sind Sätze, denen ein Sachverhalt in der Wirklichkeit nicht entspricht, etwa Tautologien oder Kontradiktionen. Hieraus erklärt sich Wittgensteins Aussage: „Die Grenzen meiner Sprache bedeuten die Grenzen meiner Welt." Der vielzitierte Schlusssatz seines *Tractatus* lautet: „Was sich überhaupt sagen lässt, lässt sich klar sagen; und wovon man nicht reden kann, darüber muss man schweigen."

Nach Veröffentlichung seines Hauptwerks entschloss sich Wittgenstein, Lehrer zu werden und absolvierte eine einjährige Ausbildung zum Volksschullehrer. Er wollte keinen Anteil von dem großen Vermögen seiner Familie; stattdessen spendete er einen Teil an Künstler wie Georg Trakl, Rainer Maria Rilke oder Adolf Loos (→ siehe dort). Bis 1926 unterrichtete er an einigen dörflichen Volksschulen – allerdings mit mäßigem Erfolg, denn es kam immer wieder zu Spannungen mit den Eltern. Als er einmal einen elfjährigen Schüler schlug, reichte er selbst sein Entlassungsgesuch ein.

Zwischen 1926 und 1928 baute Wittgenstein mit Hilfe des Architekten Paul Engelmann, einem Schüler von Adolf Loos, im dritten Bezirk ein elegantes Stadtpalais für seine Schwester Margarethe, von der ein legendäres Porträt von Gustav Klimt (→ siehe dort) erhalten ist. Sie selbst mochte das Porträt nicht. Das asketisch moderne Haus, für dessen Inneneinrichtung vor allem der Philosoph verantwortlich zeichnete, steht, inzwischen teils verändert, unter Denkmalschutz.

Nur kurz verkehrte Wittgenstein bei den Philosophen des *Wiener Kreises*, denn 1929 kehrte er nach Cambridge zurück, um sich ausschließlich philosophischen Problemen zu widmen. Er erhielt einen Lehrauftrag und wurde 1939 Ordinarius. 1947 emeritierte er. In Cambridge hielt er zahlreiche Vorlesungen, die in seiner Werkausgabe gesammelt ediert wurden.

Während des Zweiten Weltkrieges war Wittgenstein als Pfleger in einem Hospital tätig und entwarf Geräte für die kontinuierliche Messung von Puls, Blutdruck und Atemfrequenz. Nach seiner Emeritierung lebte er eine Zeit lang in Irland. 1951 starb er in Cambridge an Krebs.

Wittgensteins Denken wurde nur allmählich rezipiert. Eine wichtige Inspirationsquelle wurde er für Ingeborg Bachmann (→ siehe dort), die schrieb: „Wir müssen wahre Sätze finden."

EGON SCHIELE

* 12. Juni 1890 Tulln an der Donau, † 31. Oktober 1918 Wien

Maler

Egon Schiele, das jüngste von vier Kindern, war der Sohn des Tullner Bahnhofsvorstandes; seine Mutter stammte aus dem südböhmischen Krumau. Von seinen drei älteren Schwestern starb die älteste bereits mit zehn Jahren, seine Schwester Gertrude heiratete später Anton Peschka, der ebenfalls Künstler und ein Freund Schieles war.

Schiele besuchte das Realgymnasium in Krems und das Gymnasium in Klosterneuburg, wo man seine außerordentliche künstlerische Begabung entdeckte und förderte. Als Schiele 14 Jahre alt war, starb sein Vater an Syphilis. Seine Mutter heiratete ihren Schwager Leopold Czihaczek, der Schieles Vormund wurde und das Talent des jungen Mannes als großer Kunstliebhaber in hohem Maß förderte. So wurde Schiele bereits mit 16 Jahren an der *Akademie für bildende Künste* in Wien in die Klasse des Malers Professor Christian Griepenkerl aufgenommen. Doch der traditionelle Unterrichtsstil missfiel ihm sehr und nach zwei Jahren verließ er die Akademie ohne formellen Abschluss. Mit Studienkollegen gründete er die *Neukunstgruppe*.

1907 wurde Schiele mit Klimt (→ siehe dort) bekannt, der anfangs großen Einfluss auf ihn ausübte. Ein Jahr später beteiligte sich Schiele erstmals an einer Gruppenausstellung im Kaisersaal des Stiftes *Klosterneuburg*. 1909 erzielte er erste Erfolge als Maler, er lernte Kokoschka kennen (→ siehe dort) und vor allem Arthur Roessler – damals Kunstkritiker der Arbeiter-Zeitung –, der ihn an vermögende Kunstfreunde wie Carl Reininghaus oder Oskar Reichel vermittelte. Dadurch verdiente Schiele schon sehr früh äußerst gut. Er erhielt Porträtaufträge, die ihn in der Kunstszene rasch bekannt machten.

1911 verließ Schiele mit seiner Freundin Wally Neuzil, die ihm auch oft Modell stand, die turbulente Großstadt Wien und ließ sich in Krumau, der Geburtsstadt seiner Mutter, nieder. In dieser Phase entstand eine ganze Reihe von Stadtansichten. Doch auch in Krumau blieb Schiele nicht lange. Der Bevölkerung missfiel der Lebenswandel, den Schiele als unverheirateter Mann führte, und sie nahm Anstoß daran, dass der Maler in seinem Atelier oft Besuche von Kindern erhielt, die seine bevorzugten Modelle waren. Daher zog er mit Wally nach Neulengbach, aber auch hier erregte er Anstoß. Er wurde sogar wegen angeblichen sexuellen Missbrauchs von Minderjährigen angezeigt. Diese Vorwürfe erwiesen sich als falsch, doch wegen unsittlicher Zeichnungen musste er 24 Tage im Gemeindekotter einsitzen, dessen karges Interieur er malerisch festhielt.

1912 kehrte er wieder nach Wien zurück und konnte trotz seines schlechten Rufes schnell wieder Anschluss an die Szene finden. Im selben Jahr mietete er ein Atelier in der Hietzinger Hauptstraße 101. Er wurde dank der Vermittlung von Klimt Mitglied im *Bund Österreichischer Künstler*, einer sehr angesehenen Vereinigung. Auch einige seiner literarischen Texte wurden in diesen Jahren veröffentlicht. 1915 leistete Schiele einen einjährigen freiwilligen Militärdienst beim *k.u.k. Infanterieregiment Nr. 75* in einer Verwaltungskanzlei. Inzwischen hatte er seine langjährige Freundin Edith Harms geheiratet, deren Eltern gegenüber von seinem Atelier eine Wohnung besaßen. 1917 wurde Schiele nach Prag versetzt und sollte in der *kaiserlich-königlichen Konsumanstalt für die Gagisten* in einer Kanzlei arbeiten. Er fühlte sich dort völlig fehlbesetzt und ersuchte um Versetzung in das Heeresmuseum. Er wollte etwas Sinnvolles tun, „[...] sodass meine Kräfte als Maler und Künstler nicht brach liegen müssen [...]". Gemeinsam mit Anton Faistauer organisierte er im Museum Ausstellungen und konnte seine eigenen malerischen Ziele weiter verfolgen. Noch im Februar 1918 hatte er in der Wiener *Secession* eine große Ausstellung, bei der er mehr als 40 Arbeiten präsentierte und die ein großer Erfolg wurde.

Im Oktober des letzten Kriegsjahres wurde Wien von einer schweren Grippewelle heimgesucht. Zuerst erkrankte Schieles Frau, die im sechsten Monat schwanger war. Sie starb nach wenigen Tagen. Schiele, der seine Frau gepflegt hatte, erkrankte ebenfalls und starb drei Tage nach ihr mit nur 28 Jahren.

Schiele wurde bald nach seinem Tod als Maler vergessen, seine Bilder waren unverkäuflich. Erst nach dem Zweiten Weltkrieg erkannte man seine große Bedeutung für die Kunstgeschichte. Es ist dem Sammler Rudolf Leopold zu verdanken, dass Schiele zu Beginn des 21. Jahrhunderts zu den weltweit teuersten Künstlern gehört. Seine Bilder erzielen bei Auktionen Millionenwerte. Vielfach wurde das Gerücht verbreitet, dass Schiele zu Lebzeiten nur wenig verkaufte und geringe Preise erzielte. Beides stimmt nicht, doch Schiele war sehr ungeschickt im Umgang mit Geld; so schnell er es verdiente, so schnell gab er es wieder aus.

Schieles Werk ist sowohl thematisch als auch in der künstlerischen Darstellung unvergleichlich. Ein zentrales Motiv seiner Bilder ist die Erotik, die kaum ein Künstler seiner Zeit so direkt darstellte. Sein kompromissloser Expressionismus, der sich kaum an Vorbildern ausrichtet, ließ ihn schon sehr früh eine scharfe Trennung von der harmonischen Ornamentik des Jugendstils vollziehen. Provozierend und demonstrativ setzte er sich mit den existentiellen Themen Leben, Liebe und Tod auseinander. Er wollte nicht an der Kunst der Gründerzeit gemessen, sondern als völlig eigenständiger Künstler wahrgenommen werden. Seine zahlreichen Selbstporträts zeichnen sich durch eine mitleidlose und scharfe Beobachtung aus, wobei Gesicht und Hände eine zentrale Rolle spielen. Schiele verfolgt eine vereinfachende, grundsätzliche Formensprache. Selbst hochsensibel, stößt er sich an den oberflächlichen Moralvorstellungen seiner Umwelt, wie er sie etwa in Krumau oder Neulengbach kennen lernte. Oft erscheint – zumindest für den Betrachter – das Hässliche und Krankhafte im Vordergrund zu stehen. Die Bilder des exzentrischen Malers lassen sich aus dem 20. Jahrhundert nicht mehr wegdenken.

Werke (kursorisch):

Selbstporträts und Porträts, Aktzeichnungen, Stadtbilder von Krumau, Stillleben, Familienbilder.

PAUL HÖRBIGER
* 29. April 1894 Budapest, † 5. März 1981 Wien

ATTILA HÖRBIGER
* 21. April 1896 Budapest, † 27. April 1987 Wien

Schauspieler

Paul und Attila Hörbiger wurden als Söhne von Hanns Hörbiger, einem Techniker, der durch das sogenannte *Hörbiger-Ventil* bekannt wurde, geboren. Ihr aus Wien stammender Vater arbeitete in den 1890er Jahren in Budapest, wo er sich auf Wärme- und Kältetechnik spezialisiert hatte. Mit seinem 1900 gegründeten Konstruktionsbüro übersiedelte Hanns Hörbiger 1903 nach Wien und ermöglichte seiner Familie durch Lizenzverkäufe seiner Erfindung ein gutes Leben. Nach dem Ersten Weltkrieg kam es jedoch zu schweren Einbußen und Hanns Hörbiger konnte die Krise nur mit großer Anstrengung überwinden. Heutzutage ist die Firma *Hoerbiger & Co*, die nun den Namen *Hoerbiger Holding* trägt, ein führender Betrieb im Bereich Kompressortechnik. Weniger ruhmreich war Hanns Hörbigers *Welteislehre*, die er aus seiner Beschäftigung mit Klimatechnik entwickelte und der sich einige Funktionäre des Dritten Reiches anschlossen.

Sowohl Paul als auch Attila Hörbiger besuchten das *Stiftsgymnasium St. Paul* im Lavanttal. Paul Hörbiger rückte im Ersten Weltkrieg freiwillig ein. 1919 begann er eine Schauspielerkarriere in Reichenberg, die ihn über das *Deutsche Theater* in Prag an Max Reinhardts (→ siehe dort) Theater in Berlin führte. Paul Hörbiger neigte eher zum leichten Fach, vor allem in seinen mehr als 250 Filmen spielte er den Typus des herzensguten und einfachen „Mannes aus dem Volk". In Hans Moser (→ siehe dort) fand er einen kongenialen Partner. Nach dem *Anschluss Österreichs* sympathisierte er zwar mit den Nationalsozialisten, verhalf aber auch jüdischen Kollegen zur Flucht in die Schweiz. 1945 wurde er verhaftet und wegen Hochverrats zum Tod verurteilt. Das Kriegsende rettete sein Leben. Nach dem Krieg nahm er seine Schauspielerkarriere wieder auf und spielte phasenweise auch am *Burgtheater*. 1980 stand er in Elias Canettis *Komödie der Eitelkeit* zum letzten Mal auf der Bühne. Sein Sohn Thomas und sein Enkel Christian Tramitz sowie seine Enkelin Mavie Hörbiger sind ebenfalls Schauspieler.

Attila Hörbigers Neigung galt ebenfalls dem Schauspiel. Erste Bühnenerfahrungen sammelte er in Wiener Neustadt. Darüber hinaus spielte er auf Provinzbühnen in Stuttgart, Bad Ischl und Reichenberg. Zwischen 1928 und 1949 war Attila Hörbiger ständiges Ensemblemitglied des *Theaters in der Josefstadt*, von 1950 bis 1975 Mitglied des

Wiener Burgtheaters. In den Jahren 1935/37 und 1947/51 verkörperte er den *Jedermann* bei den *Salzburger Festspielen*. Als 1955 das traditionsreiche *Haus am Ring* mit Grillparzers *König Ottokars Glück und Ende* wiedereröffnet wurde, spielte er dort den König Rudolf von Habsburg. Bis 1985 verkörperte er in diesem Haus zahlreiche große Rollen der Weltliteratur. Wie sein Bruder Paul wurde er schon früh von der Filmindustrie entdeckt und spielte in mehr als 50 Filmen mit. Seine Mitwirkung in dem NS-Propagandafilm *Heimkehr*, in dem er an der Seite seiner Ehefrau Paula Wessely spielte, trübte das Bild dieses großen Schauspielers jedoch nachhaltig.

Seit 1935 war Attila Hörbiger mit Paula Wessely verheiratet, die erste Schauspieltriumphe in Filmen unter der Regie von Willi Forst gefeiert hatte, darunter etwa in dem deutschen Filmklassiker *Maskerade*. Das Ehepaar hat drei Töchter: Elisabeth, die später als Künstlerin den Mädchennamen ihrer Großmutter mütterlicherseits, annahm (Orth), Christiane Hörbiger, die trotz Bedenken des Vaters Schauspielunterricht nahm und als Film- und Fernsehschauspielerin Karriere machte, sowie Maresa Hörbiger, ebenfalls Schauspielerin, die lange Zeit an deutschen Theatern auftrat und schließlich 1972 Mitglied des *Burgtheaters* wurde. Sie gründete 2003 in der Villa ihrer Eltern ein Sommertheater. Die Söhne der drei Töchter, Cornelius Obonya, Sascha Bigler und Manuel Witting, wurden in dritter Generation wieder Schauspieler oder Regisseure.

Alle Mitglieder der Familie Hörbiger hatten und haben noch immer großen Anteil am kulturellen Geschehen in Österreich und Deutschland. Als Bühnen-, Film- und Fernsehschauspieler mit einem sehr breiten Repertoire gelangten sie zu großer Popularität.

Karl Böhm

*23. August 1894 Graz, †14. August 1981 Salzburg

Dirigent

Böhms Vater, ein leidenschaftlicher Wagnerianer, war von Beruf Rechtsanwalt und Häusermakler; Böhms Mutter war ausgebildete Pianistin. Karl Böhm und seine Brüder Walter und Leopold wuchsen in einem wohlhabenden bürgerlichen Haus in der Grazer Kernstockgasse auf.

Böhm studierte in Graz Rechtswissenschaften; seine Promotion erfolgte 1919. Gleichzeitig absolvierte er eine musikalische Ausbildung bei dem Musikwissenschaftler, Komponisten und engen Freund von Johannes Brahms, Eusebius Mandyczewski.

1917 wurde Böhm Korrepetitor am Grazer Opernhaus, bald darauf erster Kapellmeister. 1921 holte ihn Bruno Walter an die Münchener Staatsoper, wo er sich eine breite Palette der Opernliteratur erarbeitete. 1927 wurde er als Generalmusikdirektor nach Darmstadt berufen, 1931 nach Hamburg. In Darmstadt eignete er sich das gesamte zeitgenössische musikalische Repertoire an. 1934 übernahm er die Leitung der Dresdner Semperoper und der Sächsischen Staatskapelle. In Dresden brachte er die Opern „Die schweigsame Frau" und „Daphne" seines Freundes Richard Strauss zur Uraufführung. „Daphne" trägt eine Widmung des Komponisten für Karl Böhm. In Dresden dirigierte er eine Reihe zeitgenössischer Werke, u.a. Opern von Gottfried von Einem. 1953 stand er am Pult der Salzburger Festspiele, als Einems Oper „Der Prozess" uraufgeführt wurde.

Mitten im Krieg übernahm er 1943 die Direktion der Wiener Staatsoper. 1945 hatte er, wie Karajan, Auftrittsverbot, wobei sich seine enge Freundschaft mit Richard

Strauss als nicht gerade förderlich für seine Entnazifizie-
rung erwies. Kommentare über seine Arbeit in Deutschland und Österreich während der NS-Zeit hat er nie abgegeben. Tief erschütterte ihn die großflächige Zerstörung
der Wiener Oper durch einen alliierten Bombenangriff
im März 1945. Nur wenig war zu retten. Böhm schrieb
dazu: „Ich habe dann noch am nächsten Tag gerettet,
was noch zu retten war: Die vorläufige Erhaltung des
ganzen Foyers und der Schwindfresken sowie fast aller
Direktionsräume ist zum größten Teil mein Werk. Wir
haben alle das Gefühl, als sei uns der Boden unter den
Füßen weggezogen worden; das letzte große Opernhaus
ist nun dahin, dahin mit ihm die ganze Opernkultur:
Warum noch leben!"

1954 wurde er wieder an die Spitze der Wiener Staatsoper berufen und leitete im Jahr der Wiedereröffnung
1955 die legendären Aufführungen von „Fidelio", der
Eröffnungspremiere, von „Don Giovanni" und von
„Wozzeck". Zwei Jahre später legte er diese Funktion
zurück, nachdem die Wiener Presse verschiedene Opern-
aufführungen und seine langen Gastspielreisen in die Vereinigten Staaten scharf kritisiert hatte. Bis zu seinem Tod
betätigte er sich nur noch als Gastdirigent. Er dirigierte
an allen großen Opernhäusern der Welt, seit 1938 bei den
Salzburger Festspielen und seit 1962 bei den Bayreuther
Festspielen. Ihrem Ehrenmitglied verliehen die Wiener
Philharmoniker den eigens für Böhm geschaffenen Titel
„Generalmusikdirektor".

Böhm, der das eigentliche Dirigentenhandwerk nie
erlernt hatte, wie er selbst immer stolz betonte, verfügte über eine unglaubliche Musikalität, die er mit einem
grundsoliden Handwerk und präzisen Vorgaben für die
Musiker verband. Böhm war wortkarg, mürrisch, zuweilen von unglaublicher Härte bei den Proben, aber kein

Blender oder Showman oder gar ein Stardirigent, sondern ein Diener am Werk. Nicht glamourös, aber unglaublich gut waren die Interpretationen der Werke seiner Lieblingskomponisten Mozart und Strauss. Böhm ist der Aufbau des legendären Wiener Mozartensembles zu danken, mit dem er Maßstab setzende Aufführungen auf Schallplatte einspielte. Mit den Berliner Philharmonikern erarbeitete er alle Mozartsymphonien, gemeinsam mit Wieland Wagner gelangen in Bayreuth legendäre Produktionen von Richard Wagners „Ring" und vom „Tristan", die auch auf Schallplatte aufgenommen wurden. Die gestrenge Literatur- und Musikjournalistin Sigrid Löffler nannte ihn „Böhm von Österreich", was durchaus einem Adelstitel gleichkam. Neben Herbert von Karajan, Georg Solti und Leonhard Bernstein erhielt Böhm die höchsten Gagen der Wiener Staatsoper.

Die Sänger schätzten Böhms Dirigat überaus, war er doch einer, der mit den Sängern „mitatmete"; Operndirektor Egon Seefehlner meinte, dass er die „richtigen Tempi im Blut" gehabt habe. Viele Sänger verdanken ihm eine nachdrückliche Förderung oder Entdeckung, wie etwa Edita Gruberova, der er die Rolle der Zerbinetta in Richard Strauss' „Ariadne" anvertraute und die damit eine Weltkarriere begann.

Unglaublichen Fleiß verrät die große Zahl der Aufnahmen seiner Diskografie. Jährlich dirigierte er bis an sein Lebensende etwa hundert Konzerte oder Opernabende, obwohl er in den letzten Jahren bereits schwer sehbehindert war und das lange Stehen am Dirigentenpult kaum durchhalten konnte. Im Grunde war Böhm monoman; er hatte nur ein Interesse, die Musik. Alles andere, Politik oder Literatur, interessierten ihn überhaupt nicht. Als seinen Antipoden könnte man Herbert von Karajan bezeichnen.

Böhm war mit der Sängerin Thea Linhard verheiratet. Aus dieser Ehe stammt sein Sohn Karlheinz, der zunächst eine Karriere als Schauspieler einschlug. Später baute er das soziale Hilfsprojekt „Menschen für Menschen" für Äthiopien auf.

RICHARD COUDENHOVE-KALERGI

* 16. November 1894 Tokio, † 27. Juli 1972 Schruns

Gründer der Paneuropa-Bewegung

Der zweite Sohn eines österreichischen Diplomaten und einer japanischen Mutter wuchs im böhmischen Ronsperg in einem von nationalen Problemen geprägten Umfeld auf. Die Familie seines Vaters hatte ihre Ursprünge in den Niederlanden und in Griechenland. Groß war der Einfluss seiner japanischen Mutter, die ihn neben der christlichen Erziehung mit dem philosophischen Denken des Fernen Ostens vertraut machte. Vom Buddhismus fühlte er sich immer angezogen. Erst 1967 besuchte er wieder das Land seiner Geburt, in dem er hoch geachtet und vielfach gefeiert wurde.

Ab 1908 besuchte er das Theresianum in Wien und studierte anschließend Geschichte und Philosophie an der Wiener Universität. Der Titel seiner Doktorarbeit lautet: „Objektivität als Grundprinzip der Moral".

Coudenhove, der nicht kriegsdiensttauglich war, heiratete gegen den Willen seiner Familie die Burgtheaterschauspielerin Ida Roland, die ihr Leben lang seine überzeugte Mitstreiterin blieb.

1923 legte der noch nicht 30-jährige sein programmatisches Grundsatzwerk „Paneuropa" vor, das schlüssig die gesamteuropäische Idee als Friedensprojekt darlegte.

Zur Durchsetzung seiner Ideen formulierte er eine klare Strategie.

Europäische Einigungsprojekte gab es schon früher, von Karl dem Großen über Napoleon bis zu Felix Fürst Schwarzenberg. Coudenhoves Argumente, die im Unterschied zu seinen „Vordenkern" einen friedlichen Einigungsprozess forderten, lauteten im Einzelnen:

• Nur Paneuropa kann eine dauernde Friedensordnung schaffen. Der Völkerbund ist dazu zu schwach.
• Ein geeintes Europa ist auch eine wirtschaftliche Notwendigkeit.
• Ein geeintes Europa kann ein Schutzschild gegen den sowjetischen Imperialismus sein.
• In einem geeinten Europa können strittige Grenz- und Minderheitenfragen besser gelöst werden.
• Paneuropa kann als Motor einer europäischen Kulturausstrahlung erfolgreich sein.
• Der technische Fortschritt der Zeit macht Paneuropa notwendig.

Weltweit konstatierte er fünf Machtsphären: die amerikanische, die britische, die sowjetrussische, die ostasiatische und die europäische. Von Anfang an betonte er die Wichtigkeit der deutsch-französischen Aussöhnung, ohne die es kein geeintes Europa geben könne. Die Rolle der Frauen in Europa definierte er so: „Die politische Mission der Frau ist der Friede."

Ein Jahr nach Veröffentlichung seiner Schrift gründete er die Zeitschrift „Paneuropa" und einen Verlag, um seinen Ideen Breitenwirkung zu verschaffen. Er selbst vertrat seine Thesen brillant und Begeisterung erweckend, sein Organisationstalent ließ allerdings zu wünschen übrig.

In der Zwischenkriegszeit fand Coudenhove durchaus gewichtige und prominente Unterstützer, etwa Louis Nathaniel Rothschild, den Chef des Wiener Bankhauses; auch der Hamburger Bankier Max Warburg konnte einer europäischen Friedensidee viel abgewinnen. Politiker wie der Franzose Aristide Briand oder der deutsche Gustav Stresemann und der italienische Außenminister Carlo Graf Sforza traten für die Ideen von Coudenhove-Kalergi ein. Zahlreiche Intellektuelle wie Albert Einstein, Jules Romain, Heinrich Mann, Paul Claudel, Sigmund Freud oder Richard Strauss unterstützten sein Projekt. Doch der frühe Tod von Stresemann, das Erstarken der rechten Parteien in Europa und der Ausbruch der Weltwirtschaftskrise machten alles zunichte.

Nach 1933 übersiedelte Coudenhove nach Wien, nachdem in Berlin seine Bücher verbrannt worden waren. In Wien konnte er sowohl Engelbert Dollfuß als auch Kurt Schuschnigg zu seinen Unterstützern zählen. Westeuropa glaubte jedoch nicht mehr an die Paneuropa-Idee. Großbritannien setzte eher auf Appeasement, und die Italiener spielten lieber die deutsche Karte.

Nach der Okkupation Österreichs durch die Nationalsozialisten musste Coudenhove-Kalergi fluchtartig das Land verlassen und begab sich auf abenteuerlichen Wegen in die Schweiz, wo er in Gstaad ein Haus besaß. 1940 emigrierte er mit seiner Frau nach Amerika, wo man seine Ideen aber völlig ablehnte.

Das Archiv der Paneuropa-Bewegung verbrachten die Nazis nach Berlin, dort eroberten es 1945 die einrückenden sowjetischen Truppen und brachten es nach Moskau, wo es noch immer verwahrt wird.

Unmittelbar nach dem Zweiten Weltkrieg interessierte sich in Europa niemand für Coudenhoves Ideen. Die beiden Supermächte Amerika und Sowjetunion dominierten alles. Erst nach der Gleichschaltung Osteuropas durch die Sowjetunion – ein Szenario, das Coudenhove in einer 1931 veröffentlichten Broschüre mit dem Titel „Stalin & Co" in etwa vorausgesehen hatte – griff man wieder den europäischen Gedanken auf.

Winston Churchill forderte schon 1946 eine Auferstehung Europas. In der Folge kam es zu mehreren Kongressen und Außenministerkonferenzen, die der europäischen Idee zum Durchbruch verhalfen. Die treibenden Politiker dahinter waren Robert Schuman, Alcide de Gasperi und Konrad Adenauer. Coudenhove-Kalergi, der nie ein öffentliches Amt bekleidet hatte, hatte keinen Anteil mehr an dieser Entwicklung; eine jüngere Generation hatte die Fackel übernommen. 1950 wurde er in Aachen mit dem Karlspreis geehrt. Obwohl mehrmals für den Nobelpreis vorgeschlagen, hat er ihn nie erhalten.

Werke:

Paneuropa (1923), Praktischer Idealismus (1925), Kampf um Paneuropa (3 Bde., 1925–1928), Die europäische Nation (1963), Ein Leben für Europa. Lebenserinnerungen (1966), Weltmacht Europa (1971).

HANS LIST

* 30. April 1896 Graz, † 10. September 1996 Graz

Techniker und Erfinder

Der weltweit bekannte österreichische Techniker und Erfinder Hans List wurde in eine wohlhabende Familie geboren. Sein aus Wien stammender Großvater war um die Mitte des 19. Jahrhunderts nach Graz übersiedelt und errichtete das damals größte Hotel der Stadt, das „Elefant", samt einem Wohnhaus für die Familie. Da sich keines seiner drei Kinder für das Hotelgeschäft interessierte, wurde der Betrieb 1900 verkauft.

Es war viel mehr die Technik, die seine Kinder faszinierte. Hans Lists Vater Hugo durchschritt eine Berufslaufbahn vom Bankangestellten zum Eisenbahnunternehmer und schließlich zum Direktor des Steirischen Landes-Eisenbahnbauamtes.

Hans List experimentierte schon als Mittelschüler in der väterlichen Villa mit Verbrennungsmotoren. Sein Studium und seine Berufslaufbahn waren klar vorgezeichnet: Die Technik und ihre Anwendungsbereiche, d.h. immer der praxisbezogene Umgang mit neuesten Erkenntnissen, bestimmten sein an Arbeit und Erfolgen reiches Leben.

1914 rückte er nach nur einem Semester Studium mit eigenem Pferd zur k. u. k. schweren Feldartillerie ein. Aus dem Krieg heimgekehrt, schloss er 1920 sein Technikstudium ab und begann als Konstrukteur in der Grazer Waggon- und Maschinenfabrik im Bereich Dieselmotoren zu arbeiten. Damals setzte sich bei Dieselmotoren eine neue Technik durch, und zwar das Verfahren des schwedischen Konstrukteurs Hesselmann, das die Direkteinspritzung verwendete. 1924 stellte List seine Dissertation „Die Regulierung von Dieselmotoren" fertig.

In den armen Nachkriegsjahren stand es im klein gewordenen Österreich mit den Chancen für junge Techniker nicht zum Besten. List sah sich nach Erwerbsmöglichkeiten um und fand in einem deutschen Fachblatt einen Hinweis auf gute Chancen in China. Im Oktober 1926 reiste List mit seiner Frau nach China, wo er eine Dozentur für Maschinenbau an der Tongji Universität in Woosung nahe Shanghai annahm. An dieser von den Deutschen gegründeten Universität lehrten die Professoren in Deutsch. List wurde Zeuge des chinesischen Bürgerkriegs und der Auseinandersetzungen zwischen den Anhängern Chiang-Kai-sheks (Nationalchinesische Volkspartei Kuomintang) und den Kommunisten unter Mao Zedong. Dazu kamen die kriegerischen Auseinandersetzungen mit Japan, das Teile des chinesischen Territoriums bereits usurpiert hatte. Daher kehrte List 1932 nach Graz zurück und übernahm dort an der Technischen Universität den Lehrstuhl für Thermodynamik und Verbrennungskraftmaschinen. In dieser Zeit widmete er sich mit seinen Mitarbeitern der Weiterentwicklung von Zweitakt- und Viertaktmotoren sowie dem Problem der Vergasung von festen Brennstoffen, was bei Österreichs Holzreichtum interessante Perspektiven eröffnete. Gleichzeitig begannen er und seine Mitarbeiter mit der Herausgabe eines 14-bändigen Standardwerks „Die Verbrennungskraftmaschine", ein Projekt, das erst 1977 abgeschlossen wurde.

1941 ging List als Nachfolger A. Nägels als Ordinarius nach Dresden, wo er sich vor allem mit der Konstruktion von Flugzeugmotoren beschäftigte. Wegen seiner technischen Leistungen wurde List, der an Politik völlig desinteressiert war, heftig von den NS-Machthabern umworben; Hirngespinsten zum Bau eines mit Wasserstoff betriebenen Flugzeugmotors – Robert Ley, der Führer der

Deutschen Arbeitsfront, fantasierte von einem solchen Projekt – erteilte er aber eine gebührende Abfuhr.

Nach dem schweren Luftangriff der Alliierten auf Dresden begab sich List 1945 ins bayerische Vilsbiburg, wo er unter amerikanischer Überwachung an Flugkolbenmotoren und Flugturbinen arbeitete. Erst 1946 konnte er nach Graz zurückkehren.

Mit Hilfe von Marshall-Plan-Geldern gründete er seine Firma „Anstalt für Verbrennungsmotoren", die sich der Forschung und Entwicklung neuer Technologien widmete. Ab 1948 gab es eine sehr erfolgreiche Kooperation mit den Jenbacher Werken; Spezialaufträge aus aller Welt für jede nur erdenkliche Art von Motoren folgten. Allein im Bereich Dieselmotoren wurden in der Folge mehr als 300 verschiedene Sonderformen entwickelt. Nach Abschluss des Staatsvertrags begann 1955 die Zusammenarbeit mit fast allen großen Automobilherstellern der Welt, auch die Kooperation mit dem Fernen Osten wurde wieder aufgenommen. Lists ehemalige Schüler aus seiner Lehrtätigkeit in China hatten ihren früheren Professor nicht vergessen.

Neben der Motorenforschung und -entwicklung profilierte sich das Unternehmen in den folgenden Jahren zusätzlich im Bereich der Messtechnik. Erfindungen wurden sofort in die Praxis umgesetzt und weltweit exportiert.

List schuf mit dem Unternehmen AVL Österreichs größte private Forschungseinrichtung, die weltweit anerkannt ist. Bis ins hohe Alter war List im Unternehmen tätig; offiziell übergab er 1979 an seinen Sohn Helmut. Für seine weit gefächerten Leistungen auf technischem Gebiet wurde List vielfach ausgezeichnet; er war Mitglied der Österreichischen Akademie der Wissenschaften und zahlreicher ausländischer Fachgesellschaften. Bis zu seinem Tod im Alter von 100 Jahren ging er täglich in die Firma und interessierte sich für alle technischen Neuerungen.

Sein Sohn Helmut führt nunmehr das um einen medizin-technischen Bereich erweiterte Unternehmen erfolgreich weiter.

FRIEDRICH AUGUST VON HAYEK

*8. Mai 1899 Wien, †23. März 1992 Freiburg im Breisgau

Ökonom und Sozialphilosoph

Hayek, der älteste von drei Söhnen des Arztes und Bo-tanikprofessors August von Hayek, stammte aus einer begüterten Familie, die entfernt verwandt mit den Witt-gensteins war, denn Ludwig Wittgenstein (→ siehe dort) war sein Großcousin. Ein Freund seiner Eltern war der bedeutende Ökonom Eugen von Böhm-Bawerk. Fried-rich August interessierte sich zunächst für Botanik und Insektenkunde, verlegte aber nach der Militärdienstleis-tung im Ersten Weltkrieg seinen Interessensschwerpunkt auf Rechtswissenschaft und Volkswirtschaftslehre. Sein Doktorvater war Friedrich von Wieser.

In seiner Jugend begeisterte er sich für die Ideen der *Fabian Society* und später für die Rathenau'sche Planwirt-schaft. Unter dem Eindruck des Buches von Ludwig von Mises *Die Gemeinwirtschaft* sagte er sich vom Sozialismus los. Regelmäßig nahm er nun an den Seminaren von Mises teil. Nach seinen Promotionen 1921 (Jura) und 1923 (Volks-wirtschaft) verblieb er im Kreis von Mises. Zwischen 1921 und 1926 arbeitete Hayek im Staatsdienst. Gemeinsam mit Mises leitete er ab 1927 das *Institut für Konjunktur-forschung*, wobei Hayek sich auf die Erforschung von Konjunkturschwankungen konzentrierte. 1929 habilitier-te er sich an der Wiener Universität als Privatdozent für Volkswirtschaftslehre und Statistik.

Zwei Jahre später wurde Hayek an die *London School of Economics* berufen, wo er sich als profilierter Gegner von John Maynard Keynes positionierte. Keynes wollte Arbeitslosigkeit und Wirtschaftskrisen durch staatliche Eingriffe bekämpfen, Hayek hingegen meinte, dass der Staat alles noch verschlimmere und trat gegen die „Anmaßung von Wissen" ein. Er kritisierte, dass eine staatliche Behörde nicht über die Informationen verfüge, die zur Steuerung der Wirtschaft nötig seien. Stattdessen forderte er den uneingeschränkten Wettbewerb und den freien Markt. Allein aus dem Zusammenspiel dieser beiden Faktoren entstünden zweckmäßige Lösungen. Für Hayek war der Mechanismus von Angebot und Nachfrage ein „Kommunikationsnetz". Für einen freien Markt forderte er eine Elastizität der Löhne. Er empfahl eine Entnationalisierung des Geldes, d.h. die Aufhebung des Monopols der nationalen Notenbanken. Hayek lehnte Sozialleistungen und Entwicklungshilfe ab. Er versuchte zu beweisen, dass sozialistische Marktordnungen, Planwirtschaft und staatliche Steuerung auf längere Sicht erfolglos sind. Die Theorien des Ökonomen hatten großen Einfluss auf die deutsche Marktwirtschaft nach dem Zweiten Weltkrieg und trugen ihm den Ruf eines der wichtigsten Denker des *Liberalismus* im 20. Jahrhundert ein.

Nach 1945 befasste sich Hayek auch mit informationstheoretischen, erkenntnistheoretischen, rechtsphilosophischen sowie psychologischen Fragestellungen. Nach dem durch den Zweiten Weltkrieg bedingten wirtschaftlichen Desaster war offenkundig, dass bisher gültige Wirtschaftstheorien versagt hatten. Daher lud Hayek 1947 eine Reihe von eher liberalen Wirtschaftsauffassungen nahe stehender Gelehrten nach Mont Pèlerin in die Schweiz zu einer „Tour d'Horizon". Hieraus ging die *Mont Pèlerin-Society* hervor, ein liberales Diskussionsforum von Intellektellen, das sich die Verteidigung von Freiheit, Rechtsstaatlichkeit und Privateigentum zum Ziel gesetzt hat. Diesem Netzwerk prominenter Wirtschafts- und Gesellschaftstheoretiker gehörten u. a. die Nobelpreisträger Gary Becker, Milton Friedman und George Stigler an.

1950 wechselte Hayek an die *University of Chicago*, 1962 folgte er einem Ruf an die Universität Freiburg im Breisgau, wo er bis 1969 lehrte. Nun befasste er sich vorwiegend mit der Frage, wie viel Ordnungsmacht dem Staat zukommt, ohne die Freiheit des Einzelnen zu beschränken. Staatliche Handlungsspielräume mussten somit einer strengen Definierung und Begrenzung unterworfen sein. Die grundsätzliche Frage schien Hayek, wie viel Herrschaft der Staat überhaupt ausüben dürfe. Eine nicht durch regulative Instanzen beschränkte Demokratie lehnte der Ökonom ebenfalls ab, denn diese tendiere zu einer totalitären Demokratie.

1974 erhielt Hayek gemeinsam mit dem Schweden Gunnar Myrdal, der gänzlich andere Wirtschaftsideen vertrat, den Nobelpreis für Wirtschaftswissenschaften. Grundsätzlich haben seine Theorien immer lebhafte Diskussionen und Kontroversen ausgelöst. Sowohl linke als auch rechte Gruppierungen lehnten immer wieder Teile seiner Erkenntnisse rigoros ab. Eine Umsetzung seiner wirtschaftlichen Vorstellungen fand teilweise in Großbritannien in der Ära Margaret Thatchers (*Thatcherism*) und in den USA unter Präsident Ronald Reagan (*Reaganomics*) statt. Ebenfalls 1974 erhielt Hayek das *Österreichische Ehrenzeichen für Wissenschaft und Kunst*, 1977 den *Pour le mérite* für Wissenschaft und Künste und 1991 die *Presidential Medal of Freedom*. Seit 1993 gibt es ein privates *Friedrich August von Hayek-Forschungsinstitut* in Wien. Hayek verstarb im hohen Alter von 92 Jahren in Freiburg.

Auswahlbibliographie von Hayeks Werken:
Geldtheorie und Konjunkturtheorie (1929), Wahrer und falscher Individualismus (1948), The Constitution of Liberty (1960), Die Anmaßung von Wissen (1973), The Fatal Conceit: The Errors of Socialism (1988).

WOLFGANG PAULI

* 25. April 1900 Wien, † 15. Dezember 1958 Zürich

Physiker

Pauli war ein Sohn des gleichnamigen Universitätsprofessors für Kolloidchemie, der seinerseits aus einer Prager Verleger-Familie stammte. Der Vater war zum Katholizismus konvertiert, Paulis Mutter Bertha war Journalistin und Frauenrechtlerin. Paulis Schwester wurde Schauspielerin und Schriftstellerin. Paulis Patenonkel war der bekannte Physiker Ernst Mach.

Pauli besuchte das Döblinger Gymnasium, wo einer seiner Klassenkollegen der spätere Chemiker und ebenfalls Nobelpreisträger Richard Kuhn (siehe dort) war. Schon in der Schule galt Pauli als mathematisches Genie. Bereits mit 18 Jahren veröffentlichte er eine Arbeit über Einsteins Allgemeine Relativitätstheorie. Dieser Bericht, der von Einstein lobend kommentiert wurde, gilt noch heute als beste Zusammenfassung der Einstein'schen Theorie.

1919 begann er in München bei Arnold Sommerfeld ein Physikstudium, das er 1921 mit einer Dissertation über das Wasserstoffmolekülion abschloss. Da diese Arbeit die Grenzen des Bohr'schen Atommodells deutlich zeigte, arbeitete Pauli als Assistent Max Borns in Göttingen weiter an dieser Problematik. In Göttingen hörte er Bohrs Vortragsreihe über moderne Physik, die ihn tief beeindruckte. Im Frühjahr 1922 ging er nach Hamburg an die Universität zu Wilhelm Lenz, der sich zu diesem

Zeitpunkt mit dem Spektrallinien im Zusammenhang mit der Quantenmechanik beschäftigte. In Hamburg soll er sich besonders wohl gefühlt haben, traf er dort doch einen geistig anregenden Kollegenkreis, wie etwa den Physiker Otto Stern oder den Mathematiker Erich Hecke.

Im Oktober 1922 erhielt er eine Einladung von Niels Bohr für ein Jahr an dessen Kopenhagener Institut, wo Pauli intensiv an der magnetischen Aufspaltung von Spektrallinien forschte. Er nahm an, dass dies durch eine unbekannte Eigenschaft des strahlenden Elektrons geschieht, die er damals eine „klassisch nicht beschreibbare Zweideutigkeit" nannte. 1924 schließlich habilitierte sich Pauli in Hamburg. Am 23. Februar 1924 hielt er seine Antrittsvorlesung mit dem Titel „Quantentheorie und periodisches System". 1925 formulierte er das später als „Pauli-Prinzip" benannte Ausschlussprinzip. Dieses lautete: In einem Atom dürfen die Elektronen gleicher Energie niemals mit allen vier Quantenzahlen übereinstimmen. 1926 wurde er außerordentlicher Professor.

1928 schließlich erhielt er einen Ruf an die Eidgenössische Technische Hochschule Zürich (ETH), damals eine der bedeutendsten europäischen Forschungsstellen für Physik.

Während des Zweiten Weltkrieges arbeitete Pauli am Institute for Advanced Studies in Princeton/New Jersey, wo er sich mit der Quantenfeldtheorie befasste. Obwohl inzwischen amerikanischer Staatsbürger, kehrte er nach dem Krieg 1947 wieder an die ETH nach Zürich zurück.

Zur Erklärung des Energiespektrums der Betastrahlen stellte Pauli die Hypothese auf, dass beim Beta-Zerfall aus dem Atomkern neben dem Elektron noch ein Teilchen emittiert wird, das neutral ist. Fermi nannte dieses Teilchen „Neutrino". In späteren Jahren wurde das Vorhandensein dieses Teilchens experimentell bewiesen.

1954 wurde Pauli für die Formulierung des Ausschluss-
prinzips mit dem Nobelpreis für Physik ausgezeichnet.
Ab den 1950er Jahren hielt Pauli immer wieder Gastvor-
lesungen in Princeton. Manche seiner Hörer machten sich
später in der wissenschaftlichen Welt einen Namen, wie
Robert Oppenheimer oder Victor Weisskopf. In Genf war
Pauli an der Gründung des CERN beteiligt. In seinem Fach
war er als Perfektionist bekannt und gefürchtet, berüchtigt
war er wegen seiner schonungslosen Kritik an anderen
Kollegen. In den praktischen Dingen des Lebens war Pauli
eher ungeschickt. Für den Führerschein brauchte er 100
(!) Fahrstunden, fuhr aber dann nie mit dem Auto. Von
großer Wichtigkeit für Pauli war seine Freundschaft und
die daraus resultierende Korrespondenz mit dem Tiefen-
psychologen C.G. Jung.

Paulis privater Lebensweg war in den 1920er Jahren
von großen Problemen überschattet: Seine Mutter beging
Selbstmord, mit der zweiten Frau seines Vaters hatte er
Schwierigkeiten. Er selbst heiratete ein zweites Mal, nachdem seine erste Ehe mit einer Tänzerin gescheitert war.

Im Dezember 1958 starb Pauli in seiner Wahlheimat
Zürich an einem Krebsleiden; ein Versuch, den renommierten Forscher nach Österreich zurückzuholen, wurde
nie unternommen. An der ETH Zürich finden jährlich zu
seinem Gedenken „Wolfgang Pauli Vorlesungen" statt.

Werke u. a.:

*Meson Theory of Nucelar Forces (1946), Collected works (2 Bde.), hrsg.
von Kronig und Weisskopf (1964), Lectures on physics, 2 Bde., (1973),
Fünf Arbeiten zum Ausschließungsprinzip und zum Neutrino (Neu-
druck 1977), Physik und Erkenntnistheorie (1984), Die Prinzipien der
Wellenmechanik (1990).*

Richard Kuhn

*3. Dezember 1900 Wien, †1. August 1967 Heidelberg

Chemiker

Der Sohn eines Ingenieurs und einer Lehrerin – die Mutter unterrichtete den Sohn bis zum 9. Lebensjahr privat – besuchte das Döblinger Gymnasium, wo er in der gleichen Klasse wie Wolfgang Pauli (→ siehe dort) saß. Nach zwei Jahren Chemiestudium an der Wiener Universität wechselte er nach München zu Richard Willstätter, Nobelpreisträger für Chemie des Jahres 1915. 1923 legte er seine Doktorarbeit über spezifische Enzymreaktionen im Stoffwechsel von Kohlehydraten vor. Um diese Arbeit fertigstellen zu können, entwickelte Kuhn spezielle chemisch-physikalische Untersuchungsmethoden.

1926 wurde er als Professor für allgemeine und analytische Chemie an die Eidgenössische Technische Hochschule (ETH) in Zürich berufen. 1929 nahm er einen Ruf der Universität Heidelberg an, wo er das Kaiser-Wilhelm-Institut für medizinische Forschung leitete. Weil er in der NS-Zeit dem NS-Lehrerbund angehört und sich bei verschiedenen Gelegenheiten als Befürworter der NS-Ideologie erwiesen hatte, wurde er nach dem Krieg heftig kritisiert, vor allem, weil er jüdische Mitarbeiter des Kaiser-Wilhelm-Instituts denunziert hatte. Außerdem war er an der Erforschung von Nervengasen beteiligt gewesen; er erfand das Giftgas Soman.

1938 absolvierte er ein Auslandsjahr an der University of Pennsylvania in Philadelphia.

Kuhn befasste sich in erster Linie mit der Strukturaufklärung und Wirkungsweise von Naturstoffen in lebenden Organismen. Dazu entwickelte er neue Methoden wie die Chromatografie und die Spektroskopie. Es gelang ihm die Isolierung von einem Gramm Vitamin B2 aus 5300 Liter Magermilch. Er zeichnete für die Strukturaufklärung des Riboflavin-5-Phosphats verantwortlich, womit die Erklärung eines kompletten Enzym-Reaktionszyklus realisiert wurde. Kuhn war auch bei der Isolierung von Carotinoiden-Sensibilisatoren und bei der Fotosynthese von Pflanzen, die wichtig für den menschlichen Organismus sind, erfolgreich.

Für diese Forschungen zu Carotinoiden und Vitaminen wurde er 1938 mit dem Nobelpreis für Chemie ausgezeichnet, durfte diesen aber nicht annehmen, da das Dritte Reich gegen das Nobelpreiskomitee einen Groll wegen der Verleihung des Friedensnobelpreises an Carl Ossietzky hegte. Erst 1949 konnte er Medaille und Urkunde in Empfang nehmen.

In späteren Jahren beschäftigte er sich intensiv mit den Abwehrfaktoren in Naturstoffen.

Nach 1945 lehrte er zunächst in den Vereinigten Staaten; er kehrte erst 1953 nach Deutschland zurück, wo er wieder Direktor des nunmehr nach Max Planck benannten Instituts in Heidelberg wurde. Kuhn starb in Heidelberg, wo er auch begraben wurde.

Kuhn war Ehrenmitglied der Österreichischen Akademie der Wissenschaften. Die von BASF gestiftete Richard-Kuhn-Medaille wurde ab 2005 wegen Kuhns Verhalten in der NS-Zeit nicht mehr vergeben.

Sir Karl Raimund Popper

* 28. Juli 1902 Wien, † 17. September 1994 London

Gesellschaftsphilosoph

Karl Popper wurde als Sohn eines Rechtsanwaltes in Wien geboren. Sein Vater, ein Vielleser, der eine große, vorwiegend historische Bibliothek sein Eigen nannte, war neben seinem Beruf ein heimlicher Schriftsteller, der Gedichte, Romane und Dramen hinterließ, aber nichts veröffentlichte. Außerdem war Poppers Vater Mitglied der Freimaurerloge „Humanitas", was den Sohn wohl beeinflusst haben mag, ihn aber nie so weit beeindruckte, dass er selbst sich für die Freimaurerei interessierte. Von großem Einfluss auf den jungen Karl Raimund war jedoch die hohe Musikalität der Mutter.

Seit frühester Jugend war Popper mit dem um ein Jahr jüngeren Konrad Lorenz (→ siehe dort), dem späteren Nobelpreisträger, befreundet; sie kannten sich vom „Indianerspielen". Selbstverständlich war Lorenz der Indianer und Popper das Bleichgesicht. Im Alter von achtzig Jahren trafen sie sich zu einem Gespräch mit Franz Kreuzer, bei dem sie doch erstaunliche Übereinstimmung in manchen Fragen erzielten. Lorenz meinte, dass das Leben ein Erkenntnis suchender Vorgang sei. Popper war der Überzeugung, dass Leben immer Risiko bedeutet und es keine Sicherheit gibt. Einhellig huldigten beide der Popper'schen Deduktionstheorie.

Popper besuchte in Wien die Mittelschule, zeitweilig schloss er sich den „Sozialistischen Mittelschülern" an. Politisch sehr am Geschehen dieser Umbruchszeit interessiert – die k. u. k. Monarchie war nach der Niederlage im Ersten Weltkrieg auseinandergebrochen, aus Österreich wurde ein republikanischer Kleinstaat mit zahlreichen politischen Parteien, die um die Gunst der Wähler kämpften, neue Ideologien wie der Kommunismus eroberten die Massen –, galt Poppers Vorliebe zunächst der jungen kommunistischen Weltanschauung. Doch als er im April 1919 Zeuge der blutigen Auseinandersetzungen in der Wiener Hörlgasse, die fünf Menschenleben und mehr als dreißig Verletzte forderten, geworden war, wandte er sich vom Kommunismus ab. Ein politisches Programm, das zu Blutvergießen führt, konnte nicht der Weisheit letzter Schluss sein.

Gleichzeitig verfolgte er gespannt das Ergebnis eines Experiments: Anlässlich einer totalen Sonnenfinsternis wurde der Winkel des vom Sonnenrand einfallenden Lichts auf Bruchteile einer Bogensekunde gemessen. Einstein hatte nämlich die Hypothese aufgestellt, dass das Licht von der Richtung, die von der Euklid'schen Geometrie vorgegeben ist, abweichen muss. Die Messung bestätigte Einsteins Theorie, denn das Licht wird vom Gravitationsfeld der Sonne abgelenkt. Aus diesen beiden Erlebnissen entwickelte Popper später seine Deduktionstheorie für die Wissenschaft.

Dies führte ihn zur Kritik am absoluten Wahrheitsanspruch des Kommunismus. Mit dem gleichen Argument lehnte er auch die Psychoanalyse ab, denn sie stellt sich nicht dem Test auf Wahrheit, Richtigkeit und Nützlichkeit. Wenn etwa jemand das Phänomen der Verdrängung bestreitet – so argumentieren die Psychoanalytiker –, so beweist man ihr Vorhandensein gerade dadurch, dass man sie verdrängt. Daraus folgert Popper, dass es keine Sicherheit über die Welt und die Wahrheit gibt.

1922 bestand Popper die Externistenmatura und inskribierte an der Wiener Universität. 1928 legte er bei Karl Bühler eine Dissertation mit dem Titel „Zur Methodenfrage der Denkpsychologie" vor und wurde mit Auszeichnung zum Doktor der Philosophie promoviert. Bereits 1924 hatte Popper die Lehrbefähigung für Grundschulen erworben, 1927 schloss er die Ausbildung am Pädagogischen Institut der Stadt Wien mit der Arbeit „Gewohnheit und Gesetzerlebnis in der Erziehung" ab. Zwei Jahre später erweiterte er seine Lehrbefähigung für Grundschulen mit der Arbeit „Axiome, Definitionen und Postulate der Geometrie". In Hinkunft konnte er Mathematik, Chemie und Physik an Hauptschulen unterrichten. Sein berufliches Lebensziel war Lehrer, ganz im sokratischen Sinne; er träumte von der Errichtung eines Erziehungsheimes für Jugendliche, aber dies war in der damaligen wirtschaftlichen Notzeit nur ein Traum. Jedenfalls wollte Popper keinesfalls Berufsphilosoph werden.

Neben seinem Studium hatte er noch eine Tischlerlehre absolviert; 1924 erhielt er den Gesellenbrief. Dieser ernsthafte Ausflug eines jungen Intellektuellen in die reale Welt der Arbeiter war das Ergebnis der Erlebnisse des Jahres 1919. Er wollte diese Welt aus eigener Anschauung kennenlernen und verstehen, was Arbeiter denken und fühlen.

Ab 1930 bis 1936 unterrichtete Popper als Hauptschullehrer Mathematik und Physik, gleichzeitig aber widmete er sich in seinem ersten grundsätzlichen Manuskript „Die beiden Grundprobleme der Erkenntnistheorie" wissenschaftstheoretischen Problemen. Die beiden angesprochenen Fragestellungen waren für ihn das Abgrenzungsproblem und das Induktionsproblem. In der Abgrenzungsfrage wollte Popper eine Methode finden, mit der die empirische Wissenschaft von Mathematik und Logik, aber auch gegenüber den metaphysischen Vorstellungen und natürlich den Pseudowissenschaften abgegrenzt werden kann. Im Wiener Kreis der Positivisten diskutierte Popper die Induktionsfrage. Für die Philosophen um Moritz Schlick, Otto Neurath und Rudolf Carnap kam nur die Induktion als Möglichkeit für die Rechtfertigung jeglicher Aussage über die Wirklichkeit in Frage, d.h., sie schlossen aus zahlreichen Einzelindizien auf das Allgemeine. Popper hingegen sah in der Deduktion die einzige Lösung. Er bestand darauf, dass empirisch-wissenschaftliche Systeme nur so lange Gültigkeit haben, als ihre Falsifizierbarkeit gewährleistet ist, d.h., solche Systeme müssen auch an der Erfahrung scheitern können. Popper hat diese Überzeugung ein Leben lang beibehalten, und sie führte ihn zur Kritik an der Quantenmechanik und an der subjektiven Wahrscheinlichkeitstheorie. Diese seine Erkenntnisse wurden schon vor 1938 vor allem in Großbritannien viel beachtet.

Richtiges Mitglied des Wiener Kreises war Popper nie, obwohl er in dieser Runde einen Vortrag über sein frühes wissenschaftstheoretisches Werk „Logik der Forschung" hielt. Häufig diskutierte er mit Rudolf Carnap und Herbert Feigl, mit denen er auch gemeinsame Urlaube verbrachte. Neurath stand Popper sehr distanziert gegenüber.

In den Jahren 1935 und 1936 hielt sich Popper in Großbritannien auf, wo er in London, Cambridge und Oxford Vorträge zur „Logik der Forschung" hielt. Bei dieser Gelegenheit wurde Popper auf eine freie universitäre Position in Neuseeland aufmerksam gemacht, um die er sich bewarb.

In Österreich hatte er unter den damaligen politischen Verhältnissen keine Chance auf eine universitäre Karriere. Als Popper gleichzeitig eine Berufung nach Neuseeland und nach Cambridge erhielt, verließ er 1936 Österreich. Im März 1937 kam er nach Neuseeland und trat eine Stelle als Lektor am Canterbury University College in Christchurch an. Durch die folgenden politischen Ereignisse, wie den Zweiten Weltkrieg, wurde er völlig von der übrigen wissenschaftlichen Welt isoliert. In den Jahren nach 1938, nach dem „Anschluss" Österreichs, veröffentlichte er seine Totalitarismustheorien unter dem Titel „Das Elend des Historizismus". In Europa hatte er keine Marxismuskritik publizieren wollen, weil er die Sozialdemokratie zum damaligen Zeitpunkt nicht kritisieren wollte. In der Folge veröffentlichte er das Werk „Die Offene Gesellschaft und ihre Feinde", Theorien, die sich in offenem Gegensatz zum Wiener Kreis befanden. Der Ausdruck „offene Gesellschaft" stammt übrigens von Henri Bergson. Mit diesem Werk widerspricht Popper jedem sozialgeschichtlichen Determinismus à la Karl Marx, aber auch dem politischen Totalitarismus. Diese Abhandlung ist eine Verteidigung der Demokratie, eine Verteidigung der freien Wahlen und damit der unblutigen Ersetzung einer Regierung durch eine andere. Popper rechnet vor allem mit den Theoretikern der Vergangenheit, wie Platon, Hegel und Marx ab, die den Menschen eine bessere oder die beste aller Welten versprachen. Er bestreitet den Glauben an eine philosophische Elite, die die Welt durch ihr Denken lenkt, sondern er sieht die Hauptaufgabe des philosophischen Denkens darin, die Gesellschaft wachsam und kritikfähig zu machen. Die entscheidende Frage formuliert er so: „Was können wir tun, um unsere politischen Institutionen so zu gestalten, dass schlechte oder untüchtige Herrscher, die wir natürlich zu vermeiden suchen, aber trotzdem nur allzu leicht bekommen können, möglichst geringen Schaden anrichten und dass wir untüchtige Herrscher ohne Blutvergießen loswerden können?" Für ihn gibt es in der Geschichte keine Tendenzen und keine Prognosen, alles ist offen. Nicht der Satz „Alles ist schon da gewesen" gilt, sondern „Nichts ist schon dagewesen". Er ist kein Pessimist, er sieht die Hauptaufgabe des Homo politicus darin, die Frage zu klären: „Was können wir tun, um es [in Zukunft] vielleicht nur ein kleines bisschen besser zu machen." Kein System, weder ein wissenschaftliches noch ein politisches, kann sich selbst versiegeln und verschließen, sondern es muss offen bleiben, um widerlegbar und revidierbar zu sein.

1946 kehrte Popper nach Europa zurück, als ihm an der London School of Economics eine Anstellung als Lektor für Logik und Methodologie der Wissenschaften angeboten wurde. Drei Jahre später wurde er zum Professor ernannt. 1959 erschien in Großbritannien die englische Ausgabe von „Logik der Forschung". Ein zu dieser Ausgabe geplantes Nachwort konnte wegen eines Augenleides erst später erscheinen, wuchs aber inzwischen zu drei Bänden an. In diesem Nachwort sind Poppers Ideen zur Kosmologie, zu Quantenmechanik und zur Wahrscheinlichkeitstheorie enthalten.

Außerdem setzte er sich mit der Darwin'schen Evolutionstheorie auseinander, vor allem mit ihrer Anwendung auf den Menschen. Er stellte einen Konnex zwischen seiner Falsifikationstheorie und der Darwin'schen Selektionstheorie her. Dazu stellte er das Konzept von „Welt 3" auf, die neben der physikalischen „Welt 1" und „Welt 2", der Welt des subjektiven Bewusstseins, existiert. „Welt 3" umfasst die Produkte des Geistes, auch solche, die sich vom Einzelmenschen gelöst haben, wie etwa der Inhalt von Bibliotheken. Produkte von Welt 3 haben Überlebenskraft. Die drei Welten sind untereinander beeinflussbar. So hat sich etwa die Entwicklung des Gehirns (Welt 2) durch die Sprache (Welt 3) erheblich gesteigert. Zwar gibt es schon Ansätze von Welt 3 im Tierreich, man denke nur an die Kommunikation im Bienenstock. Doch die Sprache macht den Wert des menschlichen Gehirns aus. Diese 3-Welten-Theorie löste auch das Leib-Seele-Problem, zu dem er gemeinsam mit John Eccles das Buch „Das Ich und sein Gehirn" (The Self and its Brain) veröffentlicht hatte.

„Welt 3" beansprucht aber nicht eine absolute Wahrheit im Sinne Platons, sondern stellt im sokratischen Verständnis ein Netz von Vermutungen dar, das sich mit evolutionärem Wachstum einer objektiven Wahrheit annähert. „Welt 3" bietet eine Vielzahl von Problemlösungen.

Nach seiner Emeritierung 1969 wurden Popper zahlreiche Ehrungen zuteil, u.a. wurde er 1982 zum Ehrenmitglied der Österreichischen Akademie der Wissenschaften gewählt.

In den 1980er Jahren hielt Popper in Wien einen Vortrag mit dem Titel „Wissenschaft und Hypothese", bei dem er ein Bekenntnis zur Wissenschaft ablegte, allerdings unter der Prämisse: „Wir wissen, dass wir nichts wissen." Wissenschaft ist nur Vermutungswissen. Diese Fehlbarkeit, die Häufung von Irrtümern, die wir immer wieder korrigieren müssen, macht die Wissenschaft menschlich. Ein Wissenschaftler darf kein Dogmatiker sein. Jede Entdeckung kann ein ganzes wissenschaftliches Gebäude zum Einsturz bringen, wie dies etwa durch Einsteins Relativitätstheorie oder die Entdeckung des „schweren" Wassers passierte. Der Wissenschaftler bildet eine Theorie und fragt die Welt, ob diese Theorie richtig oder falsch ist. Ist sie falsch, bringt er seine Theorie um und stellt eine neue auf. Daher ist Wahrheit möglich, Sicherheit aber nie.

Einen höchst bemerkenswerten und zum Teil auch amüsanten Standpunkt vertritt Popper zum Intellektualismus. Anfangs lernen wir einen hohen Intelligenzquotienten zu bewundern. An den Universitäten werden die Absolventen darin geschult, wie man unverständlich und eindrucksvoll redet. Popper hält dem entgegen, dass er nichts vom IQ hält. Denn Generäle werden aufgrund ihres IQ ausgewählt. Seiner Ansicht nach wird daher Amerika den nächsten Krieg verlieren. Popper könnte mit seiner Prophezeiung durchaus recht gehabt haben. Was die Sprache betrifft, so mahnt er zu intellektueller Bescheidenheit. Man sollte immer daran denken, wie viel man nicht weiß.

Seine Urteile über Philosophen und Denker der Vergangenheit sind nicht nur schmeichelhaft. Hegels Philosophie hält er für eine Vergötterung des Staates und Karl Marx war seiner Ansicht nach ein verbitterter Machtsucher. Sicherlich hat Marx den Ist-Zustand seiner Welt sehr gut beschrieben und Marxisten wie etwa der Wiener Bürgermeister Karl Seitz oder Stadtrat Hugo Breitner haben viel für die Menschen getan. Doch er hält es in diesem Kontext mit einem Zitat von H.G. Wells: „Grown men do not need leaders."

Im Oktober 1985 kehrte Popper mit seiner Frau, die damals schon schwer krank war, nach Wien zurück; sie verstarb bald darauf. Anfang 1986 übernahm Popper die Leitung des neu gegründeten Ludwig-Boltzmann-Instituts für Wissenschaftstheorie und hielt im Sommersemester dieses Jahres ein Seminar an der Universität Wien, in dem er sich mit der Idee des „konjekturalen Apriorismus" (= Vermutungswissen vor aller Erfahrung) beschäftigte. Danach kehrte Popper wieder nach England zurück, blieb aber mit Wien, der Stadt seiner Geburt, in Verbindung. Anlässlich seines 90. Geburtstages wurde er zum Ehrenbürger Wiens ernannt. Sir Karl Raimund Popper starb 1994 in London, er wurde in Wien am Hietzinger Friedhof begraben.

Der Philosoph und Wissenschaftstheoretiker Karl Popper schuf mit seiner Theorie von der „offenen Gesellschaft" einen Markenbegriff der modernen Welt. Kein Staatsmann, kein Politiker mit halbwegs Format kann an den Erkenntnissen Poppers vorbeigehen. Wissenschaftler aller Richtungen waren und sind von seiner Falsifikationstheorie beeinflusst bzw. müssen dazu in irgendeiner Form Stellung nehmen. Poppers großes Oeuvre, das Ergebnis eines von immensem Wissen und enormem Fleiß bestimmten Lebens, hat im 20. Jahrhundert den Zugang zu allen Wissensgebieten verändert. Was Popper unter allen Philosophen dieses an Begabungen reichen Jahrhunderts herausragen lässt, ist seine klare und direkte Sprache, die seine Gedanken für jeden Menschen verständlich machen. Poppers Diktum: „Ich glaube, dass alle Menschen Philosophen sind, wenn auch manche mehr als andere." führt diesen demokratischen Zugangsprozess zu Denken und Wissen klar vor Augen.

Werke:

Die offene Gesellschaft und ihre Feinde (1945); Das Elend des Historizismus (1957); Naturgesetze und theoretische Systeme, in: Gesetz und „Wirklichkeit", hg. von Simon Moser (1949); Woran glaubt der Westen?, in: Erziehung zur Freiheit, hg. von Albert Hunold (1959); Selbstbefreiung durch das Wissen, in: Der Sinn der Geschichte, hg. von Leonhard Reinisch (1961); Über Geschichtsschreibung und über den Sinn der Geschichte, in: Geist und Gesicht der Gegenwart, hg. von Otto Molden (1962); Die Logik der Sozialwissenschaften, in: Der Positivismusstreit in der deutschen Soziologie, hg. von H. Maus und F. Fürstenberg, (1969); Revolution oder Reform? In: Revolution oder Reform? Herbert Marcuse und Karl Popper. Eine Konfrontation (1971); Philosophische Selbstinterpretation und Polemik gegen die Dialektiker, in: Claus Grossner, Verfall der Philosophie. Politik deutscher Philosophen (1971); Objektive Erkenntnis. Ein evolutionärer Entwurf (1973); Ausgangspunkte. Meine intellektuelle Entwicklung (1974); Das Ich und sein Gehirn, mit John C. Eccles (1977); Die beiden Grundprobleme der Erkenntnistheorie (1979).

Konrad Zacharias Lorenz

*7. November 1903 Wien, † 27. Februar
1989 Altenberg (Niederösterreich)
Mediziner und Zoologe

Als zweiter Sohn von Albert Lorenz, dem Mediziner und
Begründer der modernen Orthopädie, geboren, besuchte Konrad Lorenz das *Öffentliche Schottengymnasium der
Benediktiner in Wien*, eine katholische Privatschule für
Knaben. Bereits als Kind beobachtete er mit großem Interesse das spezifische Verhalten von Tieren. Ein Freund
seiner Kindertage war Karl Popper (→ siehe dort). Auf
Anraten seines weltweit bekannten Vaters begann Lorenz
1922 ein Medizinstudium an der *Columbia University* in
New York, kehrte jedoch bereits ein Jahr später wieder
nach Wien zurück. Nach Abschluss seines Studiums in
der österreichischen Hauptstadt widmete er sich intensiv
der Beobachtung rabenartiger Vögel.

1928 schloss er dem Medizinstudium und der nachfol-
genden Promotion zum Dr. med. univ. ein Studium der
Zoologie, der Paläontologie und der Humanpsychologie
an. Während des Zoologiestudiums arbeitete er als Assistent von Ferdinand Hochstetter am Anatomischen Institut
der Universität Wien. Nach seiner zweiten Promotion zum
Dr. phil. im Fach Zoologie im Jahr 1933 begann er mit dem
Aufbau eines Instituts für Verhaltensforschung auf dem
väterlichen Landsitz in Altenberg nahe der Donau, wobei
ihm eine Forschungsorganisation im Stil des Max Planck-
Instituts vorschwebte. 1936 erfolgte seine Habilitierung,
doch da seine Forschungen von den Kollegen der Wiener
Universität mehrheitlich abgelehnt wurden, bewarb er
sich nach dem *Anschluss Österreichs* um ein deutsches
Forschungsstipendium.

Im selben Jahr stellte er einen Antrag auf Aufnahme in die NSDAP. Die Fürsprache des deutschen Botanikers Fritz von Wettstein, der Lorenz eine Nähe zur NS-Ideologie bescheinigte, verhalf ihm zu einem Forschungsstipendium. Er konnte nun seine Beobachtungen der Verhaltensmuster von Wild- und Graugänsen fortsetzen. Ergebnis seiner Beobachtungen waren das arttypische Verhalten der Tiere, ihre gleichförmigen Bewegungsweisen sowie Handlungsabläufe, die von den Tieren nicht erlernt werden mussten, sondern die auf Vererbung basierten, den so genannten „Erbkoordinaten". Auch erkannte er, dass die Instinkthandlungen der Tiere Resultat des äußeren Reizes einerseits und ihres inneren Instinkts andererseits sind. Diesen Konnex drückte er durch die Termini „Prägung" als eine irreversible Form des Lernens bzw. „Schlüsselreiz" und „angeborener Auslösemechanismus" als ein instinktgeleitetes Reiz-Reaktions-Verhalten aus. Seine liebsten Forschungsobjekte waren die Graugänse, deren Liebes- und Familienleben er genauestens studierte. Mit seinen Untersuchungen etablierte Lorenz die Verhaltensforschung oder Ethologie (vgl. griech. *ethos* = „Charakter", „Sitte", „Gewohnheit", *logos* = u.a. „Lehrsatz") als neue wissenschaftliche Domäne.

Ausgehend von seinen Beobachtungen bei den Tieren dehnte der Zoologe sein Studieninteresse auch auf das instinktgebundene und das „intellektuell programmierte" Verhalten des Menschen aus. 1936 war er einer der Mitbegründer der *Deutschen Gesellschaft für Tierpsychologie*. Im Jahr 1940 folgte er einer Berufung an die Universität von Königsberg auf den Lehrstuhl für Humanpsychologie. Doch bereits im Folgejahr wurde er als Soldat zur Wehrmacht eingezogen. Ab 1942 arbeitete er als Psychiater des deutschen Heeres in einem Spital in Posen. Er soll in dieser Zeit erbbiologische Studien durchgeführt haben. Darüber hinaus schrieb er eine Reihe von Artikeln rassenbiologischen Inhalts, die später als Anbiederung an das NS-System interpretiert wurden. 1944 wurde er an der russischen Front eingesetzt und geriet in sowjetische Kriegsgefangenschaft, aus der er erst vier Jahre später nach Österreich zurückkehrte.

1950 wurde eine Professur an der Universität Graz wegen seiner Nähe zum NS-System und dessen Ideologie abgelehnt. Nur drei Jahre später erhielt er jedoch eine Honorarprofessur an der Universität Münster, die er bis zu seinem Tod behielt.

Im selben Jahr gründete er am Meeresbiologischen Institut in Wilhelmshaven eine verhaltensbiologische Abteilung. Fünf Jahre später wechselte er an das Institut für Verhaltensphysiologie im bayerischen Seewiesen, das er bis 1973 leitete. Anschließend setzte er bis zu seinem Tod seine Forschungen am Institut für vergleichende Verhaltensforschung der *Österreichischen Akademie der Wissenschaften* fort.

1973 erhielt er gemeinsam mit dem Niederländer Nikolaas Tinbergen und dem österreichischen Bienenforscher Karl von Frisch den Nobelpreis für Medizin.

Fünf Jahre später wurde er anlässlich der Volksabstimmung über die Inbetriebnahme des Kernkraftwerks Zwentendorf zur Galionsfigur der Atomgegner in Österreich. Sieben Jahre danach war er Namensgeber bei einem Volksbegehren gegen den Bau des Wasserkraftwerks in der Hainburger Au. Manche seiner Forschungsansätze wie die Instinkttheorie gelten inzwischen als überholt.

Auswahlbibliographie von Lorenz' Werken:
Er redete mit dem Vieh, den Vögeln und den Fischen (1949), So kam der Mensch auf den Hund (1950), Das sogenannte Böse. Zur Naturgeschichte der Aggression (1963), Die Rückseite des Spiegels. Versuch einer Naturgeschichte menschlichen Erkennens (1963), Die acht Todsünden der zivilisierten Menschheit (1973), Hier bin ich – wo bist Du? Ethologie der Graugans (1988).

VIKTOR EMIL FRANKL

* 26. März 1905 Wien, † 2. September 1997 Wien

Neurologe und Psychiater

Viktor Emil Frankl stammte aus einem gutbürgerlich-jüdischen Elternhaus, sein Vater war Beamter. Das Medizinstudium schloss er 1930 in Wien ab und leitete in der Folge eine Jugendberatungsstelle, die sich vor allem der Suizidprävention bei Jugendlichen widmete. Bereits als Student hatte sich Frankl mit den Lehren von Sigmund Freud (→ siehe dort) auseinandergesetzt, vermochte aber dessen primär auf der Sexualität basierender Theorie nichts abzugewinnen. Ebenso wenig teilte er die Einschätzung des Analytikers, dass die Religion eine Neurose sei. Als begeisterter Sozialist schloss er sich daher dem Kreis um Alfred Adler (→ siehe dort) an, der einen individualpsychologisch fundierten Therapieansatz vertrat.

Langfristig konnte Frankl sich jedoch weder mit der triebfundierten Lehre von Freud noch mit dem individualpsychologischen Lehrgebäude von Adler identifizieren. Stattdessen vertrat er die Überzeugung, dass die persönliche Lebenssinnsuche einen Ausweg aus Krisensituationen darstelle und begründete in etymologischer Annäherung daran die so genannte „Logotherapie" (griech. *logos* = „der Sinn") als *dritte Wiener Schule* der Psychotherapie. Die

Sinnsetzung sollte hierbei in der dialogischen Begegnung von Therapeut und Klient vorgenommen werden und den Klienten zu einem selbstverantwortlichen Umgang mit den ihn umgebenden äußeren und inneren Anforderungen und Möglichkeiten befähigen.

1936 erwarb Frankl die Zulassung als Facharzt für Psychiatrie. Als die Nationalsozialisten 1938 in Österreich einfielen, arbeitete Frankl noch über einen kurzen Zeitraum im Rothschild-Spital, 1942 wurden jedoch er, seine Frau und seine gesamte Familie ins Konzentrationslager deportiert. Seine Eltern, sein Bruder und seine Frau kamen im KZ um, er überlebte als einziger seiner Familie vier Konzentrationslager. Am 27. April 1945 wurde Frankl von alliierten Truppen aus dem KZ Dachau-Türkheim befreit. Trotz der traumatisierenden Erlebnisse im Konzentrationslager rückte er nicht von seiner Meinung ab, dass das Leben auch unter den unmenschlichsten Bedingungen einen Sinn bietet. Er selbst nannte sich einen „tragischen Optimisten", der auch gegenüber seinen Verfolgern keine Hassgefühle hegte.

Nach der Rückkehr aus dem KZ lehnte er die These einer Kollektivschuld an den Gräueln des Zweiten Weltkriegs entschieden ab. Schuld habe seiner Ansicht nach nur der Einzelne auf sich geladen. Auch alle Rassentheorien waren ihm suspekt, da es für ihn lediglich zwei Arten von Menschen gab: die Anständigen und die Unanständigen.

Nach dem Krieg nahm Frankl seine Arbeit als Psychotherapeut wieder auf, 1949 schloss er sein Philosophiestudium ab. Sechs Jahre später erhielt er den Professorentitel für Neurologie und Psychiatrie an der Universität Wien. Da seine Logotherapie mittlerweile weit über die Grenzen von Österreich hinaus anerkannt war, erhielt er aus der ganzen Welt Einladungen zu Vorträgen und hatte eine Reihe von internationalen Gastprofessuren inne. In seinem Heimatland wurde er hingegen erst in den 70-er Jahren des zwanzigsten Jahrhunderts wirklich wahrgenommen.

Zweifellos lassen sich Frankls Bücher dem Genre des Lebenshilfebuchs zuordnen, der Psychiater lehnte jedoch stets die Etikettierung ab, sein Lehrgebäude bilde einen Gegenpol zu den Lehren von Freud und Adler. Auch ließ er sich niemals für machtpolitische Zwecke instrumentalisieren, etwa von Seiten des österreichischen Politikers Jörg Haider. Aus demselben Grund – der Ablehnung einer Vereinnahmung durch äußere Instanzen – betonte Frankl stets seine Distanz zu allen Religionen, da es die Aufgabe des Psychotherapeuten sei, seelische Krankheiten unabhängig von der konfessionellen Einstellung des Klienten zu heilen.

In den 50-er Jahren fand Frankl auch privat wieder sein Glück, denn er heiratete in zweiter Ehe die Krankenschwester Eleonore Katharina Schwindt. Darüber hinaus ging er bis ins hohe Alter seiner Leidenschaft für das Klettern nach und im stolzen Alter von 67 Jahren erwarb er den Pilotenschein.

Seine Bücher trugen Frankl weltweit Bekanntheit ein. Allein von seiner unmittelbar nach Kriegsende erscheinenden autobiographischen Schrift „Man's Search for Meaning" – zu Deutsch ...*trotzdem Ja zum Leben sagen* –, in der er seine KZ-Erlebnisse verarbeitete, wurden sechs Millionen Exemplare verkauft. Der Psychotherapeut schrieb insgesamt 32 Bücher, die in 26 Sprachen übersetzt wurden. Weltweit wurde sein Wirken durch zahlreiche Ehrendoktorate gewürdigt. Frankls Lehre, dass das Leben unter allen Umständen und Bedingungen einen Sinn hat, weil dem Einzelnen ein solcher Wille zum Sinn innewohnt, hat vielen Menschen bei der Bewältigung ihres Lebens geholfen.

Auswahlbibliographie von Frankls Werken:

...trotzdem Ja zum Leben sagen (1946), Ärztliche Seelsorge. Grundlagen der Logotherapie und Existenzanalyse (1946), Der unbedingte Mensch (1949), Pathologie des Zeitgeistes (1955), Der Mensch auf der Suche nach Sinn (1972), Das Leiden am sinnlosen Leben (1978), Man's Search for Meaning (2004) (der amerikanische Titel von Frankls autobiographischer Schrift ... trotzdem Ja zum Leben sagen).

FRANZ KÖNIG

*3. August 1905 Warth bei Rabenstein, † 13. März 2004 Wien

Erzbischof von Wien

Der spätere Wiener Oberhirte wurde in eine Bauernfamilie des niederösterreichischen Mostviertels geboren. Er konnte das Stiftsgymnasium in Melk besuchen und begann anschließend an der Wiener Universität Philosophie zu studieren. Weitere Studien absolvierte er in Rom, wo er 1933 zum Priester geweiht wurde. Zwischen 1934 und 1937 wirkte er in seiner Diözese als Kaplan in Altpölla, Neuhofen an der Ybbs, in St. Valentin und in Scheibbs. 1936 beendete er sein Theologiestudium. Nach dem *Anschluss Österreichs* wurde er Domkurator in St. Pölten. In der unmittelbaren Nachkriegszeit unterrichtete er Religion in Krems bei den Englischen Fräulein. 1948 erhielt er eine Berufung als außerordentlicher Professor für Moraltheologie an die katholisch-theologische Fakultät der Universität Salzburg. In dieser Zeit unterrichtete König auch Englisch am erzbischöflichen Gymnasium Borromäum. König war ausgesprochen sprachbegabt und liebte es, Sprachen zu erlernen. Er sprach neben westeuropäischen Sprachen Russisch, Persisch, Assyrisch und Syrisch.

1952 ernannte ihn Papst Pius XII. zum Bischofkoadjutor in St. Pölten mit der Titulardiözese Livias. Als

Familienreferent der Bischofskonferenz gründete er als Think tank für katholische Familienpolitik den *Katholischen Familienverband* (KFÖ). Als 1956 der langjährige Wiener Erzbischof Theodor Innitzer starb, ernannte ihn der Papst zu seinem Nachfolger, zwei Jahre später verlieh ihm Papst Johannes XXIII. das Kardinalsbirett. Seine Titularkirche war Sant'Eusebio in Rom. 1959 wurde Kardinal König auch zum ersten Militärvikar der Zweiten Republik bestellt, wobei er sich insbesondere des Heeresspitals in Stammersdorf und der ökumenischen Gottesdienste für katholische und evangelische Christen im Bereich des Heeres annahm. Diese Funktion gab er 1969 wegen Überlastung jedoch in die Hände des Papstes zurück.

Als er als einziger Kardinal aus dem Westen zur Beisetzung des kroatischen Kardinals Stepinac nach Zagreb fuhr, wurde sein Wagen in einen schweren Unfall verwickelt. Der Chauffeur starb, König erlitt schwerste Kieferverletzungen, sein Zeremoniär Helmut Krätzl wurde ebenfalls schwer verletzt. Nach seiner Aussage beschloss er in den langen Wochen des Krankenhausaufenthaltes, sich intensiver um Kontakte zu den Christen der Ostkirchen zu bemühen. König wurde der wichtigste Wegbereiter der Ökumene mit der Orthodoxie. Nach seiner Genesung besuchte König als erster Kirchenfürst seit 1438 den Patriarchen Athenagoras von Konstantinopel. Dies war zweifellos eine historische Begegnung. Zur Fortsetzung dieses Dialogs gründete Kardinal König 1964 die Stiftung *Pro Oriente*, die den Austausch mit den nichtkatholischen Kirchen des Ostens pflegen sollte.

Zwischen 1962 und 1965 nahm Kardinal König am *Zweiten Vatikanischen Konzil* teil, an dessen Vorbereitung er maßgeblich mitgewirkt hatte. Er war ein Vertreter des reformorientierten Flügels innerhalb des Kardinalskollegiums, sein engster Berater in diesen Jahren war der Jesuitenpater Karl Rahner.

Nach dem Tod von Papst Johannes XXIII. im Jahr 1963 war König einer der möglichen Kandidaten für das Amt des Papstes. Doch letztlich wurde der Mailänder Erzbischof Kardinal Montini als Paul VI. auf den Thron Petri gewählt. Dieser Papst betraute Kardinal König mit dem Vorsitz des päpstlichen Sekretariats für die Nichtglaubenden, eine Funktion, die König bis 1981 ausübte. In Österreich waren vor allem konservative Gruppen von der Bestellung Kardinal Königs nicht begeistert, da er in ihren Augen zu reformfreudig war und auch Kontakte zur österreichischen Sozialdemokratie suchte. Sein Ziel war eine Aussöhnung der beiden großen politischen Lager, die sich in der Ersten Republik unversöhnlich gegenübergestanden waren. Als Kardinal König auf Einladung von Präsident Benya bei einem Gewerkschaftskongress im Jahr 1973 ein großes Referat hielt, wurde ihm der despektierliche Beiname „der rote Kardinal" gegeben. In dieser Rede erklärte er deutlich, wie er sein Hirtenamt verstand: „Ich bin kein Bischof der ÖVP und kein Bischof der SPÖ, kein Bischof der Unternehmer und auch keiner der Gewerkschafter, kein Bischof der Bauern und auch nicht einer der Städter, ich bin der Bischof aller Katholiken." Er hielt diese Äquidistanz zu den dialogbereiten Vertretern der politischen Parteien stets ein.

Als 1978 wieder eine Papstwahl anstand, war es Kardinal König, der im Hintergrund die Fäden zog, damit ein Papst aus Polen – der Krakauer Erzbischof Karol Józef Wojtyła – gewählt werden konnte. Er war der erste Slawe auf dem Heiligen Stuhl. Seine guten Kontakte zu den Ländern Osteuropas ermöglichten es ihm, den ungarischen Kardinal József Mindszenty nach Jahren des für das Kadar-Regime provokanten Exils in den Räumen der amerikanischen

Botschaft in Budapest zu bewegen, dieses Exil aufzugeben und nach Österreich auszureisen. Er konnte damit eine zwischen dem Vatikan und dem kommunistischen Machthabern in Ungarn bestehende peinliche Situation bereinigen und bessere allgemeine Bedingungen für die Katholiken in Ungarn schaffen. Solche Initiativen trugen König den buchstäblich gemeinten Namen „Pontifex" (= Brückenbauer) ein.

Manche Entscheidungen des Wiener Oberhirten wurden jedoch kontrovers betrachtet – so etwa seine Suspendierung von Adolf Holl oder seine Förderung des *Opus Dei*. Konservative kritisierten die 1968 unter seiner Federführung verfasste „Mariatroster Erklärung" der Bischofskonferenz, die die Befolgung der päpstlichen Enzyklika *Humanae vitae* dem Gewissen des einzelnen Menschen anberaumte. Auch die Forcierung des ökumenischen Dialogs, die vermehrte Zusammenarbeit zwischen kirchlicher Hierarchie und Laien, war König ein wichtiges Anliegen. Schmerzlich berührte ihn die 1974 vom Kabinett Kreisky (→ siehe dort) eingeführte Fristenlösung, die er selbst als offene Wunde bezeichnete.

Je älter König wurde, desto mehr wurden seine Meinung geschätzt, seine Fähigkeit, zuzuhören, gewürdigt und seine Lebensnähe anerkannt. Er war für viele Katholiken des Landes ein Hoffnungsträger, der den innerkirchlichen Dialog weiterzuführen bereit war, vor allem bei Themen wie der Dezentralisierung der Kirchenführung und in Fragen der kirchlichen Sexualmoral, die König als eine „tragische Geschichte" empfand. Kardinal König, der am 13. März 2004 hochbetagt in Wien verstarb, wurde schon zu seinen Lebzeiten vielfach geehrt. So erhielt er etwa den *Toleranzpreis* der *Europäischen Akademie der Wissenschaften und Künste* und den *Bruno Kreisky-Preis* für Verdienste um die Menschenrechte. Die Jesuiten benannten ihr Bildungshaus in Lainz nach dem Wiener Kardinal. 2010 wurde das Leben des Kardinals von dem österreichischen Regisseur Andreas Gruber in einer Spiel-Dokumentation verfilmt.

Werke:

Christus und die Religionen der Erde (3 Bände, 1951), Bilanz des Konzils (1966), Der Aufbruch zum Geist (1972), Und wir haben noch eine Zukunft (hg. Mit Felix Unger, 1990), Lexikon der Religionen (hg. mit Hans Waldenfels, 1999).

ERWIN CHARGAFF

* 11. August 1905 Czernowitz, † 20. Juni 2002 New York City

Biochemiker und Wissenschaftskritiker

Erwin Chargaff wurde in Czernowitz (damals ein Teil der Österreichisch- Ungarischen Monarchie, heute Ukraine) als Sohn eines jüdischen Bankiers geboren. Der Vater war ein überzeugter Anhänger des Habsburger-Staates. In Chargaffs Elternhaus galt der klassische Bildungskanon als verbindlich. Der Musikgeschmack wurde von der Wiener Klassik dominiert. Bei Ausbruch des Ersten Weltkrieges, der mit der Nachricht einsetzte, dass der österreichische Thronfolger Franz Ferdinand ermordet worden sei, hielt Erwin sich mit seinen Eltern im Ostseebad Zopot auf. Chargaffs Eltern konnten nach Kriegsbeginn nicht mehr nach Czernowitz zurückkehren, denn die Stadt wurde von der russischen Armee besetzt. So ließ sich die Familie mit Hilfe eines Onkels in Wien nieder.

In Wien studierte Erwin an der Universität Biochemie. Für ihn erwies sich dieses Studienfach als die beste Wahl, denn es ermöglichte ihm, möglichst bald auf eigenen Füßen zu stehen, war doch das in Kriegsanleihen investierte Vermögen der Eltern unwiederbringlich verloren.

1928 schloss er sein Studium mit einer Dissertation über Silberkomplexe ab. Am politischen Geschehen war der Student Chargaff nur oberflächlich interessiert. Die Demonstrationen des 15. Juli 1927 begleitete er als kritischer Augenzeuge. Emotional stand er auf der Seite der Demonstranten, doch sein Urteil über die österreichische Sozialdemokratie war nicht gerade schmeichelhaft, was sich paradigmatisch in dem folgenden, auch mit *Sozialdemokratie* betitelten sarkastischen Aphorismus niederschlägt: „Im Fall von Regen findet die Revolution im Saale statt." Die Bekanntschaft des Schriftstellers Karl Kraus hatte Chargaff bereits um das Jahr 1916 im Haus seines Onkels gemacht. Später bezeichnete er den Sprachmagier als seinen einzigen Lehrer. In den Schriften seines Meisters entdeckte er auch die Figur des „Nörglers", die er für sich in Anspruch nahm, um in späteren Jahren seine Zweifel und Bedenken gegen den Wissenschaftsbetrieb zu kundzutun.

Zwischen 1928 und 1930 lernte er als Stipendiat in Yale den amerikanischen Wissenschaftsbetrieb kennen, nachdem er sich erfolgreich um ein *Milton Campbell Research Fellowship in Organic Chemistry* beworben hatte. In Yale betrieb er Forschungen über die Lipide des Tuberkulosebakteriums. Insgesamt veröffentlichte er bis 1930 sieben Forschungsarbeiten, u. a. zu Fettsäuren und Tuberkelbazillen.

1930 wurde ihm in Berlin bei Otto Hahn am *Kaiser-Wilhelm-Institut* eine Assistentenstelle angeboten, wo er sich auch habilitierte. In Berlin fühlte er sich wohler als in Amerika. Es war für ihn ein Paradies der Naturwissenschaften. Gemeinsam mit Otto Hahn arbeitete er an einem Gutachten für den sogenannten *Lübeck-Prozess*. Dabei ging es um den Tod von Säuglingen, denen anstelle von BCG-Vakzin angeblich aktive Tuberkelbazillen verabreicht worden seien. Chargaff und Hahn konnten den Vorwurf entkräften.

Als 1933 in Deutschland die Nationalsozialisten an die Macht kamen, emigrierte Chargaff nach Paris an das *Institut Pasteur* und zwei Jahre später nach New York, wo man ihm nach einem kurzen Zwischenspiel am *Mount-Sinai-Hospital* (1934/1935) eine Stelle an der *Columbia University* offerierte. Von Amerika aus versuchte er seine 1938 von den Nationalsozialisten verhaftete Mutter zu retten, was ihm jedoch nicht gelang.

1936 entdeckte er in Amerika eine bis in die 1980er Jahre verwendete Methode zur Behandlung der Blutgerinnung. Sechzehn Jahre später erhielt er eine Professorenstelle. Von 1970 bis 1974 leitete er das *Department for Biochemistry*. In der unmittelbaren Nachkriegszeit bemühte sich Chargaff vergeblich um eine Stellung in der Schweiz, weil er aus Entsetzen über den Bombenabwurf über Hiroshima und Nagasaki, zu der die Wissenschaft maßgeblich beigetragen hatte, die Vereinigten Staaten verlassen wollte.

Während seiner Jahre an der *Columbia University* veröffentlichte er etwa 300 Arbeiten zur Biochemie. Auch erforschte er Lipoproteine. Ab 1944 widmete er sich der Zusammensetzung von Nukleinsäuremolekülen. Dabei entdeckte er die nach ihm benannte Regel, dass die vier Bausteine (Nukleotide) Adenin und Thymin, sowie Cytosin und Guanin jeweils als Paar und in gleicher Menge innerhalb derselben Art auftreten. Dadurch schuf er die Voraussetzung zur Aufstellung des *Doppelhelix-Modells* durch die beiden Wissenschaftler James D. Watson und Francis H. C. Crick, die dafür 1962 mit dem Nobelpreis ausgezeichnet wurden. Chargaff kommentiert dies mit der Bemerkung, dass anlässlich seines Besuches in Cambridge die beiden jungen Wissenschaftler ihn zu allen Details seiner Arbeit befragt hätten. Auf ihn hätten sie keinen besonderen Eindruck gemacht, er gestand sogar ein, dass er von ihrem fehlenden Grundlagenwissen peinlich berührt gewesen sei. Watson und Crick ihrerseits erwähnten nie das entscheidende Gespräch mit Chargaff, der das illoyale Verhalten der beiden Fachkollegen sarkastisch als „Marktwirtschaft" bezeichnete.

Als andere Fachkollegen des Biochemikers daran arbeiteten, die DNA in neuen Kombinationen zu generieren, stieg Chargaff aus der Wissenschaft aus. Die „Schrecken erregende Unwiderruflichkeit" ließ ihn vor seinem Fach Abstand nehmen und er erhob von da an seine warnende Stimme gegen die „genetische Bastelsucht". Als Emeritus publizierte er in den folgenden Jahren zahlreiche Bücher, Artikel und vor allem Essays, die sich höchst kritisch mit der Biochemie, aber auch der Atomwissenschaft auseinandersetzten. Er lehnte prinzipiell die Forschung an menschlichen Embryonen ab, denn seiner Auffassung nach würde damit der Wissenschaft die Seele abhandenkommen.

Chargaff war ein brillanter Stilist, dessen Wortgewalt die Schule von Karl Kraus nie verleugnete. Er bezeichnete die Naturwissenschaftler als „gaunerische Marktschreier", in der Wissenschaft herrsche „das laute Geschrei des amerikanischen Reklamebetriebs", „der kategorische Superlativ". Das Verhältnis von Wissenschaft und Tod hat Chargaff viele Jahre beschäftig, wobei er die Auffassung vertrat, dass uns die Kunst des Sterbens abhanden gekommen sei. Letztlich war er davon überzeugt, dass die Natur stärker sein werde. Geradezu beklemmend ist in diesem Zusammenhang seine Zukunftsvision: „Schauen Sie, wie viele Spezies, Rassen oder Tierarten ausgestorben sind. Und die Natur wird sich auch des Menschen entledigen. Die Natur ist größer als der Mensch, sie braucht keine Kenntnis von ihm zu nehmen. Die Natur geht einfach weiter."

Sehr kritisch stand er auch dem amerikanischen System gegenüber, das die Wissenschaft leicht durch Kapital korrumpiere. Er war der Überzeugung, dass viele Wissenschaftler öfter mit Patentanwälten Gespräche führten als mit ihren Studenten. Er hielt sowohl die Spaltung des Atomkernes für eine Grenzverletzung mit katastrophalen Folgen, als auch den Eingriff des Menschen in den Zellkern für eine ethische Missetat.

Chargaff lebte seit seiner Emigration aus Europa immer in New York. Seit 1929 war er mit Vera Broido verheiratet, die er im chemischen Labor an der Wiener Universität kennen gelernt hatte. Seine reiche Bibliothek hat Chargaff der Österreichischen Nationalbibliothek in Wien vermacht.

Nach dem Zweiten Weltkrieg besuchte er mehrmals Österreich und Wien, verbrachte Urlaube in Altaussee, seine ursprüngliche Heimat war ihm jedoch fremd geworden.

Der Biochemiker wurde international vielfach geehrt, die Universitäten Basel und Columbia verliehen ihm Ehrendoktorate. 1994 erhielt er das Österreichische Ehrenzeichen für Wissenschaft und Kunst und den Würdigungspreis der Stadt Wien. Chargaffs Leben umfasst folglich einen großen Spannungsbogen, der vom Spitzenforscher der Biochemie zum vehementesten Kritiker seines Faches reicht. Erwin Chargaff starb hochbetagt am 20. Juni 2002 in New York City. Von der angloamerikanischen „World of Science" wurde sein Beitrag zur Biochemie jedoch vergessen.

Werke:

The Nucleic Acids (3 Bände, 1955–1960), Essays on Nucleic Acids (1963), Heraclitean Fire (dt. Das Feuer des Herakles, 1979), Kritik der Zukunft (1983), Abscheu vor der Weltgeschichte (1984), Arrnes Amerika – arme Welt (1994), Die Aussicht vom 13. Stock (1998), Ernste Fragen (2000).

KURT FRIEDRICH GÖDEL

*28. April 1906 Brünn, †14. Januar 1978 Princeton (New Jersey)

Mathematiker und Logiker

Gödel wurde als zweiter Sohn eines geschäftsführenden Direktors und Teilhabers einer Textilfabrik im damals österreich-ungarischen Brünn geboren. Das großbürgerliche Elternhaus und seine äußerst fürsorgliche Mutter konnten seinen bereits im Kindesalter erkennbaren, labilen psychischen Gesundheitszustand kaum verbessern. In der Schule galt er als mathematisches Genie und Sonderling. Da Brünn nach dem Ersten Weltkrieg zum Nachfolgestaat Tschechoslowakei gehörte und Gödel nur sehr schlecht Tschechisch sprach, fühlte er sich in seiner Heimatstadt nicht mehr wohl, übersiedelte nach Wien und nahm 1923 die österreichische Staatsbürgerschaft an.

Nach dem Abitur studierte er in Wien Mathematik und durfte bereits als Student an den Gesprächen des berühmten *Wiener Kreises* positivistischer Philosophen, zu dem u. a. Otto Neurath, Rudolf Carnap und Moritz Schlick gehörten, teilnehmen. Gödels Spezialgebiet waren Fragen der Logik und logische Systeme. Bereits mit seiner Dissertation *Die Vollständigkeit des logischen Funktionenkalküls* erregte er Aufsehen. In unmittelbarer Umgebung des *Wiener Kreises* lernte er auch seine spätere, um sechs Jahre ältere Frau Adele Porkert, eine Nachtklubtänzerin, kennen, die von seiner Familie abgelehnt wurde und die er erst 1938 heiraten konnte. Sie wurde bei Fortschreiten seines paranoiden und hypochondrischen Zustands der einzige stabile Faktor in seinem Leben. Ihre Resolutheit und Konsequenz ermöglichten ihm ein behütetes Leben. Aus Angst vor Vergiftungen aß Gödel nichts, was seine

Frau nicht vorher gekostet hatte. Später ernährte er sich nur nach einem strengen Diätplan und er nahm beinahe ausschließlich Milchprodukte und Obst zu sich.

1931 veröffentlichte Gödel eine grundlegende Arbeit über den *1. Unvollständigkeitssatz*. Er bewies, dass in jedem logischen System ein Paradoxon enthalten sein kann. Demzufolge existiert kein logisches System, dass zugleich vollständig und widerspruchsfrei ist und daher ist es besser, auf die Vollständigkeit zu verzichten, als Widersprüche hinzunehmen. Auch die heutige Quantenphysik setzt der menschlichen Erkenntnis eine Grenze. In der wissenschaftlichen Welt war Gödel höchst anerkannt, reiste zu Vorträgen in die USA – so etwa im Oktober 1938 – war allerdings nicht in der Lage, zu erkennen, was sich in Österreich in der Zwischenzeit politisch ereignet hatte. Er verlor in Wien seine Lehrbefugnis, wurde auf der Straße von Nationalsozialisten bedrängt und war immerzu von einem Einberufungsbefehl bedroht. Schließlich konnte er dank der Intervention amerikanischer Wissenschaftler 1940 über Russland und Japan in die USA emigrieren.

In den USA arbeitete er am *Institute for Advanced Study* in Princeton. Er beschäftigte sich in erster Linie mit Mengenlehre, mit der Einsteinschen Theorie und behauptete, dass auf Grund dieser Theorie eine Reise in die Vergangenheit theoretisch möglich sei. Er war der Ansicht, dass die Gesetze der Logik und der Mathematik Naturgesetze und so real wie physikalische Körper seien. Inzwischen vertreten die Wissenschaftler die Ansicht, dass Mathematik und Logik menschliche Erfindungen sind. Einer seiner engen Freunde in Princeton war Albert Einstein. 1948 wurde dem Mathematiker die amerikanische Staatsbürgerschaft verliehen. Hierbei wäre Gödel bei der üblichen Anhörung beinahe gescheitert, weil er dem fragenden Richter beweisen wollte, dass es in der amerikanischen

Verfassung einen Widerspruch gebe, der dazu führte, dass mit demokratischen Methoden eine Diktatur eingeführt werden könne.

In den 1950er Jahren verschlechterte sich Gödels Gesundheitszustand rapide und aus Misstrauen gegenüber den Ärzten wäre er beinahe einem Zwölffingerdarmgeschwür erlegen. Als seine Frau 1977 nach einem Schlaganfall für einen längeren Zeitraum ins Krankenhaus musste, nahm er fast nichts mehr zu sich und starb ein knappes halbes Jahr später, am 14. Januar 1978, an Unterernährung.

Gödel war nach seiner Emigration nie mehr nach Österreich zurückgekehrt. Die Verleihung einer Ehrenprofessur in Österreich oder die Aufnahme in die *Österreichische Akademie der Wissenschaften* lehnte der Ausnahmemathematiker strikt ab.

BILLY WILDER

*22. Juni 1906 Sucha (heute Sucha Beskidzka,
Polen), †27. März 2002 Los Angeles

Drehbuchautor, Filmregisseur und Filmproduzent

Samuel Wilder, im österreichisch-ungarischen Galizien geboren, wurde schon von der Mutter Billie genannt. Im amerikanischen Exil wurde daraus Billy. Billys Vater betrieb in Krakau ein Hotel und in der Umgebung der Stadt mehrere Bahnhofrestaurants. Aus Angst vor herannahenden russischen Truppen siedelte die Familie 1916 nach Wien über. Billy besuchte dort ein Privatgymnasium und war zeitweise ein Klassenkamerad des späteren Hollywood-Regisseurs Fred Zinnemann.

Gegen den Wunsch des Vaters, der eine Rechtsanwaltskarriere seines Sohnes befürwortete, wurde Wilder

Reporter, was dem Vater umso mehr missfallen musste, da sein Sprössling für das Skandalblatt *Die Stunde* schrieb. Das im Besitz von Imre Békessy stehende Blatt soll für wohlmeinende Artikel Bestechungen bezogen haben. Bei Zuwiderhandlung drohten polemische Kritiken. Einmal sollte Wilder eine Interview-Reihe schreiben, die die Einstellung von Prominenten gegenüber Mussolini dokumentierte. Schnitzler (→ siehe dort), Alfred (→ siehe dort) Adler (→ siehe dort) und Richard Strauss standen ihm bereitwillig Rede und Antwort. Als er hingegen bei Sigmund Freud anfragte und dieser erfuhr, für welches Blatt Wilder schrieb, schmiss er den Reporter kurzerhand hinaus. Es ist nicht auszuschließen, dass der junge Mann diese Zurückweisung nie vergaß, denn Psychiater kommen in allen seinen Filmen schlecht weg. Der Grund für seine Berufswahl war nach Wilders eigenen Angaben der Wunsch nach Selbstständigkeit und er gab an, nichts für den Beruf mitgebracht zu haben als eine gute Beobachtungsgabe. 1926 interviewte er den amerikanischen Jazzmusiker Paul Whiteman, der ihn dazu einlud, ihn nach Berlin zu begleiten. Am Bahnhof in Wien wurde er von seinen Redaktionskollegen mit 20 Knackwürsten Reiseproviant verabschiedet.

Wilder war von Berlin so begeistert, dass er sich entschloss, zu bleiben. Im *Romanischen Café* knüpfte er erste Kontakte und verdiente sich seinen Lebensunterhalt als „Neger", wie man Ghostwriter damals despektierlich nannte. Einer seiner Förderer in Berlin war Egon Erwin Kisch, der damals als Journalist bereits eine Legende war. Neben seiner Reportertätigkeit schrieb Wilder nun Drehbücher. So war er an *Menschen am Sonntag* beteiligt, bei dem Fred Zinnemann Regie führte. Gemeinsam mit Erich Kästner schrieb er das Drehbuch für *Emil und die Detektive*, das noch immer ein Klassiker des Schwarz-Weiß-Genres ist.

Nach der Machtergreifung der Nationalsozialisten und dem *Reichstagsbrand* floh er nach Paris, wo er wieder als Drehbuchautor sein Geld verdiente. In Frankreich inszenierte er auch seinen ersten Film *Mauvaise graine*. 1934 erhielt er ein Besuchervisum für die USA und verließ Europa am 22. Januar 1934 an Bord der *Aquitania* in Richtung New York. 1936 erhielt er bei *Paramount Pictures* einen Vertrag als Drehbuchautor. Er schrieb das Drehbuch zu dem Film *Ninotschka,* bei dem sein großes Vorbild Ernst Lubitsch Regie führte. Bereits 1942 führte er selbst Regie bei *The Major and the Minor.* Vier Jahre später erhielt er für *Das verlorene Wochenende* sowohl als Drehbuchautor als auch als Regisseur einen Oscar.

Nach dem Zweiten Weltkrieg kam er im Auftrag der amerikanischen Regierung als Colonel nach Deutschland und inszenierte im schwer durch den Krieg zerstörten Berlin den Film *Eine auswärtige Affäre* mit Marlene Dietrich, der eine Auseinandersetzung mit der NS-Vergangenheit von Menschen im vierfach besetzten Deutschland war. Ab den 1950er Jahren war Billy Wilder sehr erfolgreich und derart anerkannt, dass er an seinen Filmen auch als Produzent beteiligt war. Nun schuf er Klassiker wie *Sunset Boulevard* mit dem Stummfilmstar Gloria Swanson, *Das verflixte 7. Jahr (1955)* und *Some like it hot (1959),* beide Filme mit Marilyn Monroe. 1957 entstand *Zeugin der Anklage,* wieder mit Marlene Dietrich. In *Das Appartement* (1960) und *Das Mädchen Irma la Douce* (1963) war Shirley MacLaine seine Hauptdarstellerin. Spätere Filme konnten an Wilders große Erfolge nicht mehr anknüpfen, er zog sich langsam aus dem Regiegeschäft zurück und war lediglich als Berater tätig. Als man ihm, der den Großteil seiner Familie im Holocaust verloren hatte, die Regie für *Schindlers Liste* antrug, war er sehr gerührt, musste das Angebot jedoch aufgrund seines hohen Alters ablehnen.

Steven Spielbergs Umsetzung des Themas soll ihn tief beeindruckt haben.

Wilder war in erster Ehe (1936–1947) mit Judith Coppicus-Iribe verheiratet. Aus dieser Ehe stammt die Tochter Victoria. 1949 ehelichte er die Schauspielerin und Sängerin Audrey Young. Wilder verhalf auch dem Lokal *Spago* des Kärntners Wolfgang Puck, der inzwischen zu den Großen seines Fachs gehört und alljährlich das Galadinner für die Oscar-Verleihung ausrichtet, zu großem Ansehen. Der Regisseur war sein Leben lang ein großer Kunstliebhaber, der, sobald es ihm seine finanzielle Lage erlaubte, Kunst sammelte: Picasso, europäische Impressionisten, Schiele (→ siehe dort) und Möbel aus der Produktion der Familie Thonet (→ siehe dort). 1989 versteigerte er einen großen Teil seiner Sammlung und erzielte einen Erlös von mehr als 32 Millionen Dollar. Bei dieser Versteigerung erwarb beispielsweise Barbra Streisand eine Schiele-Zeichnung im Wert von ca. 600.000 Dollar, die er seinerzeit bei Kallir, einem Kenner Schieles, zum Preis von ca. 600 Dollar gekauft hatte.

Wilder hat mit zahlreichen seiner Streifen Filmgeschichte geschrieben, egal ob es sich dabei um Tragödien, Melodramen oder spritzige Komödien handelte. Sein Ruhm resultiert aus seinem ausgeprägten Talent, pointensichere und mitunter zynische Dialoge zu schreiben, die zwar vordergründig heiter sind, jedoch über einen erstaunlichen Tiefgang verfügen und stets beißende Kritik an so mancher Bigotterie der amerikanischen Gesellschaft üben. Von seinem journalistischen Hintergrund geprägt, waren für ihn die Qualität des Drehbuchs und die Präzision des Dialogtextes von großer Bedeutung. Sein schwarzer Humor und seine Vorliebe für Pointen, wie sie sich etwa in *nobody's perfect* manifestieren, blieben unerreicht. Er schuf Bilder, die aus der Filmgeschichte nicht mehr wegzudenken sind – man denke nur an Marilyn Monroe mit dem hochgewehten Rock. Ausgefallene Kameraeinstellungen waren seine Sache nicht, filmische Experimente lehnte er ab. Er erzählte eine Geschichte in straffster Form, die keinen Satz zu viel, keine einzige banale Redewendung enthielt. Er liebte den Schwarz-Weiß-Film und drehte noch in dieser Form, als andere schon längst zum Farbfilm übergegangen waren. Insgesamt erhielt er sechs Oscars und wurde 21 Mal für den Oscar nominiert. Sein Film *Das Appartment* erhielt allein drei Oscars. Zahlreiche internationale Auszeichnungen der Filmbranche, wie *Goldener Bär* und *Goldener Löwe* machten ihn zu einem höchst dekorierten Vertreter der Filmbranche. Die Stadt Wien ehrte ihn mit der Zuerkennung der Ehrenbürgerschaft, deren Urkunde ihm 2001 von Kulturstadtrat Peter Marboe übergeben wurde.

Weitere wichtige Filme von Wilder:

Frau ohne Gewissen (1944), Die Todesmühlen (1945), Reporter des Satans (1951), Stalag 17 (1953), Sabrina (1954), Ariane – Liebe am Nachmittag (1957), Eins, zwei, drei (1961), Extrablatt (1974), Fedora (1978), Buddy, Buddy (1981).

Herbert von Karajan

*5. April 1908 Salzburg, †16. Juli 1989 Anif (Salzburg)

Dirigent

Herbert von Karajan, Sohn des Chirurgen Ernst von Karajan, stammte aus einer kunstinteressierten Familie. Vier Generationen zuvor war seine aromunische Familie aus dem griechischen Mazedonien nach Österreich-Ungarn gekommen. Theodor von Karajan war im 19. Jahrhundert Kustos der Hofbibliothek, Max von Karajan Professor für klassische Philologie an der Grazer Universität. Karajans älterer Bruder Wolfgang besaß eine medizinisch-technische Fabrik in Salzburg, war ebenfalls sehr musikalisch und leitete ein Orgelensemble.

Im Alter von vier Jahren begann Karajans musikalische Ausbildung. Bereits mit neun Jahren spielte er bei einem Schülerkonzert im Salzburger *Mozarteum*. In Wien studierte er an der Hochschule für Musik, wo Franz Schalk sein Lehrer war. Ursprünglich wollte er Klaviersolist werden, gab diese Laufbahn jedoch zu Gunsten des Dirigierens auf. Seine erstes Operndirigat von *Figaros Hochzeit* brachte ihm 1927 ein Engagement als Dirigent in Ulm ein, wo er das gesamte Repertoire, sowohl Oper als auch Konzert, zu betreuen hatte. Dabei handelte es sich um ein kleines Orchester, das er oftmals mithilfe von Substituten auf die notwendige Stärke bringen musste. In dieser Zeit lernte er, aus vielen unterschiedlich begabten Musikern einen Klangkörper von Qualität zu formen.

Im April 1935 wurde er als jüngster Generalmusikdirektor Deutschlands nach Aachen berufen. Wie sehr seine Anerkennung gestiegen war, lässt sich auch an seinem Gehalt ablesen: in Ulm bezog er 1200 Mark Jahresgehalt, in Aachen 20.000 Mark. 1938 erlebte Karajan seinen Durchbruch mit einem umjubelten *Fidelio* an der Berliner *Oper unter den Linden*. Die Kritik feierte ihn als das „Wunder Karajan". 1941 wurde er Staatskapellmeister der *Oper unter den Linden* in Berlin. Von da an begann sein rascher Aufstieg. Seine Mitgliedschaft bei der NSDAP mag aus ehrgeizigen, sicherlich Karriere fördernden Überlegungen entstanden sein und erwies sich bis 1945 als äußerst hilfreich. In der Folge wurde Karajan nach Kriegsende eine Zeit lang mit Auftrittsverbot belegt, doch bereits drei Jahre später dirigierte er wieder bei den *Salzburger Festspielen*.

1941 hatte Karajan eine Einberufung zum Militär erhalten und ließ sich zum Kurierflieger ausbilden, wurde jedoch nach kurzer Zeit wieder freigestellt. Nach dem Tod von Wilhelm Furtwängler wählten ihn die Berliner Philharmoniker 1954 zu ihrem künstlerischen Leiter auf Lebenszeit. 1956 wurde Karajan mit der künstlerischen Leitung der *Salzburger Festspiele* betraut, ein Jahr später übernahm er nach Karl Böhm (→ siehe dort) die Leitung der *Wiener Staatsoper*, eine Position, die er jedoch nur wenige Jahre später aufgrund diverser Unstimmigkeiten aufgab. Empört und verletzt trat er daraufhin 13 Jahre nicht an das Dirigentenpult der *Wiener Staatsoper*. 1967 gründete er in Salzburg die Osterfestspiele und rief 1973 ebenfalls in Salzburg die Pfingstkonzerte ins Leben. Damit war Salzburg zu seinem künstlerischen Lebensmittelpunkt geworden. Nach Kritiken an seiner Aufführungspraxis trat er 1988 nach verschiedensten Streitigkeiten von der Leitung der *Salzburger Festspiele* zurück.

In Salzburg war ihm der Wiederaufstieg nach dem Krieg gelungen, denn er hatte die *Salzburger Festspiele* sowohl in künstlerischer als auch in gesellschaftlicher Hinsicht zu einem Luxusfestival gemacht. Dafür wurde er teils heftig angegriffen, indem ihm verschiedentlich nachgesagt wurde, man könne nur *für* ihn oder *gegen* ihn sein. Der

Sozialphilosoph Adorno nannte ihn despektierlich einen „Dirigenten des Wirtschaftswunders".

Karajan betonte immer wieder, dass er als Dirigent keine eigentliche Ausbildung gehabt habe. Er lernte, indem er den Großen zuhörte. Insbesondere Richard Strauss und Wilhelm Furtwängler hätten einen prägenden Einfluss auf ihn gehabt.

Im nationalen und internationalen Opernbetrieb setzte er wesentliche Neuerungen durch, die zwar anfangs kritisch betrachtet wurden, die internationale Opernwelt jedoch bis heute maßgeblich bestimmen. So bevorzugte er beispielsweise die Originalsprache der Opern, jene Sprache, in der der Komponist sein Werk geschaffen hatte. Er erkannte, dass in einem weltweit vernetzten Opernbetrieb ein einziges Ensemble, das über einen Zeitraum von mindestens einer Saison Werke interpretierte, nicht mehr aufrecht zu erhalten war. Daher führte er statt des bisherigen Repertoiretheaters, das wechselnde Besetzungen in Abhängigkeit von den Möglichkeiten des Hauses vorsah, den Stagionebetrieb ein. Dieser sah vor, dass Sänger für wenige Werke und eine zeitlich begrenzte Dauer an das jeweilige Opernhaus engagiert wurden. Dadurch waren Aufführungsserien in gleichbleibender Qualität mit einem fixen Ensemble möglich und es gab keinen fortwährenden Wechsel in den Besetzungen der Spitzenpartien.

Den Sängern war Karajan, der stets auswendig dirigierte, ein behutsamer Begleiter, der ihre Stimmen nicht überstrapazierte.

Zu Karajans großen Verdiensten gehörte die Förderung junger Sänger und Instrumentalsolisten wie Ann-Sophie Mutter. Viele große Stars der Opernbühne verdanken ihm ihre Karriere. Seine großen Stärken lagen in der Interpretation von Verdi- und Wagneropern, Mozartopern lagen ihm weniger. Bei seinen Opernregien arbeitete er fast 30 Jahre mit dem Bühnenbildner Günther Schneider-Siemssen zusammen. Dessen Ausstattungen entsprachen am ehesten den Vorstellungen des „Maestrissimo", ein Beiname, der ihn eher diffamieren denn rühmen wollte, aber im Grunde dem Absolutheitsanspruch des Dirigenten durchaus nahe kam. Das sogenannte „Regietheater" lehnte Karajan für Operninszenierungen ab. Sein letztes Konzert gab Karajan am 23. April 1989 im *Wiener Musikverein*, wo er gesundheitsbedingt Bruckners *Siebente Symphonie* auf einem Dirigentenstuhl sitzend dirigierte.

Karajan kannte alle bedeutenden Persönlichkeiten der Musikwelt des 20. Jahrhunderts, es gab jedoch nur wenige Menschen, mit denen er eine enge Freundschaft pflegte. Ungeachtet seiner kleinen und zierlichen Statur, die nicht unbedingt auf einen zähen Charakter schließen lassen würde, war der Dirigent ein Perfektionist von unglaublicher Disziplin. Er verlangte das Optimum nicht nur von sich selbst, sondern von allen, die mit ihm arbeiteten. Nicht zufällig stammt von ihm das Diktum: „Wer alle seine Ziele erreicht, hat sie wahrscheinlich zu niedrig gewählt." Zweifellos verstand er es, sich in Szene zu setzen, seine „Show" war jedoch stets perfekt und er umgab den Beruf des Dirigenten mit einem Glamourfaktor.

Zwei außergewöhnliche Konzerte bildeten die Höhepunkte von Karajans Dirigentenlaufbahn: 1985 dirigierte er das *Verdi-Requiem* vor Papst Johannes Paul II. im Vatikan. Zwei Jahre später dirigierte er, bereits schwer krank, erstmals das klassische Wiener Neujahrskonzert aus dem *Goldenen Saal* des Musikvereins.

Es ist daher kein Zufall, dass der Dirigent Karajan, der Musik und ihre Interpretation für alle Zeiten bewahren wollte, maßgeblich an der Entwicklung der CD beteiligt war. Gemeinsam mit den Forschern der Firma *Sony* entwickelte er stets neue Ideen, zuletzt die Bildplatte, die allerdings kein großes Marktpotential bewies. So konnte er mit Musik nicht nur die Opern und Konzertbesucher, sondern auch ein Massenpublikum erreichen. Seine Stiftung *Telemondial* hatte nicht nur den Zweck, seine persönlichen Musikdokumente (allein etwa 700 Schallplattenaufnahmen) zu sammeln, sondern sollte auch musiktherapeutische Programme unterstützen.

Sein Leben lang hegte Karajan eine große Begeisterung und Neugierde für technische Innovationen. Sein Interesse beschränkte sich dabei nicht allein auf Tonträger, sondern er liebte auch schnelle Autos und war ein begeisterter Pilot, wobei er den Pilotenschein erst im Jahr 1953 erworben hatte. Der Dirigent war dreimal verheiratet; zuerst mit der Operettensängerin Emmy Holgerloef aus Aachen. Diese Ehe scheiterte nach drei Jahren. 1939 heiratete er Anita Gütermann, löste die Ehe jedoch 1958. Im selben Jahr vermählte er sich mit dem französischen Dior-Mannequin Eliette Mouret. Aus der letzten Ehe stammen die beiden Töchter Isabel und Arabel.

1995 errichtete seine Witwe und Nachlassverwalterin Eliette Karajan in Wien das *Karajan-Centrum*, das seinen Nachlass verwalten und eine akribische Aufführungschronologie (etwa 3300 Aufführungen) herstellen sollte. Noch wichtiger war die Nachwuchsförderung durch Stipendien an junge Sänger. Auch musikwissenschaftliche Projekte sollten Unterstützung jeder Art finden. 2005 übersiedelte das *Karajan-Centrum* nach Salzburg in die Getreidegasse.

Simon Wiesenthal

*31. Dezember 1908 Buczacz (Galizien, heute
Ukraine), †20. September 2005 Wien

Architekt, Publizist und Schriftsteller

Wiesenthals Vater war ein wohlhabender jüdischer Ge-
schäftsmann und Offizier in der *k. u. k. Armee*, starb aber
bereits 1915 während des Ersten Weltkrieges. Bereits mit
12 Jahren wurde Wiesenthal mit antisemitischer Gewalt
konfrontiert, als er nur knapp einem Pogrom von Kosaken
entkam. Da er nach dem Abitur in Lemberg nicht zum Studium zugelassen wurde, studierte er an der Technischen
Hochschule in Prag Architektur und machte 1932 seinen
Abschluss. 1935 heiratete er Cyla Müller, eine Schulfreun-
din und entfernte Verwandte von Sigmund Freud, und
eröffnete in Lemberg ein Architekturbüro. Als Ostpolen
1939 von den Sowjets besetzt wurde, musste Wiesenthal
sein Büro schließen. Sein Stiefvater wurde im Zuge einer
„Kapitalistensäuberung" enteignet, verhaftet und starb
im Gefängnis. Nach dem deutschen Überfall auf die Sowjetunion wurde Wiesenthal von ukrainischen Milizen,
die mit den Deutschen verbündet waren, verhaftet und
entkam wie durch ein Wunder der Massenexekution,
wurde aber sofort in ein KZ eingeliefert. Seine Frau war
dank Wiesenthals Kontakten zur polnischen Widerstands-
bewegung mit neuen Papieren ausgestattet worden. So
entging sie der Deportation, musste aber während des
Krieges zur Zwangsarbeit ins Rheinland. Wiesenthal
selbst durchlebte eine qualvolle Odyssee durch mehrere
Konzentrationslager und wurde 1945, zum Skelett abge-
magert, in Mauthausen von den Amerikanern befreit.

Nach seiner Befreiung nahm Wiesenthal sofort Kontakt
mit den Amerikanern auf und übergab ihnen bereits im

Mai 1945 eine Liste mit fast 100 Namen von Kriegsverbrechern. Er hatte sich vorgenommen, keine Häuser mehr zu bauen, sondern die Täter des Holocaust vor Gericht zu bringen. Einer seiner ersten Aufträge der Amerikaner bestand darin, Adolf Eichmann, den administrativen Organisator und Koordinator der systematischen Judenvertreibung und -deportation zu finden. Ende 1945 fand er seine verschollen geglaubte Ehefrau wieder; gemeinsam hatten sie mehr als 80 Familienmitglieder durch den Holocaust verloren. 1947 gründete Wiesenthal in Linz mit freiwilligen Mitarbeitern die *Jüdische Historische Dokumentation*, in der Informationen und Zeugenaussagen zu Tätern und Tatorten gesammelt wurden. 1954 musste er dieses Büro schließen, da auf dem Höhepunkt des Kalten Krieges seitens der Westalliierten kein Interesse an der Verfolgung von Kriegsverbrechern bestand und Wiesenthal daher keinerlei Unterstützung für seine Tätigkeit erwarten konnte. In den nächsten Jahren widmete sich Wiesenthal der beruflichen Weiterbildung jüdischer Flüchtlinge, von denen sehr viele aufgrund der Kriegsereignisse keine normale Schulbildung abgeschlossen hatten.

Erst 1961 eröffnete Wiesenthal in Wien ein *Jüdisches Dokumentationszentrum*, das, durch Spenden finanziert, die Verfolgung einzelner Kriegsverbrecher aufnahm. Den Aufenthalt von Eichmann hatte er bereits Mitte der 1950er Jahre herausgefunden, konnte aber mangels Unterstützung nichts weiter unternehmen. 1960 schließlich wurde der Staat Israel auf Grund einer Information von Wiesenthal aktiv, entführte Eichmann mit Hilfe des Geheimdienstes aus Argentinien und stellte ihn vor Gericht. Er wurde zum Tode verurteilt und hingerichtet.

In den folgenden Jahren beschäftigte sich Wiesenthal vor allem mit der Auffindung von Tätern, die aus Österreich stammten, wie er überhaupt nachwies, dass der Anteil österreichischer Täter gemessen an der Bevölkerungszahl sehr hoch war. 1963 machte er den Wiener Polizisten Karl Silberbauer ausfindig, der seinerzeit Anne Frank in Amsterdam verhaftet hatte. Ebenso spürte er Franz Stangl, Kommandant von Treblinka, und Franz Murer, den „Schlächter von Vilnius", auf. Die gerichtliche Bestrafung der Täter durch die österreichische Justiz war skandalös; Murers Verfahren etwa endete mit einem Freispruch. Stangl wurde in Deutschland zu lebenslanger Haft verurteilt. Hatten die österreichischen Volksgerichte unmittelbar nach Kriegsende Täter noch mit großer Konsequenz vor Gericht gebracht und verurteilt, so gingen in späteren Jahren die Verfahren äußerst schleppend vor sich. Nur wenige der Täter wurden tatsächlich verurteilt, eine Tatsache, auf die Wiesenthal immer wieder mahnend hinwies.

1975 kam es zwischen Simon Wiesenthal und dem damaligen sozialdemokratischen Bundeskanzler Bruno Kreisky (→ siehe dort) zu einem für den Kanzler äußerst unangenehmen Eklat: Schon 1970 hatte Wiesenthal bei der Regierungsbildung des ersten sozialdemokratischen Kabinetts darauf hingewiesen, dass vier der vorgeschlagenen Minister eine NS-Vergangenheit hatten. Als Kreisky 1975 den damaligen FPÖ-Vorsitzenden Friedrich Peter als Mehrheitsbeschaffer in die Regierung aufnehmen wollte, machte Wiesenthal Peters SS-Vergangenheit publik. Kreisky reagierte empört und bezichtigte Wiesenthal der Kollaboration mit den Nazis. Er unterstellte Wiesenthal Mafia-Methoden, was der Journalist Peter Michael Lingens, dessen Mutter das KZ überlebt hatte, als unmoralisch und würdelos bezeichnete. Der Journalist wurde wegen Ehrenbeleidigung in Österreich verurteilt, ein Urteil, das indessen vom *Europäischen Gerichtshof* aufgehoben wurde. Diese Affäre entwickelte sich zu einer schweren innenpolitischen Krise. Kreisky konnte seine Vorwürfe nicht beweisen und wurde vor Gericht verurteilt. In der ein Jahrzehnt später ausbrechenden Waldheim-Affäre war Wiesenthal derjenige, der eher zur Mäßigung riet, eine differenzierte Haltung einnahm und eine Historiker-kommission forderte. Er verurteilte die amerikanische „WatchList"-Entscheidung. Grundsätzlich erklärte Wiesenthal immer, dass er nicht hasserfüllt sei, sondern bloß Recht suche. So ist auch der Titel seiner Memoiren *Recht, nicht Rache* zu verstehen.

In späten Lebensjahren wurde Wiesenthal große Anerkennung zuteil. 2000 erhielt er von Präsident Clinton die *Presidential Medal of Freedom*, eine der höchsten amerikanischen Auszeichnungen. 1989 wurde sein Leben verfilmt, der Hollywood-Schauspieler Ben Kingsley stellte Wiesenthal dar. 2000 wurde auf sein Betreiben auf dem Wiener Judenplatz ein Holocaust-Mahnmal der amerikanischen Bildhauerin Rachel Whiteread für die österreichischen Opfer der Shoah errichtet, das er für eine würdige Gedenkstelle erachtete, während er das Holocaustdenkmal am Albertinaplatz als erniedrigend ablehnte.

2003 zog sich Wiesenthal in den Ruhestand zurück, die Unterbringung und Zugänglichkeit seines bedeutsamen Archivs ist noch immer nicht völlig geklärt. Er verstarb am 20. September 2005 in Wien, wurde aber auf seinen eigenen Wunsch hin in Israel beigesetzt.

Werke:

Groß-Mufti – Groß-Agent der Achse (1947), Ich jagte Eichmann. Tatsachenbericht (1961), Doch die Mörder leben (1967), Die gleiche Sprache. Erst für Hitler – jetzt für Ulbricht (1968), Segel der Hoffnung. Die geheime Mission des Christoph Columbus (1972), Max und Helen (1981), Krystyna. Die Tragödie des polnischen Widerstandes (1986), Flucht vor dem Schicksal (1988), Recht nicht Rache. Erinnerungen (1988).

Bruno Kreisky

* 22. Januar 1911 Wien, † 29. Juli 1990 Wien

Politiker

Bruno Kreisky wurde im Wiener Bezirk Margareten geboren, unweit eines heute nach ihm benannten Parks, in
dem auch eine Büste des Kanzlers von Christine Pillhofer
steht. Kreiskys aus Böhmen stammende, jüdische Familie
war wohlhabend, sein Vater Max Generaldirektor der
Österreichischen Wollindustrie AG. Sein Großonkel war
liberaler Reichsratsabgeordneter und Mitbegründer der
Neuen Freien Presse. Seine Mutter Irene stammte aus einer
Familie von Lebensmittelproduzenten.

Bereits als Mittelschüler kam er in Kontakt mit der
Sozialdemokratie, trat den *Sozialistischen Mittelschülern*
bei, wechselte aber bald zur *Sozialistischen Arbeiterjugend*
(SAJ). In dieser Organisation erklomm er rasch die Kar-
riereleiter und leitete ab 1933 die gesamte Bildungs- und
Kulturarbeit des Verbandes. Ab 1929 begann er in Wien
Jura zu studieren, daneben widmete er sich intensiv der
Parteiarbeit. Nach der Niederschlagung des Februa) auf-
standes von 1934 ging die Parteiarbeit im Untergrund
illegal weiter. Im Januar 1935 wurde Kreisky gemeinsam
mit anderen prominenten Sozialisten wie Franz Jonas
und Anton Proksch verhaftet. In der Untersuchungshaft
lernte er auch nationalsozialistische Parteigänger kennen, die ihm 1938 behilflich waren und mit denen er ein
Leben lang losen Kontakt hielt. Im Frühjahr 1936 stand
Kreisky im sogenannten *Sozialistenprozess*, der von der
internationalen Presse aufmerksam verfolgt wurde, vor
Gericht, wo er eine eindrucksvolle Rede hielt. Er wurde
wegen Hochverrats zu einem Jahr Kerker verurteilt –
diese Strafe war durch die Untersuchungshaft bereits

verbüßt – und, noch schlimmer, von sämtlichen Hochschulen relegiert.

Erst zu Beginn des Jahres 1938 konnte Kreisky sein Studium fortsetzen; am 14. März 1938 legte er sein letztes Rigorosum ab. Einen Tag später wurde er in „Schutzhaft" genommen, kam jedoch bald frei mit der Auflage, das Land sofort zu verlassen. Er nahm eine Einladung der schwedischen *Jungsozialisten* an und emigrierte nach Schweden, wo ein Cousin von ihm mit einer Schwedin verheiratet war. Anfang 1939 fand er eine Anstellung bei der schwedischen Konsumgenossenschaft und ein Jahr später konnten seine Eltern nach Schweden nachkommen. Nebenbei schrieb er regelmäßig Artikel für schwedische und ausländische Zeitungen. Bei einem Kongress der *Sozialistischen Jugendinternationale* in Lille war er es, der sich gegen den internationalen Trend einer Fusionierung mit den Kommunistischen Jugendverbänden vehement widersetzte. In Schweden lernte er auch den deutschen Sozialdemokraten Willy Brandt kennen, mit dem ihn eine lebenslange Freundschaft verband. 1941 wurde er zum Obmann des *Klubs der österreichischen Sozialisten im schwedischen Exil* gewählt. 1942 heiratete er die jüdische Industriellentochter Vera Fürth. Sein Sohn Peter wurde noch während des Krieges geboren, die Tochter Suzanne 1948.

Nach 1945 organisierte Kreisky Hilfslieferungen aus Schweden nach Österreich. Ein Jahr später fuhr er nach Österreich, um die Möglichkeiten für einen Einstieg in die Politik zu sondieren. Doch die Partei verhielt sich abweisend und wollte keinen Remigranten aufnehmen, umso weniger, wenn er jüdischer Abstammung war. So wurde Kreisky beauftragt, in Schweden eine österreichische Vertretung aufzubauen. Erst Ende 1950 erhielt er über das Außenministerium, dem er inzwischen als Beamter angehörte, eine Berufung nach Österreich. Ihm wurde dort das Amt des außenpolitischen Beraters für den eben gewählten Bundespräsidenten Theodor Körner angeboten. Körner kannte den jungen Diplomaten schon seit den 1920er Jahren, im Laufe der Zusammenarbeit lernte er ihn sehr schätzen. Als die Wahlen des Jahres 1953 zwar mit einer Mandatsmehrheit für die ÖVP, aber mit einer Stimmenmehrheit für die SPÖ ausgingen, beharrte die SPÖ auf zusätzlichen Staatssekretären, u. a. auch im Außenministerium. Das Amt des Staatssekretärs im Außenministerium, das zunächst von Minister Karl Gruber, dann von Leopold Figl bekleidet wurde, bot Kreisky die Chance, an den Verhandlungen zum Abschluss des Staatsvertrages teilzunehmen und bei der Unterzeichnung dabei zu sein. Im selben Jahr zog Kreisky in den Parteivorstand der SPÖ ein, ein Jahr später wurde er in den Nationalrat gewählt.

Bei den Wahlen des Jahres 1959 ergab sich eine ähnliche Situation wie 1953, denn die SPÖ konnte Forderungen stellen. Ursprünglich offerierte Julius Raab der SPÖ das Finanzministerium, doch er konnte sich innerparteilich nicht durchsetzen. Daher kam erneut das Angebot für das Außenministerium, wobei Kreisky den Vorschlag unter der Bedingung annahm, dass das Außenressort wieder ein eigenständiges Ministerium werde und nicht als ein „Anhängsel" im Bundeskanzleramt firmiere. Diese seltsame Regelung ging auf die erste Hälfte der 1920er Jahre zurück, als die Zahl der Ressorts unter dem Druck der Völkerbundkontrolle verringert werden musste.

Als neuer Bundesminister für auswärtige Angelegenheiten fühlte sich Kreisky in seinem Element. Er hatte schon längst sehr gute internationale Kontakte, war sprachenkundig und verfügte über ein klares außenpolitisches Konzept. Er war zwar ein entschiedener Gegner des kommunistischen Systems, pflegte aber sehr gute

Kontakte zu den Ländern hinter dem *Eisernen Vorhang*. In den frühen 1960er Jahren galt sein besonderes Augenmerk der Südtirolfrage, die nach dem Zweiten Weltkrieg nicht zur Zufriedenheit der Österreicher gelöst worden war. Es gab zwar das *Gruber-De Gasperi-Abkommen* aus dem Jahr 1946, doch die Landesautonomie war damit keineswegs realisiert. Im Gegenteil versuchte Italien durch administrative Maßnahmen Schritte in Richtung Italianisierung zu setzen, die auf heftige Proteste der Südtiroler stießen. Kreisky brachte das Problem vor die UNO, die beide Streitparteien mit Verhandlungen beauftragte. 1969 kam es zur Unterzeichnung des sogenannten *Südtirol-Pakets*, das die Grundlage für eine künftige Regelung wurde. 1992 konnten beide Staaten der UNO eine Streitbeilegungserklärung übermitteln.

Für die SPÖ war die Mitte der 1960er Jahre eine krisenhafte Phase. Stimmen, den bisherigen Parteichef Bruno Pittermann abzulösen, wurden lauter. Schließlich kam es 1967 zu einer Kampfabstimmung zwischen dem Gewerkschaftler Hans Czettel und Bruno Kreisky, wobei letzterer die Oberhand behielt. Kreisky übernahm die Parteiführung in den Jahren der Opposition und stellte die Weichen für ein neues Programm der Partei. In Gremien von Fachleuten wurden die Grundsätze für eine künftige politische Arbeit formuliert.

Bei den Wahlen im Jahr 1970 konnte der ÖVP-Kanzler Josef Klaus keine Mehrheit mehr erzielen, die SPÖ hingegen eine relative Mehrheit. Sie war allerdings in der ersten Phase einer Minderheitsregierung auf die Duldung der FPÖ angewiesen. Doch bei den Wahlen von 1971 erzielte die SPÖ unter Kreiskys Führung eine überzeugende Mehrheit. Dieser Wahlerfolg wiederholte sich 1975 und 1979. 1983 ging die satte Mehrheit verloren und Kreisky trat zurück.

In den ersten Jahren der Alleinregierung setzte das Kabinett Kreisky viele der angekündigten Reformen um – so etwa die Verkürzung der Wehrdienstzeit, die Straffreiheit für Schwangerschaftsabbruch in den ersten drei Monaten, ein Minderheiten freundliches Wahlrecht, eine große Reform des Familienrechts, die in erster Linie die ungleiche Behandlung von Frauen teilweise beseitigte. Im Bundeskanzleramt wurde ein Staatssekretariat für Frauenfragen unter der Leitung von Johanna Dohnal eingerichtet; der Bereich der Universitäten und der wissenschaftlichen Forschung erhielt ein eigenes Ressort. An den Universitäten erfolgte durch Einführung der Drittelparität eine breite Demokratisierung. Auf dem sozialen Sektor wurden die Familien- und Geburtenbeihilfe erhöht. Ungelöst blieben in der Ära Kreisky die Neuregelung des Pensionssystems und die Frage der Verstaatlichen Industrie, deren Finanzbedarf das Budgetdefizit steigen ließ. Zudem geriet die Verstaatlichte Industrie durch dubiose Geschäfte in ein schlechtes Licht. Seinen Nachfolgern hinterließ Kreisky Staatsschulden in beträchtlicher Höhe, denn sein Regierungskonzept hatte vorgesehen, lieber Schulden zu machen, als eine hohe Arbeitslosenzahl zu riskieren.

Kreiskys eigenes Betätigungsfeld, die Außenpolitik, erfuhr neue Akzente. Er pflegte gute Beziehungen zu arabischen Politikern, wie Anwar as Sadat. Mit größerer Vehemenz als bisher vertrat er den Standpunkt der Palästinenser gegenüber Israel, indem er der PLO die Eröffnung eines Büros in Wien gestattete. Auch den libyschen Diktator empfing er in Wien und exkulpierte dadurch dessen terroristische Vergangenheit. Von europäischer Bedeutung war die enge Zusammenarbeit mit seinem Freund Willy Brandt und dem schwedischen Regierungschef Olaf Palme. Eine persönliche Niederlage erlitt Kreisky bei der Volksabstimmung für den Bau des

Kernkraftwerks Zwentendorf, der mehrheitlich von der Bevölkerung abgelehnt wurde. Äußerst unangenehm für den sonst so erfolgreichen Kanzler war die Auseinandersetzung mit Simon Wiesenthal (→ siehe dort), dem Leiter des Jüdischen Dokumentationszentrums, der Kreisky wiederholt auf die nationalsozialistische Vergangenheit von Regierungsmitgliedern bzw. präsumtiven Koalitionspartnern hinwies.

Nach seinem Rückzug aus der Politik widmete sich Kreisky der Niederschrift seiner Erinnerungen. Mit dem Agieren seiner Nachfolger nicht immer einverstanden, distanzierte er sich zunehmend von seiner Partei und seinen Gesinnungsgenossen. Als sein Nachfolger Franz Vranitzky 1987 das außenpolitische Ressort der ÖVP überließ, legte Kreisky aus Protest den Ehrenvorsitz der Partei nieder.

Schon seit den späten 1970er Jahren litt Kreisky an Diabetes, 1984 musste er sich einer Nierentransplantation unterziehen. Hinzu trat eine krankheitsbedingte fortschreitende Erblindung. 1990 starb Kreisky, völlig erblindet und auf den Rollstuhl angewiesen, an Herzversagen.

Werke:

Zwischen den Zeiten. Erinnerungen aus fünf Jahrzehnten (1986), Im Strom der Politik. Der Memoiren zweiter Teil (1988), Der Mensch im Mittelpunkt (hg. von Rathkolb/Kunz/Schmidt 1996).

OTTO HABSBURG-LOTHRINGEN

* 20. November 1912 Villa Wartholz bei
Reichenau, † 4. Juli 2011 Pöcking (Bayern)

Thronfolger, politischer Publizist und Europapolitiker

Otto Habsburg war der älteste Sohn des letzten Kaisers
Karl I. von Österreich-Ungarn und seiner Gattin Zita
von Bourbon-Parma. Als sein Urgroßonkel Kaiser Franz
Joseph I. im Jahre 1916 starb, folgte der vierjährige Knabe
dem Sarg als Kronprinz und Thronfolger. Doch mit dem
Untergang der Donaumonarchie und der Ausrufung
der Republik Österreich ging die 640 Jahre währende
Herrschaft der Habsburger-Dynastie zu Ende. In den
Novembertagen 1918 musste Otto mit seinen Eltern Wien
fluchtartig verlassen. Die Reise ging zunächst nach Schloss
Eckartsau im Marchfeld und von dort am 24. März 1919 in
die Schweiz. Da sein Vater zwei Restaurationsversuche in
Ungarn unternahm, wurde er auf Madeira verbannt, wo
er 1922 an den Folgen einer Lungenentzündung starb. In
Österreich wurde die Familie Habsburg enteignet und des
Landes verwiesen, es sei denn, jedes einzelne Mitglied
gab eine Verzichtserklärung auf eventuelle Herrschafts-
ansprüche ab.

Die folgenden Jahre verbrachten Otto und seine Geschwister im spanischen Baskenland, wo sie die Schule
besuchten. Es war selbstverständlich, dass Otto Habsburg
neben Englisch, Französisch und Spanisch Ungarisch und
Kroatisch, die Sprachen der Monarchie, erlernte. 1929
übersiedelte die Familie nach Belgien. 1935 schloss Otto
Habsburg ein Studium der Staats- und Sozialwissenschaften an der Universität Löwen in Belgien ab. Bereits seit
1930 war er nach dem Familiengesetz volljährig und damit
auch Souverän des *Ordens vom Goldenen Vlies*. 1935 hob

der österreichische Ständestaat die Landesverweisung der Habsburger auf und erstattete ihnen einen Teil des Vermögens zurück.

Otto Habsburg nahm stets lebhaften Anteil an Österreichs Schicksal. Er war ein erklärter Gegner des Nationalsozialismus und auch des Kommunismus. Als Österreich 1938 dem immensen Druck von Hitler ausgesetzt war, bot der dem damaligen Bundeskanzler Kurt Schuschnigg an, die Regierung zu übernehmen; gleichzeitig riet er zu einer Befriedung der aus der Politik ausgeschalteten Sozialdemokraten. Schuschnigg lehnte Otto Habsburgs Angebot jedoch ab. Nach dem Einmarsch der Nationalsozialisten in Österreich – bezeichnenderweise lief diese Operation unter dem Codenamen „Otto" – lebte Otto von Habsburg in Frankreich, wobei er vom NS-Regime steckbrieflich gesucht wurde. Nach Ausbruch des Krieges verließ er Frankreich und reiste über Belgien in die Vereinigten Staaten. In den USA fand er Kontakt zu Präsident Roosevelt und setzte sich nachdrücklich für die österreichischen Interessen ein, wobei es ihm nicht gelang, eine österreichische Exilregierung in den USA zu bilden, da die einzelnen Exilgruppen untereinander zu sehr zerstritten waren. Auch waren Ottos Ideen von der Schaffung einer Donauföderation in der Nachkriegszeit völlig konträr zu den Vorstellungen etwa der Tschechen.

Als in Österreich in den letzten Kriegstagen die Regierung Renner gebildet wurde, intervenierte Otto von Habsburg gegen Renner bei Präsident Harry Truman. Er misstraute ihm wegen seiner positiven Abstimmungserklärung im Jahre 1938 und wegen seines anbiedernden Schreibens an Stalin im Jahre 1945.

1945 wollte Otto Habsburg nach Tirol einreisen, wurde aber abgewiesen. 1946 erfolgte eine neuerliche Ausweisung. Die Ausweisung für die gesamte Familie wurde

1955 im Staatsvertrag unter der Bedingung festgeschrieben, dass seitens jedes einzelnen Familienmitglieds eine Verzichtserklärung erfolge. 1954 ließ sich Otto von Habsburg im bayerischen Pöcking nieder. Er war seit 1951 mit Regina von Sachsen-Meinigen verheiratet. Aus dieser Ehe entstammen sieben Kinder; fünf Töchter und zwei Söhne. Der älteste Sohn Karl übernahm 2007 die Funktion eines Familienoberhauptes.

In den Nachkriegsjahren schrieb Otto von Habsburg eine große Anzahl von Büchern, er publizierte Artikel in Zeitschriften und hielt weltweit Vorträge. 1961 gab er gegenüber dem österreichischen Staat eine Verzichtserklärung ab, die aber von der Sozialdemokratie wegen einer angeblichen Mentalreservation nicht akzeptiert wurde. Erst ein Urteil des Verwaltungsgerichtshofes bestätigte Otto Habsburgs Erklärung als ausreichend. Daher kam es 1966 zu einer ersten Wiedereinreise nach Österreich, die damals noch von sozialdemokratischen Kreisen heftig kritisiert wurde. Unter dem sozialdemokratischen Bundeskanzler Bruno Kreisky (→ siehe dort) ereignete sich dann der historische Handschlag, der eine Aussöhnung der Sozialdemokratie mit der ehemaligen Herrscherfamilie in Gang setzte.

1978 nahm Otto von Habsburg neben der österreichischen die deutsche Staatsbürgerschaft an, da er für die CSU ein Mandat im Europaparlament ausübte. Er behielt diese Funktion bis ins hohe Alter, denn erst 1999 trat er den Posten ab. Otto Habsburg war ein von allen Fraktionen geschätzter und begeisterter Vertreter der Europaidee, der sich vor allem als Anwalt der osteuropäischen Länder, die bis 1989 noch hinter dem *Eisernen Vorhang* lagen, profilierte. Bereits 1973 war er zum Präsidenten der *Paneuropa-Union* gewählt worden. Das so genannte *Paneuropäische Picknick*, das am 19. August 1989 an der österreichisch-ungarischen Grenze auf die Mitinitiative von Habsburg in Form einer Friedensdemonstration abgehalten wurde, trug entscheidend zum Fall des *Eisernen Vorhangs* bei.

Anlässlich seines 95. Geburtstags im Jahr 2007 wurde Otto von Habsburg von dem österreichischen Bundespräsidenten Heinz Fischer in der *Wiener Hofburg*, der Residenz seiner Ahnen, empfangen, was für beide ein historischer Moment war. Nach seinem Tod wurde Otto von Habsburg in Bayern, in Mariazell und in Wien aufgebahrt. Tausende Menschen trugen sich in die Kondolenzbücher ein. Nach einem von Kardinal Christoph Schönborn zelebrierten Requiem im Wiener *Stephansdom* wurde der letzte Thronfolger der österreichisch-ungarischen Monarchie gemeinsam mit seiner zwei Jahre zuvor verstorbenen Gattin in der Grablege der Familie, der Kapuzinergruft, feierlich beigesetzt. Die Urne mit seinem Herzen wurde in die ungarische Benediktinerabtei Pannonhalma gebracht. An seiner Beisetzung, die einem Staatsbegräbnis glich, nahmen zahlreiche Ehrengäste aus ganz Europa teil.

Max Ferdinand Perutz

*19. Mai 1914 Wien, †6. Februar 2002 Cambridge

Chemiker

Der Chemiker Max Ferdinand Perutz gehört nicht nur zu den Größten seines Faches – er entdeckte und beschrieb genau die Struktur des Hämoglobins –, sondern er war auch ein allseits gebildeter und mit Vernunft und Verantwortungsbewusstsein agierender Forscher.

Der am 19. Mai 1914 in Wien geborene Perutz stammte aus einer Familie von Textilindustriellen. Sowohl sein Vater Hugo Perutz als auch seine Mutter Dely Goldschmidt kamen aus vermögenden Familien, die ihren Kindern die bestmögliche Ausbildung gewährleisten konnten. Natürlich mit der Perspektive, dass der Sohn den väterlichen Betrieb übernehmen werde. Max Ferdinand besuchte also das Theresianum in Wien, jene von Maria Theresia für die Ausbildung des gehobenen Beamtentums gegründete Eliteschule, deren Ausbildungsschwerpunkt traditionellerweise auf den humanistischen Fächern und den alten Sprachen lag. Doch Perutz hatte das Glück, auch in den naturwissenschaftlichen Fächern von ausgezeichneten Pädagogen unterrichtet zu werden, die in ihm die Liebe zur Chemie erweckten.

So war Perutz' Entschluss, nach der Matura in Wien Chemie zu studieren, fast selbstverständlich. In den Vorlesungen von Professor F. von Wessely wurde sein Interesse für die Biochemie geweckt, vor allem für die biochemischen Arbeiten des Nobelpreisträgers G. F. Hopkins, der in Cambridge forschte und 1929 den Nobelpreis für Medizin für seine Forschungen zu den Vitaminen A und B erhalten hatte. Professor Karl Hermann Mark, der 1935 nach Cambridge fuhr, ebnete für Perutz alle Wege, allerdings nicht am biochemischen Institut, sondern im kristallografischen Institut, wo Perutz jene Grundkenntnisse erwarb, die für seine späteren Forschungen essenziell werden sollten.

Perutz' Eltern, damals noch vermögend, konnten ihm den Abschluss des Chemiestudiums in Cambridge ermöglichen, wo er seit 1936 als Research Student bei J.D. Bernal am Cavendish Laboratorium arbeitete. Sie überwiesen ihm 500 Pfund Sterling, von denen er zwei Jahre in Cambridge alle seine Ausgaben decken konnte. Noch im Sommer 1937 wusste er nicht genau, in welche Richtung seine Doktorarbeit gehen sollte. Um ein wenig klarer zu sehen, besuchte er einen angeheirateten Cousin in Prag, einen Biochemiker, der ihn an den Physiologen Gilbert Adair in Cambridge verwies, der Hämoglobinkristalle besaß, von denen Perutz Röntgenaufnahmen machen konnte.

Im Winter 1937/1938 wurde in Cambridge ein Kristallograf gesucht, der Schi fahren konnte. Man suchte nämlich einen jungen Wissenschaftler für Gletscherforschung. Konkret sollte er untersuchen, wie sich Schneeflocken, die auf einen Gletscher fallen, in Eiskristalle verwandeln. Über diese Forschungen schrieb Perutz eine Arbeit, die für ihn noch Folgen haben sollte.

Als 1938 in Österreich die Nationalsozialisten die Macht ergriffen, wurden seine Eltern enteignet, doch Cambridge sprang quasi ein und stellte Perutz ab 1. Januar 1939, trotz seines Ausländerstatus, als Forschungsassistent an. 1940 schloss er sein Studium in Cambridge mit dem Doktorat ab. Das Rockefeller Stipendium in Cambridge ermöglichte es Perutz, auch seine Eltern, die nach dem März 1938 über die Tschechoslowakei in der Schweiz gelandet waren und dort keine Aufenthaltsbewilligung erhielten, nach England zu holen, weil sein Einkommen für eine Garantie ausreichte.

Im Mai 1940 wurde Perutz in England als „feindlicher Ausländer" verhaftet und schließlich nach einigen Zwischenstationen und einer Fahrt mit einem Truppentransporter in Kanada interniert. Wie Perutz waren viele seiner Mitgefangenen über die Behandlung der zivilen Kriegsgefangenen durch das britische Empire sehr verbittert. So befand sich in seinem Barackenlager auch Prinz Friedrich von Preußen, Enkel von Kaiser Wilhelm II., immerhin selbst ein Cousin von König Georg VI. Die Häftlinge gründeten eine Lageruniversität, zu der jeder aus seinen Spezialkenntnissen beitrug. Auch Perutz' Vater musste in ein Internierungslager auf der Isle of Man. 1941 konnten sowohl Vater als auch Sohn wieder nach England zurückkehren.

1942 wurde Perutz von der Admiralität nach London zitiert. Er sollte am Projekt „Habakuk" mitwirken, das so geheim war, dass er zunächst nicht erfuhr, worum es ging. Es war im Grunde ein Hirngespinst des exzentrischen Geoffrey Pyke von der Admiralität, der riesige Eisschollen als temporäre Flugzeugträger plante. Jedenfalls sollte Perutz, der sich ja als Gletscherforscher schon profiliert hatte, herausfinden, wie man Eis verstärken könnte. Die Theorie sah vor, aus dem arktischen Eis eine Art Floß auszuschneiden und es in die Gewässer des Atlantik als Flugzeuglandeplatz zu schleppen. Perutz fand aber heraus, dass sogar eine drei Meter dicke Eisschicht schnell durch die Wellen des Meeres zerbrechen würde. Er startete Experimente, das Eis durch Zugabe von Holzzellulose zu verstärken, was tatsächlich möglich war. Um diese Forschungen weiterzuführen, musste Perutz relativ kurzfristig nach Amerika, was aber für einen Staatenlosen, der er zu diesem Zeitpunkt war, unmöglich schien. So machte ihn das britische Empire binnen drei Tagen zum Briten, d.h., er erhielt 1943 die britische Staatsbürgerschaft. Aus dem erwähnten skurrilen Projekt wurde natürlich nichts.

Seit 1942 war Perutz mit Gisela Clara Peiser verheiratet, die aus Deutschland stammte und die Perutz bei der Society for the Protection of Science and Learning, einer Hilfsorganisation für geflüchtete Wissenschaftler, kennengelernt hatte. Der Ehe entstammten zwei Kinder, Vivien (*1944) und Robin (*1949).

Nach dem Zweiten Weltkrieg wurde Perutz 1947 zum Leiter einer Forschungsgruppe für Molekularbiologie bestellt, 1962 übernahm er die Leitung des gesamten Departments, die er bis zu seiner Pensionierung 1979 innehatte. Anfangs hatte er nur einen Mitarbeiter, nämlich John Kendrew, mit dem er später den Nobelpreis für Chemie 1962 teilte. Schon ein Jahr nach seinem Start in Cambridge wusste Perutz genau, in welche Richtung seine Forschungen gehen sollten. Sein Interesse galt der Struktur der Eiweißstoffe, vor allem der Globulärproteine Hämoglobin, des roten Blutfarbstoffes, der den Sauerstofftransport von der Lunge in das Körpergewebe und den Rücktransport von Kohlendioxyd zur Lunge bewirkt, und Myoglobin. Es sind dies Substanzen, die allen Lebensvorgängen zugrunde liegen. Schon seit der Entdeckung Emil Fischers (Nobelpreis 1902) wusste man, dass ihre Primärstruktur fadenförmig ist. Die weitere Ausformung der Moleküle zu kugelförmiger Gestalt – daher der Name Globulärproteine – entsteht durch Faltung und Knäuelbildung des ursprünglichen Fadens. Ebenso war bekannt, dass der Faden aus 20 verschiedenen Aminosäuren gebildet wird, von denen 100 bis 1000 Moleküle die Glieder einer Kette bilden, die über Peptid-Bindungen miteinander verbunden sind. Zusätzlich kompliziert wird der Aufbau der Eiweißstoffe, da sich die Aminosäuren untereinander nur durch Kettenanhänger unterscheiden, die ihrerseits unterschiedliche chemische Eigenschaften aufweisen; sie sind hydrophob oder hydrophil, sauer oder basisch, aromatisch, schwefelhältig. Die Proteine wiederum unterscheiden sich nur durch ihre Reihenfolge. Die Kettenanhänger sind wie Buchstaben eines aus 20 Buchstaben bestehenden Alphabetes aneinandergereiht. Zusätzlich kompliziert wird diese Struktur durch die von Linus Pauling (Nobelpreis für Chemie 1953) entdeckte Tatsache, dass die Primärstruktur mit einer Sekundärstruktur, der sogenannten α-Helix, verzwirnt ist. Diese stellte sich wie eine Schraubenlinie dar, die dadurch Stabilität erhält, dass jede Peptidverbindung mit der drittnächsten wie mit der drittvorigen durch Wasserstoffbrücken verbunden ist. Durch dieses überaus komplizierte Aufbauschema ließ sich die Vielfalt der Eiweißstoffe erklären. Ihre mannigfaltigen chemischen Aktivitäten, vor allem das Verhältnis von Enzymen und Fermenten etwa zu Globulärproteinen, war mit dieser Struktur jedoch nicht erklärbar.

Die Forschungsarbeiten von Max Perutz und seines Kollegen Kendrew lieferten nun die Erkenntnis, dass die chemischen Eigenschaften eines Proteinmoleküls aus dem räumlichen Aufbau resultieren. Perutz entdeckte schon 1946, dass der Raum eines jeden Proteinmoleküls zur Hälfte mit Wasser bzw. einer wässrigen Salzlösung gefüllt ist. Diese Flüssigkeit befindet sich in den Zwischenräumen der Faltungen der Kette, sie zieht die hydrophilen Bestandteile der Kette an und stößt die hydrophoben Teile ab bzw. dreht sie nach innen, sodass komplizierte Faltungen und Knäuelungen in bestimmter geometrischer Form erzwungen werden.

Komplizierter noch als diese für einen Laien kaum vorstellbare Struktur war der methodische Weg, diese Differenzierungen in den Molekülen zu entdecken. Perutz wandte vor allem die Röntgenstrukturanalyse an, wobei er das System von Max von Laue und Lawrence Bragg weiterentwickelte. Prinzipiell ist es so, dass bei der Durchdringung eines Kristalls durch ein Röntgenstrahlenbündel die Strahlen an die einzelnen Atome gestreut werden. Diese erzeugen auf einem Film ein Reflexmuster. Aus der Verteilung und der Intensität des Musters kann wiederum auf den Aufbau des Gitters rückgeschlossen werden. Der Forscher geht so vor, dass er von einer Annahme, wie das Gitter gebaut sein könnte, ausgeht. Er berechnet es und überprüft es empirisch auf Übereinstimmung. Dieser Vorgang wird bis zur nötigen Übereinstimmung vielfach wiederholt. Prinzipiell funktioniert diese Methode bei Molekülen, die bis zu 100 Atome aufweisen. Bei Hämoglobin etwa, das 6000 röntgenwirksame Atome hat, ist diese Vorgehensweise aussichtslos.

Perutz erkannte, dass in Proteinkristalle Schweratome eingebaut werden können, ohne dass sich die Anordnung der Atome im Kristall ändert. So hat etwa der Ersatz eines einzigen Wasserstoffatoms durch ein Quecksilberatom in einem Proteinmolekül (Molekulargewicht 100.000) noch einen messbaren Einfluss auf das Röntgenbild. Um ein dreidimensionales Bild der Moleküle zu erhalten, mussten mindestens zwei, meistens aber viel mehr Röntgenaufnahmen vorhanden sein. Mitten in dieser komplizierten Versuchsreihe zur Struktur des Hämoglobins erkrankte Perutz schwer. Inzwischen arbeitete sein Partner Kendrew am Myoglobin weiter und konnte bis 1957 dessen Tertiärstruktur völlig klären. Perutz stellte seine Forschungen zum Hämoglobin 1959 fertig. 1960 veröffentlichte er eine Karte der dreidimensionalen Elektronendichtenverteilung des Hämoglobins. Außerdem baute er ein dreidimensionales Modell.

1962 erhielt Perutz zusammen mit Kendrew für diese Forschungen den Nobelpreis. In Cambridge widmete sich Perutz neben seiner eigenen Forschung sehr intensiv der Forschungsorganisation und holte beste Kräfte an sein Institut. Zeitweilig arbeiteten gleichzeitig sechs Nobelpreisträger, nämlich Perutz, Kendrew und William Bragg, Francis Crick und James Watson sowie Georges Köhler, Erfinder der monoklonalen Antikörper, an diesem Laboratorium. Er selbst widmete sich in den folgenden Jahren der Erforschung von Krankheiten, die durch eine genetisch bedingte Veränderung des Hämoglobins verursacht werden.

Perutz bewohnte nicht nur den gläsernen Turm der Biochemie, sondern ging mit seinen Meinungen und Urteilen in hervorragender essayistischer Form an die Öffentlichkeit. Vor allem in der „New York Review of Books" publizierte er regelmäßig. Eine Sammlung seiner geistreichen Artikel und Aufsätze erschien 1999 unter dem deutschen Titel: „Ich hätte Sie schon früher ärgern sollen", in der er auch höchst bemerkenswerte Porträts von Wissenschaftskollegen veröffentlichte.

1982 nahm er in einem Artikel ausführlich zum Stellenwert der Naturwissenschaften Stellung. Voll Leidenschaft polemisierte er für die Vernunft und gegen die Verteufelung der Naturwissenschaften. „Ging's ohne Forschung besser? Der Einfluss der Naturwissenschaften auf die Gesellschaft" lautet der Titel dieser Arbeit, in der Perutz eigentlich schlüssig beweist, dass die Naturwissenschaften das Reich der Freiheit Wirklichkeit haben werden lassen. Anhand von Verbesserungen der Volksgesundheit und der generell längeren Lebensdauer der Menschen argumentiert er, dass die Naturwissenschaften einen humanisierenden Einfluss ausüben.

Perutz war ja schon längst britischer Staatsbürger, besuchte aber sein Herkunftsland immer wieder, ohne laut geäußerte Hassgefühle oder Verachtung. Er verschwieg aber auch nie, dass er Cambridge alles zu verdanken hätte. Nach der Vertreibung aus der Enge der Heimat habe ihn die Konfrontation mit einer weiteren, größeren Welt zu dem gemacht, was er sei. Es wurden ihm auch nie Ideen gestohlen, er musste sie im Gegenteil seiner Umwelt aufzwingen. Denn: „Sogar Wissenschaftler sind unglaublich konservativ." Und: „Gute Wissenschaft ist kein Bett aus Rosen, doch ist die Romantik noch da."

Max Ferdinand Perutz verstarb am 6. Februar 2002 in Cambridge im Alter von 87 Jahren an einem Krebsleiden.

Hermann Gmeiner

* 23. Juni 1919 Alberschwende, † 26. April 1986 Innsbruck

Sozialpädagoge und Gründer der SOS-Kinderdörfer

Der Bergbauernbub Hermann Gmeiner verlor im Alter von fünf Jahren seine Mutter, die er ein Leben lang vermisste, wenn sich auch der Vater fürsorglich um die acht Kinder kümmerte und eine ältere Schwester die Mutterstelle übernahm.

Als Gmeiner nach dem Kriegsdienst aus dem Zweiten Weltkrieg in die Heimat zurückkehrte, war er tief betroffen von den Schicksalen jener Kinder, die durch den Krieg ihre Eltern verloren hatten. Ein an der Universität Innsbruck begonnenes Medizinstudium gab er bald auf, denn er wollte sich dieser elternlosen Kinder annehmen. Sie sollten nicht in einem üblichen Waisenhaus, so gut ausgestattet es auch sein mochte, ihre Kindheit und Jugend verbringen müssen, sondern in einer familienartigen Umgebung. Seine ganze Energie galt der Aufgabe, Mittel für den Bau eines Kinderdorfes nach seinen Vorstellungen aufzutreiben. 1949 konnte in der Tiroler Gemeinde Imst das erste Kinderdorf eröffnet werden. Damit war eine Idee Wirklichkeit geworden, die in den nächsten Jahrzehnten einen Siegeszug um die Welt antreten sollte.

Gmeiners Idee war im Prinzip einfach und lag auf der Hand. Für verwaiste und elternlose Kinder könnte man ein neues Zuhause schaffen, ihnen einen Familienzusammenhalt bieten, der durch Mutter und Geschwister geformt wird. Zentrale Integrationsfigur musste die Kinderdorf-Mutter sein; sie betreut in einer Familie fünf bis sieben Kinder. Bis zum Eintritt in ein selbstständiges Leben wohnen alle Kinder in einem gemeinsamen Haushalt. Jede Familie hat ein eigenes Haus; mehrere Häuser bilden zusammen ein Dorf, das zentral verwaltet wird. Gmeiners Erziehungsprinzip fußt also auf vier Säulen: der Mutter, den Geschwistern, dem Haus und dem Dorf. Als Kinderdorf-Mütter kommen alleinstehende oder verwitwete Frauen in Betracht, die eine spezielle Ausbildung absolvieren müssen. Der wesentliche Vorteil der Betreuung in einem Kinderdorf liegt in den kleinen Einheiten mit jahrelangen und gleichbleibenden Bindungen. Geschwister müssen nicht getrennt werden, sondern können Kindheit und Jugend gemeinsam erleben. In der Regel haben sie nur eine Kinderdorf-Mutter, zu der sie eine jahrelange Beziehung aufbauen können. Wenn man sich bewusst macht, wie sehr elternlose Kinder an Beziehungsarmut leiden, wie sehr sie sich durch schnell wechselnde Beziehungen in üblichen Heimen zurückziehen und beziehungsunfähig werden, wird schnell klar, wie wichtig und entscheidend die Idee der konstanten Familiensituation für elternlose Kinder war und ist.

In den ersten Jahren nach Kriegsende musste Gmeiner schwer um die Umsetzung seiner Idee kämpfen. Die Finanzierung eines Dorfes bedurfte großer Anstrengungen, vor allem weil ein Platz in einem Dorf um vieles teurer war als in staatlichen und sonstigen karitativen Einrichtungen. Es waren die kleine Einheit und die Präsenz der Erzieher und Lebensbegleiter, die die Idee so erfolgreich machten. Eine Kinderdorf-Mutter war nur für wenige Kinder verantwortlich; sie konnte wirklich eine familienähnliche Situation schaffen und sich um jedes einzelne Kind individuell kümmern.

Anfangs gab es Kritik, vor allem, weil sich größtenteils nur Frauen für die Betreuung meldeten und damit den Kindern die männlichen Bezugspersonen und Vorbilder fehlten. Männer begeisterten sich schon für die Kinderdorfidee, wollten aber meist nur in der Verwaltung tätig sein. Den meisten Widerspruch fand die Kostenfrage, aber Gmeiner erwies sich als genialer Geldbeschaffer. Er verstand es, die Menschen anzusprechen, egal in welchem Teil der Welt. Bald konnte er die finanziellen Bedenken mit der generell besseren psychischen Situation der Kinder ausräumen, die keine sozialen Gefährdungen aufwiesen. Sie schlossen innerhalb der Familie ihre Berufsausbildung ab und waren so auf ein selbstständiges Leben bestmöglich vorbereitet. Ehemalige Mitglieder von Kinderdörfern halten ihren „Familien" ein Leben lang die Treue, sie pflegen den Kontakt zu ihren „Geschwistern"; das gemeinsame Leben prägt sie für immer.

Inzwischen ist die Kinderdorf-Idee weltweit verbreitet. Es gibt mehr als 500 Dörfer in mehr als 130 Ländern, und etwa 70.000 Jugendliche finden in diesen Dörfern die Geborgenheit einer Familie.

Neben den Kinderdörfern hat „SOS-Kinderdorf International" weitere Erziehungs- und Schulmodelle, wie Montessori-Kindergärten, aufgebaut, die vor allem in Ländern, wo es noch an Infrastruktur im Erziehungsbereich mangelt, vorbildhaft wirken.

1985 zog sich Gmeiner von der Führung der Kinder-
dörfer zurück. Er übergab den Stab an Helmut Kutin, der
selbst in einem Kinderdorf aufgewachsen ist. Gmeiner
starb 1986 in Innsbruck.

Gmeiner, der weltweit für seine friedensfördernde Idee
anerkannt und gewürdigt wurde, wurde mehrfach dem
Nobelpreiskomitee für den Friedensnobelpreis vorgeschlagen. Leider ging seine Idee bisher leer aus.

INGEBORG BACHMANN
* 25. Juni 1926 Klagenfurt, † 17. Oktober 1973 Rom
Lyrikerin und Schriftstellerin

Ingeborg Bachmann wurde in der Klagenfurter Hensel-
straße als älteste Tochter eines Schuldirektors geboren.
Nach dem Besuch des Gymnasiums der Ursulinen in
Klagenfurt studierte Ingeborg Bachmann, nachdem sie
den Berufswunsch Musikerin aufgegeben hatte, Philosophie, Psychologie, Rechtswissenschaften und Germanistik
an den Universitäten Graz, Innsbruck und Wien. Ihre
Doktorarbeit (1950), die von Victor Kraft, einem Mitglied
des Wiener Kreises, angenommen wurde, trug den Titel
„Die kritische Aufnahme der Existenzphilosophie Martin
Heideggers". Mit Kraft verband sie auch ein längeres Lie-
besverhältnis. Philosophischen Fragen stellte sie sich ein
Leben lang, vor allem die Logik Ludwig Wittgensteins
(→ siehe dort) beschäftigte sie immer wieder.

Zwischen 1951 und 1953 arbeitete sie für den Radio-
sender Rot-Weiß-Rot, danach gelang es ihr, als freie
Schriftstellerin zu leben. Mit ihrem ersten Lyrikband „Die
gestundete Zeit" erregte sie die Aufmerksamkeit der deutschen Literatenvereinigung Gruppe 47, und sie erhielt

einen Preis für ihre Gedichte. Zunächst veröffentlichte sie nur Lyrikbände, doch mit der Erzählung „Alles" wandte sie sich fast nur mehr der Prosa zu.

Bereits in ihrer Lyrik verschmelzen Kindheits- und Jugenderlebnisse mit enigmatischen Äußerungen. Ihr teils äußerst zurückhaltendes Auftreten in der Öffentlichkeit wurde mit dem Beinamen „Das Lächeln der Sphinx" belegt. Dennoch plante sie ihre schriftstellerische Karriere geradezu strategisch über die wichtigsten Männer der Gruppe 47. Engere Beziehungen unterhielt sie zu den Schriftstellern Max Frisch und Paul Celan. Mit dem Wiener Autor und Theaterkritiker Hans Weigel führte sie eine lange Korrespondenz. Für Hans Werner Henze, mit dem sie über die Jahre befreundet war und dessen Liebe zu Italien sie teilte, verfasste sie die Libretti zu seinen Opern „Der Prinz von Homburg" (1960) und „Der junge Lord" (1965).

Nur kurz gewährten die verschiedenen Partnerschaften ihr auch ein persönliches Glück; nicht zufällig schrieb sie von der Liebe: „Alle Liebe ist glücklos, und unter ihrem grausamen Gesetz geraten die Liebenden in ein Räderwerk von Angst, Eifersucht und Lüge und einen Schmerz, den Tod und Abwesenheit … nicht zu heilen vermögen."

Die Inszenierung ihres Selbst als Autorin, bewusst Rätselhaftes um ihre Person vermittelnd, ihre Stilisierung als „poetessa assoluta" ließen den Mythos Bachmann entstehen. Die Germanistin und Literaturkritikerin Sigrid Löffler sprach in diesem Zusammenhang von einem „Frauenmythos". Ihr von Problemen und Tragik durchdrungenes Leben wurde ihr auch immer Gegenstand ihres literarischen Schaffens. Kritik an den restaurativen Kräften der Nachkriegszeit, Kampf gegen die Verhunzung der Sprache und Protest gegen die von männlichen Machtstrukturen beherrschte Welt flossen immer wieder in ihr

Werk ein. Mit ihrem Vater, einem nationalsozialistischen Parteimitglied, verband sie eine äußerst ambivalente Beziehung.

Bachmann war schüchtern und selbstbewusst zugleich; sie lebte in einem Dilemma zwischen Privatem und Öffentlichkeit: Trotzdem war sie eine kluge und sehr modische Frau, die tatkräftig ihre Selbstvermarktung betrieb. Geradezu ein Bestseller wurde ihr Roman „Malina", der als Schlüsselroman für Teile der Wiener Gesellschaft interpretiert wurde. Tragischerweise hat sie ihren frühen Tod in Rom, an den Folgen von Verbrennungen durch eine Zigarette, in „Malina" fast prophetisch vorausgeahnt. In diesem Roman geht es um eine verletzliche, sich stets bedroht fühlende und nicht lebenstüchtige Frau.

Von Anbeginn war ihre Sprache stark, ohne Pathos, mit wuchernden Satzgebilden, jedoch ohne redundantes Mäandern. Sie wollte eine Poesie „scharf von Erkenntnis und bitter von Sehnsucht" schaffen.

Ingeborg Bachmanns wohl meist zitiertes Diktum ist der Satz: „Die Wahrheit ist dem Menschen zumutbar", den sie als Titel für ihre Dankesrede anlässlich der Verleihung des Hörspielpreises der Kriegsblinden wählte. Sie selbst definierte sich nur über das Schreiben, wenn sie meinte: „Ich existiere nur, wenn ich schreibe, ich bin nichts, wenn ich nicht schreibe ..."

1959 hielt sie eine einsemestrige Poetikvorlesung an der Wolfgang-Goethe-Universität in Frankfurt am Main. Viele Jahre ihres Lebens verbrachte Bachmann in Italien, das sie ihr „erstgeborenes Land" nannte, vorwiegend in Rom. Sie bereiste auch Prag, Ägypten und den Sudan.

Ihre letzten Jahre standen im Zeichen von Tablettensucht und depressiven Phasen. Ihr tragischer Tod infolge von Brandverletzungen, die sie sich zuzog, nachdem sie mit einer brennenden Zigarette eingeschlafen war, ist einer jahrelangen Vergiftung mit Barbituraten zuzuschreiben.

In ihrem Nachlass fanden sich die nicht vollendeten Werke „Der Fall Franza" und „Requiem für Fanny Goldmann", die sie mit „Malina" in dem Romanzyklus „Todesarten" zusammenfassen wollte. Erst kürzlich wurden im Nachlass von Jörg Mauthe Hörspieltexte von Ingeborg Bachmann für die legendäre „Radiofamilie", einen Straßenfeger der 1950er Jahre, entdeckt.

Ihr Schaffen wurde vielfach mit Preisen ausgezeichnet: Neben dem Preis der Gruppe 47 erhielt sie für das Hörspiel „Der gute Gott von Manhattan" den Preis der deutschen Kriegsblinden. 1965 wurde ihr der Georg-Büchner-Preis zuerkannt, 1968 der Große Österreichische Staatspreis für Literatur und 1971 der Wildgans-Preis der Industriellenvereinigung.

Bachmanns Werk ist zum größten Teil publiziert, nur ihre private Korrespondenz bleibt bis 2025 gesperrt. Die Originalmanuskripte befinden sich in der Österreichischen Nationalbibliothek, ihre private Bibliothek wird in Klagenfurt verwahrt.

Seit 1977 findet in Klagenfurt ein jährliches literarisches Wettlesen in ihrem Namen statt, bei dem unveröffentlichte Werke aus dem gesamten deutschen Sprachraum ausgezeichnet werden.

Werke:

„Die gestundete Zeit" (Lyrik, 1953), „Die Anrufung des großen Bären" (Lyrik, 1956), „Der gute Gott von Manhattan" (Hörspiel 1958), „Das dreißigste Jahr" (Erzählungen, 1961), „Erzählungen" (1965), „Malina" (Roman 1971), „Simultan" (Erzählungen, 1972); Gesamtwerk in vier Bänden (1977).

PETER ALEXANDER

*30. Juni 1926 Wien, † 12. Februar 2011 Wien

Sänger und Entertainer

Peter Alexander Ferdinand Maximilian Neumayer, Sohn eines Bankangestellten, verwendete für das Showgeschäft nur seine beiden Vornamen als Künstlernamen. Bereits als Kind stellte er sein Talent für die Parodie der Wesenszüge und Charakterschwächen seiner Mitmenschen unter Beweis. Bei seiner schulischen Karriere wurde ihm diese Gabe jedoch zum Verhängnis, denn er musste das Gymnasium frühzeitig wegen einiger Lausbubenstreiche verlassen. In Znaim legte er 1944 kriegsbedingt ein Notmatura ab und wurde anschließend Flakhelfer. Seine Eltern wollten, dass er Medizin studierte, doch sein Berufswunsch stand fest: Er wollte Schauspieler werden. Ab 1946 besuchte er in Wien das Reinhardtseminar, wo bekannte Schauspieler wie Erwin Strahl oder Ernst Stankovski seine Jahrgangskollegen waren. Dass er eher dem heiteren Fach zuneigte, war evident. Klavierspielkenntnisse und Gesang erlernte er autodidaktisch.

Erste Schallplatten erschienen bereits 1951, Lieder wie *Das machen nur die Beine von Dolores* waren die Hits der Nachkriegsgeneration. 1953 erhielt Alexander einen Vertrag bei *Polydor*, der es ihm ermöglichte, nicht nur Schlager, sondern auch Operettenmelodien mit bekannten Sängerinnen wie Renate Holm oder Rita Bartos aufzunehmen.

Ende 1965 wechselte er zur Plattenfirma *Ariola*. In den nächsten 15 Jahren gehörte er zu den erfolgreichsten Sängern der deutschen Schlagerszene. Er verkaufte 15 Millionen LPs und 25 Millionen Singles. Schätzungen besagen, dass seit 1956 etwa 46 Millionen Tonträger von Peter Alexander verkauft wurden. Mit manchen seiner

Lieder schaffte er es sogar in die Hitparaden, so etwa mit dem Schlager *Gestern jung, morgen alt*. Seine letzte Plattenproduktion mit Dieter Bohlen, die den Titel *Verliebte Jahre* trug, veröffentlichte er 1991. An seinem 80. Geburtstag konnte er somit auf eine 60 Jahre andauernde Präsenz in den Charts zurückblicken.

Essentiell für seine großen Erfolge im Plattengeschäft war auch sein häufiges Auftreten in Unterhaltungsfilmen und Fernsehshows: Alexander drehte insgesamt 38 Spielfilme, in denen er zumeist auch sang. Mehrmals war Gunther Philipp sein Partner. Zu seinen größten Erfolgen zählte seine Verkörperung des Kellners Leopold in der Operette *Im weißen Rößl am Wolfgangsee*. Besonderer Beliebtheit erfreuten sich beim Publikum seine Slapstickrollen und parodistischen Einlagen. Ob als englische Königin oder als britischer Thronfolger, er hatte die Lacher immer auf seiner Seite. Ein Millionenpublikum erreichte er von 1969 bis 1996 mit seinen jährlichen *Peter-Alexander-Shows*, in denen er als Gastgeber fungierte, das Programm mit Parodien auflockerte und zuweilen als Sänger auftrat. Insgesamt waren es etwa 200 Fernsehsendungen, die Medienbeobachter als Straßenfeger bezeichnen würden. Sein letzter Auftritt in diesem Medium erfolgte als Gast in Helmut Zilks Sendung *Lebens-Künstler*. Daneben bestritt er noch zahlreiche Tourneen und füllte die größten Hallen in Deutschland, Österreich und der Schweiz bis auf den letzten Platz, so dass er zu einem der erfolgreichsten Showstars im gesamten deutschsprachigen Raum avancierte.

In seiner Freizeit widmete sich Alexander mit großer Begeisterung dem Anglersport.

Seit 1952 war der Sänger mit der ehemaligen Schauspielerin Hildegard Haagen verheiratet, die seinetwegen auf ihre eigene Karriere verzichtet hatte, dafür aber mit großem Erfolg und Engagement die Karriere ihres Mannes managte. Ihre gemeinsame Tochter Susanne, eine begabte Malerin, wurde 1958 geboren. Sie kam 2009 in Thailand bei einem tragischen Autounfall ums Leben. Der Sohn Michael ist fünf Jahre jünger als seine Schwester. Als seine Frau im Jahr 2003 verstarb, zog sich Peter Alexander völlig aus der Öffentlichkeit zurück. Am 12. Februar 2011 verstarb der Künstler und wurde auf dem Zentralfriedhof aufgebahrt, um den zahllosen Bewunderern Gelegenheit zum Abschied zu geben. Ein Ehrengrab lehnte die Familie ab. Peter Alexander wurde stattdessen in aller Stille auf dem Grinzinger Friedhof neben seiner Ehefrau beigesetzt.

THOMAS BERNHARD

* 9. Februar 1931 Heerlen (bei Maastricht),
† 12. Februar 1989 Gmunden

Schriftsteller und Bühnenautor

Als unehelicher Sohn der Tochter des österreichischen Schriftstellers Johannes Freumbichler geboren, kam er als einjähriges Kind nach Wien, wo sich die Großeltern mit Freude um ihn kümmerten. Der Vater, ein Henndorfer Tischler, spielte in seinem Leben keine Rolle. Wichtigste Bezugsperson war immer der Großvater, der vor allem die musische Ausbildung des Enkels förderte, ihm aber auch die Philosophen nahe brachte. Nachdem sie zwei Jahre in Wien gelebt hatten, zogen die Großeltern mit dem Enkelkind nach Seekirchen in Salzburg; die inzwischen verheiratete Mutter blieb in Wien. Der Ehemann der Mutter wurde Bernhards Vormund.

Mit noch nicht einmal fünf Jahren besuchte Bernhard die Volksschule, womit sein Leidensweg in der schulischen

Institution begann. 1938 übersiedelte die Familie – Mutter und Vormund sowie die Großeltern – nach Traunstein in Bayern. Wieder gab es Schulprobleme. 1943 kam der junge Bernhard in ein Internat nach Salzburg, wo er sich zunächst nazistisch, nach 1945 dann katholisch-konservativ indoktriniert fühlte. Ein Jahr später wurde die Familie aus Deutschland ausgewiesen und siedelte nach Salzburg über. Als Bernhard zunehmend unter der schulischen Institution litt, entschloss er sich kurzerhand, beim Arbeitsamt nach einer Lehrstelle zu fragen. Er begann bei einem Lebensmittelhändler in der Salzburger Vorstadt, wo er sich sehr glücklich fühlte, weil sein Chef ein Musikliebhaber war.

Bernhard nahm nun Gesangsunterricht und sang in Kirchenchören.

1948 erkältete er sich bei einer längeren Arbeit im Freien und trug eine Rippenfellentzündung davon. Fast dem Tode nahe, hielten ihn lediglich die Besuche des Großvaters aufrecht. Als dieser Besuch eines Tages ausblieb, erfuhr Bernhard aus der Zeitung von dessen Tod. Erneut verschlechterte sich sein Zustand, er wurde lungenkrank und kam in die Lungenheilstätte Grafenhof bei St. Veit im Pongau. Dort begann er hauptsächlich Gedichte zu schreiben.

Als 1950 seine Mutter im Alter von nur 46 Jahren starb und der Vormund keinerlei Interesse an seinem weiteren Lebensweg zeigte, vereinsamte Bernhard beinahe vollkommen. Einzig im Schreiben fand er einen Ruhepol. 1950 wurden erste Texte von ihm im *Salzburger Volksblatt* veröffentlicht. Der Versuch, in Wien Musik zu studieren, scheiterte an Geldmangel. Daher belegte er am Salzburger *Mozarteum* Gesang, Regie und Schauspiel. Seinen Lebensunterhalt verdiente er als Gerichtssaalreporter beim *Demokratischen Volksblatt*. Hin und wieder wurde einer seiner Texte in der Zeitschrift *Die Furche* veröffentlicht. 1957 schloss er das *Mozarteum* mit einer Arbeit über Artaud und Brecht ab und ging nach Wien, fest entschlossen, mit dieser Institution nie wieder etwas zu tun haben zu wollen.

In Wien lebte er als freier Schriftsteller und veröffentlichte erste Texte, darunter etwa den Gedichtband *Auf der Erde und in der Hölle*. 1960 war Bernhard kurzzeitig am Kulturinstitut in London tätig, zwei Jahre später erfolgte ein mehrmonatiger Aufenthalt in Polen. Ab 1963, dem Erscheinungsjahr seines Romanerstlings *Frost*, publizierte Bernhard bis zu seinem Tod in kurzen Abständen, wozu auch die Notwendigkeit, seinen Lebensunterhalt zu bestreiten, beitrug. 1965 erwarb er einen verfallenen Vierkanthof in Ohlsdorf bei Gmunden, den er in jahrelanger Arbeit renovierte. Nun pendelte er zwischen Wien und Ohlsdorf hin und her, wobei ihm sein Lungenleiden immer schwerer zu schaffen machte, seine schriftstellerische Arbeit jedoch nicht beeinträchtigte.

Bernhards Publikationen wurden entweder hoch gelobt oder heftig kritisiert, wozu sein schroffes und provokantes Auftreten sein Übriges tat. Immer wieder attackierte der Schriftsteller öffentliche Institutionen wie die *Salzburger Festspiele* oder beschimpfte Schriftstellerkollegen und ehemalige Gönner und Freunde. In seinen Theaterstücken porträtierte er Menschen seiner Umgebung in diffamierender Weise und es war ihm gänzlich gleichgültig, wenn jeder wusste, welchen Zeitgenossen er auf der Bühne persiflierte. Sein letzter Skandal wurde zugleich sein größter Erfolg: Am 4. November 1988 wurde am Wiener *Burgtheater* unter der Regie von Claus Peymann das Stück *Heldenplatz* uraufgeführt, das bereits vor der Premiere heftige Debatten entzündet hatte. Wenige Monate später starb Bernhard an Herzversagen. Seinem

Wunsch entsprechend wurde er am Grinzinger Friedhof in Wien beigesetzt.

Generalthema von Bernhards Werken ist die Sinnlosigkeit der menschlichen Existenz, die ununterbrochen vom Tod bedroht wird. Die ihn umgebende Welt isoliert und vernichtet den Künstler, der Vollkommenheit einzig in seinem Werk anstreben, jedoch niemals erreichen kann. In weit ausschweifenden Satzperioden und einer geradezu wissenschaftlich monotonen Erzählweise scheint Bernhard in seinen Texten die zahlreichen Schicksalsschläge seines Lebens abzuarbeiten. Neben dieser autobiographischen eignet seinen Texten zugleich eine zutiefst existenzielle Dimension, deren Schweregrad indes durch die stets vorhandene ironische Distanzierung relativiert wird. Darüber hinaus haben Bernhards mäandernde Sätze auch einen selbstreferentiellen Charakter, denn durch den Wiederholungsgestus wird die Aufmerksamkeit von der Satzbedeutung auf die den Sätzen inhärente Form gelenkt, die stark an ein Rezitativ erinnert.

Bernhards Theaterstücke setzen weniger auf Dramaturgie und Handlungsaufbau denn auf Dialoge, die Denkprozesse redundant schildern. Deren Darstellung war ihm als Anhänger von Ludwig Wittgenstein (→ siehe dort) stets das Wichtigste. Sowohl in der Prosa als auch in seinen Theaterstücken neigt der kapriziöse Autor zum Monologisieren. Viele seiner literarischen Figuren sind, ähnlich wie er selbst, in autistischen Verhaltensmustern gefangen.

Auswahlbibliographie von Bernhards Werken:

Prosa: Frost (1963), Verstörung (1967), Das Kalkwerk (1970), Die Ursache. Eine Andeutung (1975), Korrektur (1975), Der Keller. Eine Entziehung (1976), Der Atem. Eine Entscheidung (1978), Die Erzählungen (1979), Die Billigesser (1980), Die Kälte. Eine Isolation (1981), Beton (1982), Ein Kind (1982), Wittgensteins Neffe (1982),

Der Untergeher (1983), Alte Meister (1985), Auslöschung. Ein Zerfall (1986).

Theaterstücke: Ein Fest für Boris (1970), Der Ignorant und der Wahnsinnige (1972), Die Jagdgesellschaft (1974), Die Macht der Gewohnheit (1974), Der Präsident (1975), Die Berühmten (1976), Minetti. Ein Portrait des Künstlers als alter Mann. (1977), Immanuel Kant (1978), Der Weltverbesserer (1979), Über allen Gipfeln ist Ruh (1981), Am Ziel (1981), Der Theatermacher (1984), Ritter, Dene, Voss (1984), Einfach kompliziert (1986), Elisabeth II. (1987), Heldenplatz (1988).

JOSEF (JOE) ZAWINUL

* 7. Juli 1932 Wien, † 11. September 2007 Wien

Jazzpianist, Komponist und Bandleader

Joe Zawinul, aus dem Wiener Bezirk Erdberg stammend, ist der einzige europäische Musiker, der im amerikanischen Jazz eine bedeutende Rolle spielte, ja sogar eine Stilrichtung, den *Electric Jazz* begründete.

Auf seine Arbeiterfamilie mit multinationaler Herkunft – eine Großmutter war Sinti, andere Vorfahren kamen aus Mähren – war Zawinul immer stolz. Es waren einfache, hart arbeitende Menschen mit großem musikalischem Talent. Von der Mutter heißt es, dass sie ein absolutes Gehör besessen habe und es offenbar an den Sohn vererbte. Im Hause Zawinul wurde oft und viel Musik gemacht, die Mutter sang und spielte Klavier, der Vater bevorzugte die Mundharmonika. Man sang die Volkslieder verschiedener Nationen, der Sinti, der Tschechen, der Slowenen und Wienerlieder. So ist es nicht verwunderlich, dass der Sohn, der bereits früh sein Talent offenbarte, zu einem Musiklehrer geschickt wurde und ein kleines Akkordeon geschenkt bekam. Der Musiklehrer, der Zawinuls absolutes Gehör erkannte, empfal den Eltern den Besuch des Konservatoriums der Stadt Wien. Zawinul erhielt wegen seiner offenkundigen Begabung einen Freiplatz und lernte Klavier, Violine und Klarinette. Eher nebenbei verlief seine Zeit im Realgymnasium. Einer seiner Schulkollegen und Freund bei allen Lausbubenstreichen war der spätere österreichische Bundespräsident Thomas Klestil.

Zawinuls musikalische Ausbildung tendierte zur Laufbahn eines Klaviervirtuosen, doch als er das erste Mal Jazzmusik hörte – er war damals zwölf Jahre alt – war er völlig fasziniert und wusste, das diese Musik sein Weg sei. 1949, im Alter von 17 Jahren, sollte er an einem Klavierwettbewerb in Genf teilnehmen, doch er trat nicht zu dem Wettbewerb an, denn der Jazz war ihm wichtiger. Ein Musikerkollege aus dieser Lebensphase war Friedrich Gulda, mit dem Zawinul viel musizierte und der seine Neigung zum Jazz teilte.

Nun versuchte Zawinul mit verschiedenen österreichischen Jazzern in Bands zu spielen, u. a. mit Hans Koller. 1954 wurde er Mitbegründer der *Austrian All Stars*, eine Gruppe, die bereits international Beachtung fand. 1956 spielte Zawinul mit Fatty George und bewarb sich für ein Stipendium an der legendären Ausbildungsstätte für Jazz, der *Berklee School* in Boston. Mit 800 Dollar reiste er per Schiff nach Amerika, fest entschlossen, dort zu bleiben. Bereits am ersten Abend besuchte er einen Club und lernte wichtige Jazzer kennen. Wenige Tage später erhielt er sein erstes Angebot: Er sollte Ella Fitzgerald am Klavier begleiten. Er brach seine Ausbildung in Boston ab, bekam ein Engagement im *Maynard-Ferguson-Orchester* und eine *Green Card*. Nun war Zawinul in seiner ersehnten Lebenswelt angelangt, er lernte sämtliche musikalischen Größen kennen und knüpfte zu allen Musikern unabhängig von ihrer Hautfarbe schnell Kontakt, was im damals von Rassentrennung beherrschten Amerika gar nicht selbstverständlich war. Er spielte Klavier für die legen-

239

däre Dinah Washington und machte die Bekanntschaft von Miles Davis. Dieser lud ihn in seine Band ein, doch Zawinul wollte noch abwarten und vor allem lernen.

1961 folgte er einer Einladung Adderleys in dessen Band, in der er als einziger Weißer bis 1970 blieb. Für die Gruppe komponierte er auch seinen ersten großen Hit *Mercy, Mercy, Mercy*, von dem eine Million Singles verkauft wurden. Für eine Einspielung dieser Aufnahme verwendete er zum ersten Mal ein *Electric Piano*. Um 1969 / 1970 begann die Zusammenarbeit mit Miles Davis. Im November 1970 gründete er mit Wayne Shorter und Miroslav Vitouš eine eigene Gruppe, die sich *Weather Report* nannte. Zawinul hatte nun seinen eigenen Stil gefunden, woran der Einsatz des *Electric Piano* wesentlichen Anteil hatte. Mit ihm schuf er einen neuen Jazzstil, der zwischen klassischem Jazz, Welt- und Tanzmusik oszillierte. Er musizierte unter anderem mit dem Sänger Salif Kaïta und dem Gitarristen Carlos Santana und nahm in seinen Einspielungen Einflüsse aus Afrika, aus dem Nahen Osten und aus der Karibik auf. Der Jazzpianist spielte Weltmusik, die Millionen begeisterte.

Seit 1962 war Zawinul mit der schwarzen Sängerin Maxine verheiratet, die er im *Birdland*, einem berühmten Jazz- und Musikclub kennengelernt hatte. Ihr Trauzeuge war Cannonball Adderley.

Zawinul, der nie seine Herkunft verleugnete und bevorzugt einen breiten Wiener Dialekt sprach, widmete sich in den 1990er Jahren, auch auf Anregung seines Schulkollegen Thomas Klestil, der kurzzeitig als Drummer mit Zawinul gespielt hatte, ehrenamtlichen Tätigkeiten. Er wurde *Good Will Ambassador for the Southern African Countries*. Für eine Aufführung im KZ Mauthausen komponierte er eine Klangcollage von eigenen Werken und Texten für einen Sprecher.

In den Jahren seines Amerikaaufenthalts kam Zawinul immer wieder als Gast nach Österreich. 2004 eröffnet er im Keller des Wiener Hilton Hotels einen Jazzclub namens *Birdland*, der jedoch lediglich vier Jahre Bestand hatte. Offenbar war Wien nicht das geeignete Pflaster für einen derartigen Club. 2007 erkrankte der legendäre Jazzpianist nach einer Europatournee an einem seltenen Hautkrebs und starb innerhalb weniger Wochen in Wien. Seine Heimatstadt widmete ihm ein Ehrengrab auf dem Zentralfriedhof.

ROMY SCHNEIDER
*23. September 1938 Wien, †29. Mai 1982 Paris

Schauspielerin

Romy Schneider, Tochter des Schauspielerehepaares Wolf Albach-Retty und Magda Schneider, wuchs bei ihren Großeltern in Schönau am Königssee in Bayern auf dem Landgut Mariengrund auf. Da ihre Eltern fortwährend durch ihren Schauspielberuf in Anspruch genommen wurden, vernachlässigten sie die Erziehung ihrer Tochter. Ihre Ehe wurde 1945 geschieden. Mit elf Jahren wurde Romy Schneider in ein Internat in Salzburg gegeben, wo sie in ihrem Tagebuch ihren einzigen „Freund" hatte. Bereits in der Internatszeit war sie fest entschlossen, Schauspielerin zu werden.

Den Schauspielberuf hatte Romy Schneider nicht professionell erlernt. Im Alter von 15 Jahren wirkte sie im ersten Spielfilm an der Seite ihrer Mutter mit. Diese hatte im selben Jahr den Gastronomen Hans Herbert Blatzheim geheiratet, der Romy während ihrer Jahre in Deutschland managte. Der Film *Wenn der weiße Flieder wieder blüht* war eine äußerst seichte Komödie, doch Romy gewann mit ihrem naiven Charme und ihrem spontanen Spiel das Publikum für sich. In noch zwei weiteren Filmen spielte sie an der Seite ihrer Mutter, der sie damit zu einer zweiten Karriere verhalf. 1955 gelang Romy Schneider mit *Sissi*, der Verfilmung des Lebens von Kaiserin Elisabeth von Österreich, der ganz große Durchbruch. Es setzte geradezu eine „Sissi-Manie" ein. Ein Millionenpublikum projizierte all seine Träume in die triviale Verfilmung des Lebens der Habsburger Kaiserin. Der Film, der sich zur Cashcow entwickelte, wurde in drei Teilen produziert. Regisseur war Ernst Marischka, ein Spezialist für opulente Nostalgiefilme. Bereits im dritten Teil spielte Romy Schneider die Rolle der österreichischen Kaiserin nur noch mit großem Widerwillen, einen vierten Teil zu drehen lehnte sie ab, denn sie wollte von der Filmbranche und dem Publikum nicht auf das Sissi-Klischee festgelegt werden. Ohne sie bekam ihre Mutter jedoch keine größeren Filmrollen mehr.

1958 drehte die Schauspielerin in Paris und Wien die Verfilmung von Arthur Schnitzlers (→ siehe dort) *Liebelei* unter dem Titel *Christine*, bei der Alain Delon die Rolle des oberflächlichen Leutnants spielte. Delon wurde Romys erste große Liebe. Sie folgte ihm nach Paris, wo sie in einer Inszenierung von Luchino Visconti in einem Stück von John Ford auf der Bühne stand. Die junge deutsche Schauspielerin erzielte einen Sensationserfolg, ganz Paris lag ihr zu Füßen. Danach wirkte sie in Tschechows *Möwe* erneut als Theaterschauspielerin. Fritz Kortner drehte mit ihr einen Fernsehfilm, der in Deutschland als unmoralisch abgelehnt wurde. 1962 kam das erste Angebot aus Hollywood, wo sie unter der Regie des Ex-Wieners Otto Preminger im Film *Der Kardinal* das einzige Mal an der Seite ihres Vaters spielte. All ihre weiteren Filme waren europäische Produktionen, die vorwiegend in Frankreich gedreht wurden.

1964 ereignete sich für Romy Schneider eine private Tragödie, denn ihre große Liebe Alan Delon verließ sie. Die Schauspielerin verkraftete die Trennung nicht und unternahm einen Selbstmordversuch. Danach zog sie sich für einige Monate nach Kitzbühel zurück. 1966 heiratete sie den um 14 Jahre älteren, melancholisch veranlagten deutschen Theaterregisseur Harry Meyen. Im Dezember wurde der gemeinsame Sohn David Christoph geboren. Für kurze Zeit fand sie in der Ehe mit Meyen ein ruhiges Idyll, doch 1968 drehte sie in Frankreich erneut an der Seite von Alain Delon den legendären Film *Der Swimmingpool*. Von da an drehte sie nahezu ausnahmslos Filme in Frankreich. Ihre Filmpartner waren u.a. Michel Piccoli oder Yves Montand und Romy Schneider avancierte zum Star des französischen Films. Ihr Privatleben verlief jedoch weniger erfolgreich. Bereits 1973 trennte sie sich von Harry Meyen, der schließlich 1979 in Hamburg Selbstmord beging. 1975 ging sie ihre zweite Ehe ein; diesmal heiratete sie ihren um elf Jahre jüngeren Sekretär Daniel Biasini, der Alain Delon sehr ähnlich sah. 1979 kam ihre gemeinsam Tochter Sarah Magdalena zur Welt.

Romys Filme wurden vielfach ausgezeichnet, etwa *Gruppenbild mit Dame* mit dem deutschen *Filmband in Gold* für die beste Hauptdarstellerin. Für die Filme *Nachtblende* (1974, Regie: Andrzej Zulawski) und *Eine einfache Geschichte* (1978, Regie: Claude Sautet) erhielt sie den französischen Filmpreis *César*. Zwischen 1964 und 1982 drehte Romy Schneider mindestens einen, oft zwei Filme pro Jahr; sie arbeitete mit den großen französischen Regisseuren der damaligen Zeit zusammen, wie etwa Claude Chabrol, Constantin Costa-Gravas, Bertrand Tavernier, Francis Girod, Claude Sautet und Jacques Ruffio. 1981 wurde ihre Ehe mit Biasini geschieden, im selben Jahr musste sie sich einer schweren Nierenoperation unterziehen. Der schwerste Verlust war jedoch der Unfalltod ihres Sohnes David, der sich bei dem Versuch, einen Zaun zu überklettern, an Metallspitzen aufspießte. Dieses Drama konnte sie psychisch kaum verkraften. Sie drehte noch ihren letzten Film *Die Spaziergängerin von Sans-Souci*. Im Mai 1982 wurde sie von ihrem damaligen Lebenspartner Laurent Pétin am Morgen tot aufgefunden. Die vermutliche Todesursache war Herzversagen. Gerüchte, dass sich die Schauspielerin das Leben genommen habe, wurden von allen ihren engen Freunden zurückgewiesen. Man vermutete eher einen Mix aus Alkohol, Schlafmitteln oder Aufputschmitteln. Auf Wunsch der Familie fand keine Obduktion statt. Romy Schneider wurde in Boissy-sans-Avoir, wo sie kurz zuvor ein altes Bauernhaus erworben hatte, beigesetzt. Auf Delons Wunsch hin, der sich auch um ihr Begräbnis gekümmert hatte, wurde ihr Sohn ins Grab der Mutter umgebettet.

Romy Schneider hat mit ihren Filmen europäische Filmgeschichte geschrieben. Äußerst sensibel und verletzlich in der Verkörperung ihrer Figuren, war sie in der Lage, die unterschiedlichsten Rollen zu spielen. Sie sagte von sich selbst: „Ich kann alles im Film, im Leben nichts." Zum Mythos wurde sie durch die Tragödien ihres Lebens. Für ihre Mitmenschen besaß sie eine faszinierende Aura und ein magisches Lächeln. Sie selbst litt jedoch zeit ihres Lebens an einem Mangel an Zuwendung. In ihren Beziehungen verausgabte sie sich bis zum Letzten. Als Kind ohne elterliche Liebe aufgewachsen, hat sie sich wegen ihrer intensiven Filmarbeit um die eigenen Kinder auch wenig gekümmert.

Obwohl Romy Schneider nie österreichische Staatsbürgerin war, jedoch immer als eine solche angesehen werden wollte, wurde in Österreich zu ihrem Gedenken 1990 der Fernsehpreis *Romy* ins Leben gerufen.

KARL JOCHEN RINDT

* 18. April 1942 Mainz, † 5. September 1970 Monza

Autorennfahrer

Karl Jochen Rindt, dessen Eltern 1943 bei einem Fliegerangriff auf Hamburg ums Leben gekommen waren, wuchs in Graz bei den Großeltern mütterlicherseits auf. Seine Eltern besaßen eine Gewürzmühle mit einem Importgeschäft, in das Rindt nach dem Schulabschluss einstieg. Da seine große Liebe bereits seit langem dem Motorsport galt, hielt es ihn jedoch nicht lange in dieser Branche. Mit 21 Jahren stieg er hauptberuflich in den Motorsport ein, bereits ein Jahr später startete er bei *Saloon Racing*. Obwohl er eigentlich deutscher Staatsbürger war, startete Rindt immer für Österreich.

Da sein großes Talent für den Motorsport schnell evident wurde, erfuhr er beste Förderung durch die Automarke Ford, die ihn mit einem *Formel-2-Brabham-Cosworth* unterstützte. Auf Anhieb erzielte er erstaunliche Erfolge – so gewann er etwa am *Crystal Palace* gegen Graham Hill, den damals amtierenden Weltmeister. Daraufhin erhielt er einen Platz im Formel-1-Team von Cooper und belegte trotz nicht besonders starker Autos sehr gute Plätze. Es reihte sich Sieg an Sieg: der erste Platz mit einem *Abarth 2000* beim *Prix du Tyrol*, Dritter beim 1000-km-Rennnen auf der Nordschleife und wiederum Erster in Le Mans auf einem *Ferrari 275 LM*. Nach diesen Erfolgen, die in hohem Ausmaß zu seiner Popularität beitrugen, wurde er Nr. 1 im Rennstall von Cooper.

Auf neuen leistungsstarken Autos fuhr er den 2. Platz in Spa-Francorchamps und den 2. Platz beim *Grand Prix* der USA heraus, weiterhin belegte er vorderste Plätze beim *Grand Prix* in Deutschland, Frankreich, Italien und Großbritannien. Außerdem gewann er das Eifelrennen auf dem Nürburgring und schlug in der 1,5-Liter-Kategorie in Brands Hatch sogar Jack Brabham. Ab 1965 organisierte der erfolgreiche Rennfahrer jährlich eine Autoschau im Wiener Messepalast, die nach seinem Tod von seiner Witwe noch bis 1975 fortgeführt wurde. 1967 heiratete Rindt die gebürtige Finnin Nina Lincoln, im August 1968 wurde die gemeinsam Tochter Natascha geboren. Im Motorsport war das Jahr seiner Hochzeit nicht besonders erfolgreich für Rindt, er erreichte nur vierte Plätze, sicherte sich aber mit seinem Auto *Winkelmann Brabham* in der Formel 2 neun Siege. Die „Legende Rindt" wurde begründet, als er bei einem Unfall in Indianapolis aus dem brennenden Auto stieg und sich bei der folgenden Untersuchung herausstellte, dass sein Puls völlig normal gewesen war.

Im darauffolgenden Jahr wechselte Rindt in das Team von Jack Brabham und Ende 1969 schließlich zu Lotus, wo auch Graham Hill unter Vertrag stand. Beim spanischen *Grand Prix* in Barcelona kam es zu einem Crash, Rindt erlitt einen Nasenbeinbruch und eine Gehirnerschütterung, die seine Sehkraft und sein Gleichgewichtssystem zeitweise in Mitleidenschaft zogen. Auslöser des Unglücks war der Heckflügel seines Autos, den er als Fehlkonstruktion ansah. Er schrieb daher einen offenen Brief an die Presse mit dem Ziel, eine Kampagne für das Verbot dieser Heckflügel zu starten, die sowohl Fahrer als auch Zuschauer gefährdeten.

Nachdem Rindt nach seinem Unfall in Spanien schnell seine Kondition wieder gewonnen hatte, startete er 1970 als Nr. 1 im Lotus-Team, da sich Graham Hill bei einem

Unfall beide Beine gebrochen hatte. Er siegte in Monaco, auch beim *Grand Prix* in Großbritannien und beim *Grand Prix* in den Niederlanden. Einzig beim Rennen am Österreichring musste er Jacky Ickx den Vortritt lassen. Sein letztes Rennen fuhr Rindt am 30. August 1970 im *Formel-2-Lauf* am Salzburgring. Anfang September begann das Training für den *Grand Prix* in Monza, bei dem Rindts Wagen sich plötzlich drehte und gegen eine Leitplanke prallte. Der Lotus brach auseinander. Der schwer verletzte Rindt wurde sofort in die Mailänder Unfallklinik gebracht, er starb jedoch noch im Rettungswagen. Seinen Tod führten eine zerrissene Luftröhre und ein eingedrückter Brustkorb herbei. Als Unfallursache wurde das Brechen der rechten Bremswelle vermutet. Jochen Rindt wurde auf dem Grazer Zentralfriedhof beigesetzt.

Am Ende der Rennsaison 1970 stand eine bewegende Szene: Nina Rindt nahm posthum für ihren verunglückten Mann den Weltmeisterpokal entgegen. Rindt hatte bereits so viele Punkte herausgefahren, dass ihm niemand mehr den Weltmeistertitel streitig machen konnte. Er ist damit der einzige Rennfahrer, dem posthum ein Weltmeistertitel verliehen wurde. Der Motorjournalist Helmut Zwickl bezeichnete Rindt als einen Mythos, als eine Art „Sagenfigur", die enorm zur Popularität des Motorsports in Österreich beigetragen hatte.

Johannes Hölzel („Falco")

*19. Februar 1957 Wien, † 6. Februar 1998 bei
Puerto Plata (Dominikanische Republik)
Sänger, Musiker und Textdichter

Als Überlebender von Drillingen zeigte Hölzel schon sehr
früh großes musikalisches Talent und im Alter von gerade
einmal vier Jahren bekam er einen Stutzflügel. Beim Vor-
spielen an der Musikakademie wurde ihm ein Jahr später
ein absolutes Gehör bescheinigt. Als er elf Jahre war, verließ der Vater die Familie, daher wurde der Teenager von
seiner Mutter und seiner Großmutter großgezogen. Sein
Leben lang hatte er eine enge Bindung an seine Mutter.

Mit 16 Jahren verließ er das Gymnasium und begann
eine Bürolehre in der Pensionsversicherungsanstalt der
Angestellten, die er jedoch bald abbrach. Mit Freunden
gründete er die Band *Umspannwerk*. Mit 17 absolvierte der
junge Mann seinen achtmonatigen Präsenzdienst beim Österreichischen Bundesheer. Er spielte zunächst E-Gitarre,
dann E-Bass. Eine Ausbildung am Musikkonservatorium
am E-Bass brach er ebenfalls rasch wieder ab, denn er
wollte in der Praxis lernen. 1977 zog er für einige Monate
nach Berlin, wo er in verschiedenen Clubs spielte. Zu dieser Zeit war der DDR-Skispringer Falko Weißpflog sehr
populär. Als Hölzel ihn in einer Fernsehübertragung sah,
beschloss er, Falco als seinen Künstlernamen zu wählen.

Nach Wien zurückgekehrt, trat Falco kurz mit der Gruppe *Hallucination Company* auf, mit der er erste Erfolge ver-
buchen konnte. 1978 wechselte er zu der Anarcho-Gruppe
Drahdiwaberl und gründete die eigene Band *Spinning Wheel*.
In dieser Zeit begann er auch sein elegantes, beinahe snobis-
tisches Outfit zu pflegen. Mit *Spinning Wheel* stellte er den
Song *Ganz Wien* vor, den er selbst interpretierte. 1979 nahm

er seine erste Single auf; der Durchbruch gelang ihm, als ihn der Wiener Plattenproduzent Markus Spiegel entdeckte und ihm einen Vertrag anbot. Mit dem Produzenten Robert Ponger entstand sein erster großer Hit *Der Kommissar*. Dieser Song war nicht nur in Österreich, sondern bereits europaweit ein großer Erfolg und er verkaufte sich weltweit millionenfach. Er gilt als der erste erfolgreiche Rap-Song eines weißen Sängers. In Zusammenarbeit mit Hannes Rossacher und Rudi Dolezal wurde zu dem Song ein Musikvideo gedreht, das sich ebenso jahrelang erfolgreich verkaufte.

Falcos zweites Album *Junge Roemer*, das ebenfalls mit Ponger produziert wurde, erreichte jedoch nicht mehr die großen Verkaufszahlen des Debutalbums. Im Jahr 1985 wechselte Falco zu den niederländischen Produzenten Rob und Ferdi Bolland, mit denen er, beeinflusst von Milos Formans Kinofilm *Amadeus*, den Song *Rock me Amadeus* aufnahm. Dieses Lied wurde sehr schnell ein Welterfolg und Falco besetzte vier Wochen ununterbrochen Platz eins der amerikanischen Hitparade, was noch nie zuvor ein Europäer geschafft hatte. Der Leistungsdruck wurde für Falco von da an stark spürbar, die Zweifel, ob er noch einmal einen derartigen Hit würde landen können, wuchsen.

Seine nächsten beiden Songs waren *Vienna Calling* und *Jeanny*. Letzterer löste vor allem in Deutschland Proteste aus und durfte von einigen Sendern wegen des gewalttätigen Inhalts nicht gespielt werden. Trotzdem wurde *Jeanny* mit 2,5 Millionen verkauften Singles die erfolgreichste Scheibe des Jahres 1986. Pläne, auf Welttournee zu gehen, gab Falco rasch auf. Er absolvierte lediglich eine Japan-Tournee, die ihn sehr anstrengte. In der Folge zog er sich beträchtlich aus der Öffentlichkeit zurück. 1988 erschien wieder ein Album mit dem Titel *Wiener Blut*, der große Erfolg blieb jedoch aus. Aufgrund der geringen Nachfrage mussten sogar geplante Konzerte abgesagt werden.

Mit dem anspruchsvollen Album *Nachtflug* stiegen die Verkaufszahlen dann aber wieder und Falco ging auf Europatournee. 1995 produzierte er *Mutter, der Mann mit dem Koks ist da* unter dem Pseudonym T> > MA und völlig überraschend wurde der Titel in Österreich ein großer Erfolg, wohingegen er in Deutschland weit unter den Erwartungen lag. Erneut zog sich Falco zurück, diesmal in seine neue Wahlheimat, die Dominikanische Republik, wo er eine Finca erworben hatte.

Am 6. Februar 1998 fiel Falco in der Dominikanischen Republik einem Autounfall zum Opfer, Gerüchte, dass Alkohol und Drogen dabei im Spiel gewesen seien, zirkulierten. In Wien erhielt der Musiker ein Ehrengrab, das zur Pilgerstätte seiner Fans geworden ist. Posthum erschien das Album *Out of the Dark* mit Liedern, die bereits lange Zeit vor seinem Tod aufgenommen worden waren. 1994 wurde im Rahmen der Serie *Austropop* sogar eine Briefmarke mit Falco vermarktet.

Das Privatleben des Weltstars verlief äußerst chaotisch und war stets im Blickpunkt der Boulevardpresse. So machte beispielsweise die Tatsache Schlagzeilen, dass er im Jahr 1988 die Mutter seiner einjährigen Tochter heiratete, während sich fünf Jahre später herausstellte, dass er gar nicht der biologische Vater des Kindes war.

Falco, dessen großes Vorbild David Bowie war, präsentierte seine Lieder stets in einer dandyhaften, nasalen Hochsprache, kultivierte ein arrogant-exaltiertes Erscheinungsbild und sarkastische Sprüche, wobei sein Markenzeichen das stets glatt gekämmte, gegelte Haar, die Sonnenbrille und Designeranzüge waren. Seinen Liedtexten eignete nicht selten ein eher oberflächliches Niveau an, dennoch war er im Stande überraschend poetische Textzeilen zu verfassen.

Neuerscheinung:

Helmut Neuhold

Der Dreißigjährige Krieg

Gebunden mit Schutzumschlag, 224 Seiten

Format: 12,5 x 20 cm

ISBN 978-3-86539-960-1

Neuerscheinung:

Reinhard Pohanka

Das Rittertum

Gebunden mit Schutzumschlag, 224 Seiten

Format: 12,5 x 20 cm

ISBN 978-3-86539-959-5